国家社科基金
后期资助项目
GUOJIA SHEKE JIJIN HOUQI ZIZHU XIANGMU

戴维森意义理论研究

A Study on Davidson's Theory of Meaning

梁义民 / 著

社会科学文献出版社
SOCIAL SCIENCES ACADEMIC PRESS (CHINA)

国家社科基金后期资助项目
出版说明

后期资助项目是国家社科基金设立的一类重要项目，旨在鼓励广大社科研究者潜心治学，支持基础研究多出优秀成果。它是经过严格评审，从接近完成的科研成果中遴选立项的。为扩大后期资助项目的影响，更好地推动学术发展，促进成果转化，全国哲学社会科学规划办公室按照"统一设计、统一标识、统一版式、形成系列"的总体要求，组织出版国家社科基金后期资助项目成果。

全国哲学社会科学规划办公室

目 录

引　言 …………………………………………………………………… 1

第一章　戴维森意义理论的主要思想来源 …………………… 14

第一节　弗雷格的真值条件说——戴维森意义理论的基本立足点 ‥ 14

第二节　塔尔斯基真理语义论——戴维森意义理论的形式
表征基础 ……………………………………………… 23

第三节　蒯因的彻底的翻译理论——戴维森解释理论的思想基础 ‥ 33

第二章　约定 T——戴维森意义理论的形式表征基础 ……… 45

第一节　约定 T——一条从内涵到外延的意义理论的进路 ……… 45

第二节　为自然语言建立一种真理语义论 …………………… 64

第三节　奇异的 T－语句——戴维森外延主义意义理论方案的
一个难题 ……………………………………………… 103

第三章　"彻底的解释"——戴维森意义理论的经验解释方案 ……… 113

第一节　寻找一种解释性真理语义论——戴维森解释理论的
动机 …………………………………………………… 114

第二节　彻底的解释的程序 …………………………………… 129

第三节　真——戴维森解释理论中的核心概念 ………………… 156

第四章　"绝对的真理论"——戴维森意义理论的前理论基础 ……… 164

第一节　"绝对的真理论"的提出 ……………………………… 164

第二节　重建真之概念之重要地位——戴维森的真理论发展
历程 …………………………………………………… 179

第五章　当代语义学领域内的一次革命性思想实验 …………………… 206

　　第一节　戴维森意义理论的理论特色 ……………………………… 207

　　第二节　戴维森意义理论的基本原则 ……………………………… 216

　　第三节　戴维森意义理论对当代哲学的主要贡献和影响 ………… 225

　　第四节　戴维森意义理论的主要缺失 ……………………………… 250

参考文献 ……………………………………………………………………… 255

索　引 ………………………………………………………………………… 274

后　记 ………………………………………………………………………… 279

引　言

一　研究戴维森意义理论的重要性

唐纳德·戴维森（Donald Davidson，1917－2003）是美国加利福尼亚大学伯克利分校教授，当代继蒯因（又译奎因）后最有影响力的哲学家，20世纪后半叶最重要的分析哲学家之一。他在语言哲学、行动哲学、心灵哲学、形而上学、认识论、伦理学等领域做出了许多开创性的贡献，而意义理论是其整个哲学理论大厦的基石。[①]

戴维森从20世纪60年代开始研究自然语言的意义问题，取得了一系列开创性成果，回答了意义理论应采用什么样的形式或应该满足什么样的适当性条件这个重大问题。这一富有成效的工作在西方哲学界和逻辑学界引起了强烈的反响，被誉为"当代语义学领域的一场革命性思想试验"。

国内外学界普遍认为，戴维森意义理论是当今最有代表性和最有影响力的意义理论之一，属于语义学领域的前沿理论成果，在当代哲学研究中具有举足轻重的地位。因此，研究戴维森意义理论，有助于我们领略当代意义理论的最富创造性的和最有影响力的理论成果，有助于更加深入地理解和思考真和意义这两个逻辑哲学主题，有助于推进我国对戴维森哲学理论研究的步伐，进而深入研究当代英美哲学的主流思潮和前沿问题。同时，由于戴维森意义理论与蒯因、达米特、普特南等分析哲学家的语义论有着明显的对比关系，与海德格尔、伽达默尔等大陆哲学家的相关思想有相通之处，研究戴维森意义理论能为它们之间的比较研究提供初步的理论基础并发挥先导作用，有助于理解和探讨英美分析哲学和大陆哲学相互融通的发展趋势。再者，戴维森意义理论涉及逻辑学、认识论、心灵哲学、行动理论、决策论等领域，研究戴维森意义理论，既可初步展示戴维森的相关思想和应用成果，也可为相关领域的研究提供一定的知识索引与参

---

① 参见 K. Ludwig, ed., *Donald Davidson*, New York：Cambridge University Press, 2003, p. 1；P. Suppes, "Biographical Memoirs：Donald Davidson," *Proceedings of the American Philosophical Society*, 150 (2), 2006, p. 354。

照。因此，研究戴维森意义理论，对于推动我国戴维森哲学研究的进程，对于推进我国在逻辑哲学、语言哲学、心灵哲学、行动理论、决策论等领域的研究步伐，对于开启或拓展分析哲学和大陆哲学之间的趋同性研究的思路，都具有重要的理论意义和应用价值。

二　戴维森意义理论的核心内容和精神实质

戴维森的意义理论具有明显的思想继承性。他把塔尔斯基的真之定义的约定 T 作为其意义理论的形式表征模式，其理论是将弗雷格等人的真值条件意义理论的思想和塔尔斯基的形式语言的真之定义的模式在自然语言中加以有机结合的产物。他提出的关于意义理论的彻底解释的思想，是受蒯因的彻底的翻译理论和决策论思想的启发，将约定 T 加以调整和扩充，形成经验性解释和验证模式的大胆尝试。他提出的绝对的真理论是意义理论的普遍形式的思想，是在弗雷格的指称理论和蒯因拒斥经验论的两个教条的基础上进一步引申和发展的结果。

戴维森意义理论是一种外延性的自然语言意义理论，它用塔尔斯基的真之定义的约定 T 模式表征意义理论，T－等式两边的 s 和 p 是语句变项，可代入任一具体命题。由该等式可衍推出无限个真语句（我们可以把这些语句称为定理），其中每一语句都表征相应对象语句的真值条件，从而给出该对象语句的意义。利用这种形式手段，我们就能满足意义理论在形式结构上的有限公理化、无循环性和外延完备性等要求，从而保证人们能够以有限的手段理解说话者说出的无限多语句中的任何一个语句。由于这一理论具有公理化性质，这就使弗雷格、维特根斯坦、卡尔纳普、蒯因倡导的真值条件意义理论的思想以清晰的形式展现在人们面前。为了表明这一表征形式的普适性，戴维森亲身实践，对间接引语、行动语句和非陈述句进行了约定 T 模式化的逻辑结构的语义分析，并对奇异 T－语句提出了辩护性的解释。

毕竟，一种自然语言的意义理论是一种经验性解释理论，为此，戴维森提出了这种理论必须满足的解释性条件：一是意义理论的建立和检验不能使用人们可能预先已经具有的任何有关意义的知识（或使用与"意义"概念太相类似的概念），以避免循环论证或说明；二是意义理论必须能在不了解有关说话者的语言知识的情况下，仅靠解释者所能获得的真实证据而得到证实。也就是说，验证意义理论的证据不能是概念、命题之间的支持或衍推关系，而是语言交流者的经验事实。基于这一立场，戴维森在蒯因"彻底的翻译"理论基础上提出著名的"彻底的解释"理论，对约定 T 这一表征模式施以形式限制和经验限制，使其纲领性思想得以扩充并趋向成熟。就前者而言，他用真之概念替代翻译概念，使约定 T 的解释建立在真这一外延性概念之上：对于对象语言中的每一个语句，一种可接受的真理论必须衍推出一个具有下述形式的语句：

s 是真的当且仅当 p。

其中 p 为任何一个这样的语句所替换，即这个语句为真当且仅当 s 为真。通过这样的调整，我们把对象语句的意义的说明与其真值条件密切地结合在一起，使其真正成为一种意义理论的外延性表征模式。在戴维森看来，只有通过施加一些合理的并非循环论证的进一步限制，才能把真理论的范围缩减到这样一种程度，即一切可接受的真理论都会产生我们视为提出正确解释的 T - 语句。这种要求包括：真理论应当被有限地公理化；它应当满足被适当修改过的约定 T；这种理论应当有赖于某种非常类似于塔尔斯基那种对满足的递归性表征，这种理论依据通过量化与复指、谓语句、真值函项关系等所造成的一些为人们所熟悉的范型来描述对象语言中的语句，从而使一种令人满意的理论不至于过分偏离标准量化结构和关于这种结构的通常的语义学。应用这些形式上的限制所造成的结果是，使作为一个整体的对象语言适应那种强求一致的量化理论，从而使得对一个语句的语义特征的识别方法基本上是不变的，即正确的理论对于被指派给一个特定语句的量化结构的看法大体上是一致的。

　　当然，对于做出解释来说，仅有 T - 语句为真是不够的。只有在一种真理论的 T - 语句可以用被看作"给出"对象语言的语句的"意义"的词语来陈述真值条件的情况下，这种真理论才算做出解释。显然，必须对这种理论施加一些经验限制条件，即那些可以据以接受 T - 语句为正确的经验限制条件。这种理论的证据基础是由一些说话者据以认为他们的语言中的语句为真的境况所构成的。这样的证据是中立于意义和信念的，并能对 T - 语句的可接受性做出检验。在极端的情形（解释者完全不了解被解释语言的情形）下，戴维森主张在贯彻整体论原则的基础上，对说话者的话语及言语行为进行彻底的解释。这种解释活动已触及真、意义和信念（即戴维森所说的"解释三元组"）的共生关系。受决策论的启发，戴维森给出了彻底解释模式的构想。解释理论面临着与决策论类似的难题：正如在决策论中假定只给出决策者的选择（即选择者赋予那些选择结果的相对值与他指派给那些结果的概率这两种心理因素的结果），我们难以既得出他的信念又得出他的相对值，在解释理论中假定我们知道一个说话者认为什么样的语句为真、在什么场合下为真，在不获得解释理论（这一理论为我们提供了关于说话者的信念和意向的充分知识）的前提下，我们不可能知道说话者的话语含义和信念。决策当事人在可供选择的方式之间无所偏好表明，他必然做出 E 发生的可能程度与 E 不发生的可能程度相等的判断。对于决策论来说，这种方法解决了如何把主观概率与主观效用分开的难题。决策者的主观偏好相当于解释中人们认为某句话为真的态度；决策论中的实际选择相当于解释中的实际表达。我们应当把意义和信念看作同一个理论的两个互相衔接的构成物，正如我们已经把主观价值（subjective values）和主观概率看作决策论的两个互相衔接的构成物一样。决策论有助于说明下述看法，即最好通过信念在使选择或偏好合理化上的作用来理解信念。在解释理论中我们只考虑一种特殊的信念，即关于一个语句为真的信念。在这种情况下，我们能在这种信念背后找到也许会在选择中显示出来的偏好。这样，在那些成真的命题之间的偏好就成了证据基础，我们就能仿照决策论来谈论对命题的真实性的信念程度以及那些要求命题为真的愿望的相对强度。简言之，这种理论把语句之间的偏好（即认为一个语句而不是另一个语句为真的偏好）作为证据基础，从而通过把信念和值归于当事人、把意义归于这个当事人的话语来对这种个别偏好做出说明。他认为，解释理论的一个核心问题是，根据关于表达所例示的语句，在何时以及在什么样的外部环境下被认为真的知识来解释这些表达的问题。他的看法是，某些行为的或倾向的事实必然是意义和信念的一个向量，我们可以用一些不对解释做出假定而解释理论却能引以为据的方式来描述这些事实。其结果是，要解释一个特定的表达，就必须构造一种对无限多的表达做出解释的详尽理论。因此，对特定表达所做的解释的证据，必须是对一个说话者的或语言共同体的全部表达所做的解释的证据。

他建议，我们应把一种语言的说话者（在所观察到的境况下）认为一个语句为真这一事实作为该语句在那些境况下为真的证据。当然，不能期望所有的证据都采用同样的方式，就一个语句据以被视为真的那些境况而言，证据因人而异；对于同一个说话者来说，证据因时而异。因此，一般的对策只能是：选择这样一些真值条件，这些真值条件尽可能地使说话者在（根据所论及的那种理论以及该理论的建构者关于事实的看法）语句为真时，认为这些语句为真。尽管难以避免那些被观察到的或推导出的个别差别，但可以把这些差别看作造成异常（在所论及的那种理论看来）的原因。广泛的意见一致是能据以对争论和错误做出解释的唯一可靠的背景。要了解他人的话语和行为（哪怕是他们的最异常的行为）的意义，就要求我们在这些话语和行为中发现大量理由和真理。认为在他人话语中有过多的荒唐和悖理，这只会破坏我们理解那些他们对之表示出如此不合理的看法的事物的能力。

总之，戴维森的意义理论是由两副对子构成的：一副是由意义和真结成的对子，这副对子给出了意义理论的具有递归性质的公理化形式表征；另一副是由意义和信念结成的对子，这副对子指出了有关意义理论经验内容方面的解释三元组（意义、真和信念）的共生关系，并仿照决策论提出了彻底解释的大体思路。前者受塔尔斯基真理语义学的影响，后者受蒯因"彻底的翻译"思想的启发，而贯穿他的理论的是"整体论原则"。这一原则在形式表征时表现为影响语义的语境的整体论原则，在经验表征时主要体现为解释的不确定性导致的宽容原则。

为了表明用真理论表征意义理论的可靠性和合法性，戴维森对真理论进行了探讨，并提出了一些重要见解。通过批判概念相对主义引以为据的概念图式–经验内容这一经验论教条，反对相对化的真之概念；主张"无指称的实在"，认为指称概念并不是在解释语言与实在之间的关系和建立真理论中的初始概念，而只是我们理解或建构真理论的一种理论设定物。真是一个不可定义的初始概念，是一个前分析的一般性概念，预设这种真之概念的真理论是一种绝对的真理论。这种理论是一种不同于那些使真相对于一种解释、一个模型、一个可能世界或一个论域的真理论。他认为，意义理论应当采取绝对真理论的形式。如果采用这种形式，我们就能把语句的结构重新恢复为由单称词项、谓词、连词和量词所构成的形式，并带有通常的那种本体论含义。然而，指称退出了舞台，它在解释语言与实在之间的关系时不再发挥必不可少的作用。指称在构造真理论的传统优势地位为真所替代。

从批驳一些哲学家和逻辑学家对塔尔斯基真理论的指责出发，戴维森的真理观也经历了一个不断趋于成熟的发展过程：塔尔斯基式符合论—融贯性符合论—客观性实用论—不可定义论。早期，戴维森将塔尔斯基的真理论与传统的符合论相对照，从事实对照的荒谬性、具体符合的无解释力、真与事实难以分开以及无法提供真之载体等方面对传统的事实符合论进行了彻底的否定，而对塔尔斯基的真理论持明显的同情态度。在他看来，虽然塔尔斯基的"满足策略"在某种意义上是一种符合论，但它没有明显地提到有关"符合于事实"这一问题，从而避免了因追问与语句相符合的实体而产生的麻烦。

后来戴维森认为，塔尔斯基的真理论没有给出一个一般性的真之定义，并且也面临着与事实符合论相似的难题：任何一个序列满足任何一个真语句。因此，他放弃了先前所持的同情态度，转向了"无对照的符合，融贯导致符合"的真理观。在他看来，由于我们无法在语句或信念与实在之间形成一种对照以说明真之所在，因此，在语义整体论的框架下，我们唯一能做的就是求助于信念之间的融贯性。同时，由于真与事物的存在方式相符合，因此，如果一种真之融贯论是可接受的，那么它必然与真之符合论相容。在这种观点的背后，戴维森诉诸的宽容原则起了关键性作用。这个原则在戴维森那里又包含两个原则：一致性原则与符合性原则。前者是指，解释者和说话者的信念和逻辑标准在整体上是一致的，这就保证了他们在信念的整体上的融贯一致性；后者是指，说话者的话语大体上是真的，这就保证了信念或语句的符合性。这种思想既与传统的符合论不同，又与典型的只注重一个信念系统内部的一致性及其诸要素的彼此相关性的融贯论有别，其用意在于，通过信念或语句的融贯一致性达到真理的客观性。戴维森称之为"谦逊的符合论"。

他的这种观点提出后不久就受到了一些哲学家的批评。罗蒂将他的观点归于实用主义的阵营。针对罗蒂对他的评论，戴维森做出了积极的回应。他大体上接受罗蒂对他的上述观点的两点评价：他的观点是对融贯论和符合论的拒斥，应当把他的观点归于实用主义的传统；当他确实把怀疑论者打发走的时候，不应当自称在回答他们的问题。他承认，"融贯导致符合"的说法是不妥当的，因为仅仅是内部信念的融贯一致不足以导致符合。他后悔将其观点称为融贯论，因为这种观点会导致实在和真理是思想的构造物的结论，融贯性与信念内在的真没有什么实质上的关系。此时的戴维森承认，他的真理观具有实用主义的倾向。主要表现在：首先，他对杜威关于真的两个结论持赞同态度，即达成真不是哲学的一种特殊的独有权利；真必然与人类兴趣有本质的联系。其次，他认为实用主义所关注的问题，即如何把真与人类的愿望、信念、意向和语言的使用联系起来的问题，正好也是我们要集中考虑的问题。最后，虽然他在整体上反对达米特、普特南等人的认识论观点，但对他们强调真与人类的认知能力和实践活动相联系的观点表示尊重。当然，他的观点与典型的实用主义观点之间存在着原则上的分歧，后者认为真没有任何哲学上的意义可言；真只与人类兴趣和利益相关，而无客观性可言。

后期，戴维森转向了"不可定义论"。在《真之结构和内容》与《试图定义真是愚蠢的》这两篇论文中，戴维森集中考察了当代流行的真理论，特别是塔尔斯基的真理论，最后得出真不可定义的结论。在他看来，塔尔斯基的真理论主要是在一个形式系统内给出一种真之定义，他的这一工作表明一般性的真之概念是无法定义的，真只有相对于一定层次的（形式）语言才能得以刻画和说明。正是由于这一点，不少逻辑学家和哲学家把塔尔斯基的真理论称为"冗余论"或"紧缩论"。戴维森以霍维奇（Paul Horwich）的"极小主义"为例对这种观点进行了批判。他对霍维奇的观点给出了两点拒斥的理由：一是霍维奇理论的公理模式或它的个例情况难以理解；二是霍维奇对我们可独立于真之概念来说明其他概念的观点没有提出具有说服力的解释。戴维森认为，塔尔斯基并不是在试图定义真这个概念，而是利用它来说明特殊语言的语义结构的特征。塔尔斯基并没有表明我们一般怎样能把真这个概念还原为其他更基础的概念，也没有表明如何从所有语境中消除"是真的"这个谓词。约定 T 并非一种一般定义的粗略的替代物，它只是表明它的形式定义把我们的真这个单一的前理论概念应用于特定的语言。因此，紧缩论者不能仅仅因为塔尔斯基证明了如何处理个别语言的量化语义就把那种观点归于他。紧缩论者所没有认识到的是这样一个事实，即塔尔斯基解决了一个问题，同时也强调了另一个问题，即给定了他所接受的制约，他并没有而且也不可能定义真或完全说明真之特征。在他看来，真之紧缩论的前景是暗淡的，其他类似于霍维奇模式的给出真之定义的尝试也是徒劳的。为避免因"定义"二字带来的疑惑，戴维森建议，省略塔尔斯基定义的最后一步，即将他的公理化变为明确定义的那一步，并以此表明，我们追求的是一种真理论，而不是一种真之定义。

戴维森对真的探讨得出了这样的结论：真之概念是一个不可定义的、原初性的语义学概念；真理论不是相对性的理论，而是超越一切人造的模式的绝对性理论；绝对性的真理论是意义理论所应采取的普遍形式。这实际上为戴维森意义理论采用的表征形式——塔尔斯基约定 T——的真理论的合法性和可靠性做出了强有力的理论论证。

总之，戴维森意义理论的研究道路是一条外延主义意义理论之路，即绝对的真理论之路。这是一条由真通向意义的道路。戴维森出色地充当了这条道路的设计者和建造者。他所做的开创性工作主要在于：天才般地找到了联系真与意义的表征形式——约定 T；构造以真为核心的解释三元组式的彻底的解释模式，论证和捍卫了约定 T 这一表征形式；论证真之概念是一个初始的、不可定义的概念，提出真理论是一种绝对性的理论，从而为以真理论的形式表征意义理论的思想提供了坚实的理论支持。一句话，戴维森始终是围绕塔尔斯基约定 T 的真理论充当其意义理论的表征形式的必要性、有效性和可靠性展开他的理论体系的。

三　国内外研究概况

自从戴维森的代表性论文《真理与意义》（*Truth and Meaning*）于 1967 年发表以来，西方哲学界就开始关注戴维森的意义理论，兴起了一阵阵研究其哲学思想的高潮。据 1999 年出版的 "在世哲学家文库" 之《戴维森哲学》（*The Philosophy of Donald Davidson*）卷的统计，西方哲学界专门讨论戴维森哲学的文集和专著共有 26 部，已发表的戴维森访谈录有 13 篇，1981~1997 年在世界各地召开的戴维森思想国际研讨会共有 15 次，戴维森接受世界各地的大学、研究机构等的讲学邀请、客座教授、奖励基金、研究基金和其他荣誉，更是不计其数。他的某些文章至少用 9 种文字重新出版过 24 次。戴维森的论文已相继汇编成六本论文集：《论行动和事件》（*Essays on Actions and Events*）（1980）、《对真理与解释的探究》（*Inquiries into Truth and Interpretation*）（1984）、《主体·主体间性·客体》（*Subjective，Intersubjective，Objective*）（2001）、《合理性问题》（*Problems of Rationality*）（2004）、《真理、语言和历史》（*Truth，Language and History*）（2005）和《真与谓述》（*Truth and Predication*）（2005）。它们已成为不少英美大学哲学系的指定教材或阅读材料。这些都足以说明戴维森思想巨大的国际影响力。意义理论和真理论作为其整个思想体系的基础部分自然成为西方哲学界关注的焦点和热点。20 世纪具有代表性的研究著作有埃文斯和麦克道威尔编辑的《真理与意义：语义学论文集》（*Truth and Meaning：Essays in Semantics*）（1976）、莱波尔编辑的《真理与解释：戴维森哲学透视》（*Truth and Interpretation*：*Perspectives on Philosophy of Donald Davidson*）（1986）、兰贝格的《戴维森语言哲学导论》（*Donald Davidson's Philosophy of Language*：*An Introduction*）（1989）、西蒙·伊万的《唐纳德·戴维森》（*Donald Davidson*）（1991）、杰夫·马尔帕斯的《戴维森和意义之镜：整体论、真理、解释》（*Donald Davidson and the Mirror of Meaning*：*Holism*，*Truth*，*Interpretation*）（1992）、刘易斯·哈雷编辑的《戴维森哲学》（*The Philosophy of Donald Davidson*）（1999）和乌尔祖拉·齐林编辑的《戴维森：真理、意义和知识》（*Donald Davidson*：*Truth*，*Meaning and Knowledge*）（1999）等。

进入 21 世纪后，研究戴维森意义理论的著作和论文不断问世。其中具有代表性的著作有皮特·科塔克等编辑的《解释戴维森》（*Interpreting Davidson*）（2001）、卢德维希编辑的《唐纳德·戴维森》（*Donald Davidson*）（2003）、格洛克的《蒯因和戴维森论语言、思想和实在》（*Quine and Davidson on Language*，*Thought and Reality*）（2003）、马科·希杰夫的《唐纳德·戴维森》（*Donald Davidson*）（2004）、提莫斯·努尔提的《戴维森、海德格尔和真之性质》（*Davidson*，*Heidegger*，*and the Nature of Truth*）（2006）、莱波尔和卢德维希的《戴维森：意义、真、语言和实在》（*Donald Davidson*：*Meaning*，*Truth*，*Language*，*and Reality*）（2005）、《戴维森的真值条件语义论》（*Donald Davidson's Truth–Theoretic Semantics*）（2007）和《戴维森指南》（*A Companion to Donald Davidson*）（2013）、阿莫雷蒂和瓦萨罗编辑的《知识、语言和解释：论戴维森的哲学》（*Knowledge*，*Language*，*and Interpretation*：*On the Philosophy of Donald Davidson*）（2008）、杰夫·马尔帕斯编辑的《和戴维森对话：行动、解释、理解》（*Dialogues with Davidson*：*Acting*，*Interpreting*，*Understanding*）（2011）以及加里·肯普的《蒯因和戴维森：真、指称和意义》（*Quine versus Davidson*：*Truth*，*Reference*，*and Meaning*）（2012）等。同时，每年都有数百篇相关论文，大多发表在《哲学杂志》（*Journal of Philosophy*）、《哲学研究》（*Philosophical Studies*）、《综合》（*Synthese*）、《认识》（*Erkenntnis*）、《哲学季刊》（*Philosophical Quarterly*）、心灵（*Mind*）、哲学（*Philosophy*）和智慧（*Noûs*）等国际知名的哲学学术刊物上。

这些研究工作的内容主要体现在：对戴维森意义理论进行阐释、评价、批判和辩护；对包括真、意义理论在内的整个哲学思想进行系统分析，发掘意义、真、信念、知识和行动等要素的内在关联；按照戴维森的真值条件意义理论的思路，探索自然语言中复杂语句的逻辑结构形式；试图建立与戴维森意义理论并列的理论；利用戴维森意义理论的观点说明某些相关的哲学、逻辑学、认知科学、教育学、语言学等问题；探讨戴维森意义理论与海德格尔、伽达默尔、利科和哈贝马斯等大陆哲学家相关思想的相通之处。可以说，对戴维森意义理论的研究工作在西方特别是在英美是相当普遍和深入的。

我国对戴维森意义理论的研究始于 20 世纪 80 年代，并逐渐成为国内分析哲学研究的最新焦点之一。涂纪亮主编的《语言哲学名著选辑》（1988）收入了戴维森的名篇《真理与意义》，认为"戴维森纲领"在西方哲学界颇有影响。牟博编译的《真理、意义、行动与事件——戴维森哲学文选》（1993），收入了戴维森在真理和意义、语言和实在、行动语句的逻辑形式和身心问题等方面的重要文章 13 篇，比较全面地反映了戴维森 20 世纪 90 年代以前的主要思想。我国也有几位学者研究戴维森的意义理论，如涂纪亮在《分析哲学及其在美国的发展》（1987）中简要介绍了戴维森的意义理论、真理论和解释理论；江怡主编的《走向新世纪的西方哲学》（1998）主要介绍了"戴维森纲领""概念与图式"的二元论、形而上学的真理方法、无指称的实在观、事件本体论以及身心问题上的"变异一元论"等观点。还有一些公开发表的相关论文。21 世纪以来，我国研究戴维森思想的工作呈上升趋势，目前所见已出版了 3 部专著，即林从一的《思想、语言、社会、世界——戴维森的诠释理论》（2004）、叶闯的《理解的条件——戴维森的解释理论》（2006）和张妮妮的《意义、解释和真——戴维森语言哲学研究》（2008）。他们从各自的角度分析、解读戴维森意义理论中一些思想，提出了一些有价值的观点，为我们今后的研究工作提供了思路借鉴。同时，牟博、江怡翻译的《对真理与解释的探究》（2007）、王路翻译的《真与谓述》（2007）和牟博编译的《真理、意义与方法——戴维森哲学文选》（2008）为人们研读戴维森原著提供了便利。还有一些译文、论文和相关的简要介绍。这些研究成果为我们深入、全面地研究戴维森意义理论提供了一定的理论参考。

四　本书内容结构及主要观点

本书以"戴维森意义理论研究"为题，力图深入分析戴维森意义理论的思想来源、基本思想、理论特色、基本原则、重要影响及主要缺失等。
内容由三大部分共五章组成。

第一大部分，即第一章，探讨戴维森意义理论的主要思想来源。第一
节论述弗雷格的真值条件意义理论的思想是戴维森外延主义意义理论思想
的基本立足点。弗雷格从构造其逻辑理论体系出发，提出了有关语句的意
义和指称的语义论思想。这一思想认为，确定语句的真值条件便是给出语
句意义的说明，同时，语句的意义和指称是其成分的意义和指称的函项，
这些观点为戴维森提出一种自然语言的形式结构要求和构造其真值条件意
义理论提供了直接的思想来源。

第二节阐述了塔尔斯基的约定 T 的真理语义论（真之语义论）是戴
维森意义理论的形式表征基础的思想。塔尔斯基从为一种形式语言建立一
个实质上适当、形式上正确的真之定义出发，利用满足概念定义了语句的
真，提出了表征真与意义的关系的约定 T。约定 T 不仅为戴维森的意义理
论提供了一个恰当的外延主义表征形式，而且提供了一个统一的经验证据
的验证形式，从而使戴维森真正走出了一条由内涵到外延的意义理论的
进路。

第三节阐述了蒯因的"彻底的翻译"理论是戴维森彻底的解释理论得
以建立的原型或基础的观点。蒯因在其自然化的认识论观点的支配下，在
自然语言意义理论方面提出了旨在为自然语言提供一部从行为到语言的整
体上相容的翻译手册的"彻底的翻译"理论。这部手册是建立在观察证据
和分析假设的基础之上的，由此引发了翻译的不确定性论题和在其中必须
贯彻的整体论、宽容原则。这些思想为戴维森旨在为其意义理论的约定 T
表征模式具有解释力进行辩护或论证的彻底的解释理论提供了丰富的思想
养料：使其意义理论建立在客观证据的平台上；为其外延性理论的建立提
供了强大的理论支撑；整体论和宽容原则通过戴维森的充分利用和发挥成
为戴维森意义理论的基本原则。

第二大部分，包括第二、三、四章，比较深入地分析了戴维森意义理
论的基本思想。

第二章共分三节，主要分析戴维森意义理论的约定 T 表征模式的重要
思想。第一节从他提出意义理论必备的条件、分析流行的意义理论的缺陷
从而启用和调整约定 T 表征模式出发，阐述了他选择从内涵到外延的意义
理论进路的基本思想，并仿照塔尔斯基满足策略给出了谓词"是真的"和

"是真的 (S, t)" 的递归性定义。第二节从戴维森提出建立一种自然语言的真理语义论的思想到他对间接引语、行动语句和非陈述句的约定 T 式的真理语义论的改造工作，说明戴维森为自然语言建立一种约定 T 式的语义理论的坚定立场和实际行动。第三节分析了戴维森提出"戴维森纲领"所面临的一个难题——奇异的 T-语句（即没有语义解释性的 T-语句）的解释方案，认为他提出的诸种方案都是不成功的，从而过渡到下一章。

第三章共由三节组成，阐述了戴维森旨在为其约定 T 式意义理论进行辩护的彻底的解释理论的相关思想。第一节从彻底的解释理论必须满足的两个条件即解释性和彻底性出发，探讨戴维森对一种解释性真理论提出的问题及其回答，以及对一种业已修改以适应自然语言的真理论可用做解释性理论的辩护，深入分析了戴维森解释理论的纲领性思想。第二节从行为到持真态度、仿照决策论提出解释方案和宽容原则及其解释性作用三个方面详细勾画了戴维森彻底解释的程序。第三节立足于前两节笔者提出了对戴维森解释理论的一种看法：真——戴维森解释理论中的核心概念。笔者认为，戴维森以真替代翻译重新表述约定 T，提供了彻底解释的形式理论框架；戴维森仿照决策论建立的以真为核心的三元组解释模式，提供了彻底解释的经验理论框架；拥有客观性的真之概念，是我们理解和解释语言的先决条件。戴维森的意义理论是建立在他对一种真之概念的把握的基础上的。

第四章共有两节，着重探讨戴维森的"绝对的真理论"是其意义理论的前理论基础的思想。第一节通过阐述戴维森对"概念图式-经验内容"这一概念相对主义引以为据的二元论的批判和"无指称的实在"的思想，得出真之概念是原初的语义概念、表征意义理论的真理论是一种绝对的真理论这样的结论。第二节从综合考察戴维森维护塔尔斯基的真理论出发，展示他的真之探索的心路历程：塔尔斯基式符合论—融贯性符合论—客观性实用论—不可定义论。戴维森眼中的真之概念是原初的、不可定义的概念，真无处不在，它超越不同的语言、信念，体现在人类生活中，这实际上对其真理论表征意义理论的思想起到了一个坚实有力的理论论证作用。

第三大部分即第五章，是笔者对戴维森意义理论的总结性评价：戴维森意义理论是当代语义学领域的一次革命性思想实验。它包括四节，分别从戴维森意义理论的理论特色、基本原则、重大影响和主要缺失四个方面论证了笔者的这一观点。第一节提出了戴维森意义理论四个方面的理论特色：借助和调整约定 T，使内涵问题外延化；形式理论和经验理论的有机结合；注重逻辑分析方法的运用；一种全面、深入、系统的语义论。第二节概括提炼了戴维森意义理论贯穿的三条基本原则：整体论原则、语义组合性原则和以真为轴心的原则。第三节从五个方面展开分析了戴维森意义理论对当代哲学发展的重大影响：标志着一种意义理论的新派别——自然语言的真值条件意义理论的诞生，使弗雷格首倡的外延性意义理论的设想真正变成现实；开辟了一条探索意义理论的新途径——彻底的解释，从而为一种真理论找到了赋予其自身解释力的解释模式；引领了当代意义理论领域内一条极具活力的发展主线，对未来的意义理论的发展乃至整个哲学的发展，起着巨大的推动作用；展示了具有理论优势和发展空间的意义理论研究的一种新风格——逻辑实用主义；显示了与一些大陆哲学家相关思想的融通性，成为连接分析哲学和大陆哲学的重要节点。第四节提出并分析了戴维森意义理论的三个主要缺失：约定 T 表征模式对自然语言的非普遍适用性；彻底的解释理论中真理概念的非一致性和宽容原则作用的不充足性；对"概念图式－经验内容"二元论批判的不恰当性。笔者认为这些缺失在很大程度上影响"戴维森纲领"的成立，真正意义上的外延主义道路还有待进一步探索。

第一章　戴维森意义理论的主要思想来源

戴维森的意义理论是一种思想继承性和发展性都很明显的意义理论，要深入全面地研究戴维森意义理论，有必要首先了解和把握其主要的思想导源或来源问题。戴维森的意义理论吸收了现当代多位著名哲学家、逻辑学家的思想营养。其中比较直接和明显的主要表现有：弗雷格的真值条件说是戴维森意义理论的基本立足点；塔尔斯基真理语义论是戴维森意义理论的形式表征基础；蒯因的彻底的翻译理论奠定了戴维森解释理论的思想基础。

第一节　弗雷格的真值条件说——戴维森意义理论的基本立足点

弗雷格出于探讨数学的逻辑基础的需要，对语言表达式的意义问题进行了深入的思考，提出了有关语句的真值条件语义论的思想。这一思想的主要内容包括关于语言表达式的意义和指称的思想及其贯彻的语义组合性原则。戴维森意义理论的基本思路来自弗雷格的真值条件说，即陈述一个语句的真值条件便能给出这个语句的意义的观点。戴维森的意义理论借助于真值条件分析意义的方案所细致加以阐发的思想正是弗雷格的这个基本的看法。

一　语言表达式的意义和指称

弗雷格对意义问题的探讨源于他对数学同一性陈述的思考。他在《论含义和指称》（又译《论涵义和指称》）中问道：如果"$a=b$"为真，那么，"$a=b$"和"$a=a$"这两个语句表达了什么样的同一性关系？是对象之间的关系，还是对象的名字或符号之间的关系？弗雷格认为是后一种关系。在他看来，上述两个等式显然具有不同的认识价值。按照康德的观点，"$a=a$"是先验有效的分析陈述，"$a=b$"属于扩展了我们的知识的后验综合陈述。如果我们把同一关系看作"a"和"b"所代表的对象之间的关系，那么，如果"$a=b$"为真，则"$a=b$"和"$a=a$"在认识价值上的不同就无法显现，因为它们都表达了任何事物与其自身等同的这种关系，"a" 和 "b" 在这里代表了同一对象。事实上，"$a = b$" 和 "$a = a$" 显然是具有不同认识价值的语句。例如，"晨星 = 晨星" 和 "晨星 = 暮星" 这两个等同陈述，前者是同语反复，后者则包含天文学的一个伟大发现。因此，将这种同一关系仅仅看作命名对象之间的关系显然是说不通的。

如果我们把这种同一关系看作符号之间的关系，那么情况会如何呢？关键在于如何看待符号之间的关系。如果我们把符号之间的关系仅仅看作符号本身之间的关系，那么，还是不能有效地说明上述问题。因为，"a" 和 "b" 本身就属于形态不同的物体，等式关系不能成立。那么，如何说明 "$a = b$" 和 "$a = a$" 之间在认识价值上的差别呢？弗雷格认为，"a" 和 "b" 在这种情况下就不仅仅是作为其自身形态上的差异，而且是作为命名或代表所指对象的符号的差异相区别的。也就是说，"a" 和 "b" 的差异，在这里体现为二者对被命名或指称的同一对象的被给出的方式上的差异。仅当这些符号间的差别相应于被表达物的给定方式的差别时，"$a = b$" 和 "$a = a$" 才可能有不同的价值。他举例说，一个三角形的三条中线 a、b、c 交于点 O，我们对 O 可以有不同的表达方式，而这些名称（"a 和 b 的交点"，"b 和 c 的交点"，"a 和 c 的交点"）也表达了这些点被给出的方式。他把符号给出其命名对象的方式叫作符号的意义，认为两个符号可以指称同一对象，即具有相同的所指，但对其对象具有不同的给出方式，即具有不同的意义。"$a = b$" 不同于 "$a = a$" 的认识价值在于，虽然 "a" 和 "b" 的指称对象相同，但它们给出对象的方式不同，即它们的意义不同。

这样，弗雷格就区分了符号、符号的意义和符号的指称。在他看来，三者的关系是这样的：与某个符号相对应的是特定的意义；与特定的意义相对应的是特定的指称；而与一个指称对象相对应的可能不是只有一个符号。他在这里实际上提出了 "意义确定指称" 的重要思想。这一思想表明，符号的意义确定符号的指称，符号只有通过其蕴含的意义才能和其指称发生联系，某一符号究竟指称什么对象，取决于相应的对象是否具有该符号所描述的那些特征或属性。弗雷格把这种区分应用于对关于所有表达式即专名、概念词和语句的意义理论的分析说明。

由于语句是具有完整意义的基本语言单位，因此弗雷格对语句的意义和指称做了详细而深入的探讨。弗雷格在这里是把语句作为一种特殊的专名来看待的。他认为，语句的意义是它表达的思想，而语句的指称是真值，即真或假。因此，弗雷格关于语句的思想和真值的理论就构成他关于语句的意义理论的基本内容。

弗雷格关于思想和真值的论述始终是围绕陈述句展开的。他认为，陈述句包含一个思想，思想就是陈述句的意义。他说："当我们称一个语句是真的时候，我们实际上是指它的意义，因此一个语句的意义是作为这样一种东西出现的，借助于它能够考虑实真。""我称思想为某种考虑真的东西。"① 可见，弗雷格在这里明确说明了语句的意义即思想与语句的真值有关，是借助语句及其真值来说明思想的。他进而认为，尽管某些形式的语句，例如，祈使句、疑问句和含有虚假专名的陈述句都有意义，但它们没有表达真正的思想，因为这些语句无真假可言。他说："在只考虑逻辑的情形下，一个断定句的意义要么是真的，要么是假的。这样就有了我们称之为真正的思想的东西。"② 也就是说，语句的真正意义是离不开语句的真值的。

那么，什么是语句的真值呢？弗雷格认为，"我把一个语句的真值理解为语句是真的或语句是假的这种情况。再没有其他真值"③。也就是说，语句的真值是语句的真或语句的假。这样，弗雷格就明确区分了语句的意义和指称。他举例说，"晨星是一个被太阳照亮的物体"与"暮星是一个被太阳照亮的物体"这两个语句都为真，即它们的指称相同，但它们表达的思想不同，对于一个不知道晨星就是暮星的人来说，可能会认为其中一个语句是真的而另一个语句是假的。某些语句虽然有意义，但其真值是不确定的。例如，"奥德赛在沉睡中被放到伊莎卡岸上"这一语句中的"奥德赛"是否有确定的指称不能肯定，我们无法确定这个语句是否有指称，即真值。

那么，一个语句所以为真，或者说它的真值条件说明了什么呢？当我们将"真的"这一谓词加在一个语句上时，我们显然是说，这个语句的意义是真的。真是对语句意义的说明，语句的意义即思想成了真之载体。因此，弗雷格认为，一个语句的意义就是它具有它确实具有的真值所必须满足的条件，即真值条件。他说："一个语句所表达的思想和含义是由这个

---

① 〔德〕弗雷格：《弗雷格哲学论著选辑》，王路译，商务印书馆，2001，第116页。
② G. Frege, *Posthumous Writings*, Oxford: Basil Blackwell, 1979, p. 129.
③ 〔德〕弗雷格：《弗雷格哲学论著选辑》，第97页。

作为语句的名称据以为真的那些条件所确定的，这一名称的含义——思想——就是这些条件被付诸实现的思想。"① 这里，他显然提出了这一思想：语句意义＝思想＝陈述句的真值条件。由于弗雷格是把包括语句在内的所有语言表达式作为具有意义和指称的名称看待的，表达式的意义是与指称紧密相连的，它表现为给出表达式指称的方式，因此，表达式的意义实际上就是确定表达式的指称的一种手段或条件。就语句而言，由于其指称是抽象对象——真值，一个语句的真值是相对于语句的意义而言的，因此，语句的意义就成了确定其真值的手段或条件，即一个语句的真值条件。

　　当然，弗雷格得出这一结论是出于其逻辑理论的目的。他把"真"视为逻辑学研究的对象，因此需要对"真"提供一个恰当的逻辑语义学说明。一般来说，对于复合语句的真值的解释是通过对其所包含语句的赋值运算来完成的，而对原子语句的真值的解释是通过对其所包含的主词和谓词的意义和指称的解释来完成的。逻辑语义学实际上是要说明一个语句在什么情况下为真，即语句的真值条件。但是，这一思想也为我们研究自然语言的意义提供了一种恰当的思考方式，甚至可以把它作为探讨自然语言意义理论的一种基本思路来加以把握和利用。因此，这一思想得到了不少著名逻辑学家、哲学家的赞同和进一步阐发。维特根斯坦在《逻辑哲学论》中就对这一思想做出了一个更加直截了当的表述："了解一个语句的意义便是了解这个语句在什么情况下是真的。"② 卡尔纳普在《意义和必然性》中指出："了解一个语句的意义便是了解这个语句在哪些可能的情形下是真的、在哪些可能的情形下是假的。"③ 蒯因也持同样的看法："了解一个语句的真值条件就等于了解它的意义。"④ 按照这种观点，我们可以建立"真值条件语义学"。这种语义学的研究思路得到了 D. 刘易斯的高度肯定，以至于他说，"不处理真值条件的语义学就不是语义学"⑤。可

① G. Frege, *The Basic Laws of Arithmetic*, trans. and ed., M. Furth, Oxford：Oxford University Press, 1964, pp. 89 - 90.
② 〔英〕维特根斯坦：《逻辑哲学论》，霍绍甲译，商务印书馆，2005，第 44 页。
③ R. Carnap, *Meaning and Necessity—A Study in Semantics and Modal Logic*, The University of Chicage Press, 1956, p. 10.
④ D. Davidson and J. Hintikka, eds., *Words and Objections：Essays on the Work of W. V. Quine*, Dordrecht：D. Reidel, 1975, p. 333.
⑤ David Lewis, "General Semantics," in *Philosophical Papers*, Oxford：Oxford University Press, 1983, p. 190. 转引自叶闯《理解的条件——戴维森的解释理论》，商务印书馆，2006，第 7 页。

以说，戴维森意义理论所一直详细阐发的就是这种基本想法。

二　语义组合性原则

前面提到，弗雷格的语义论是为其逻辑理论服务的，因此，他围绕语句的真值的语义论说明实际上为我们提出了一种语义组合性思想。由于语句是推理的基本单位，又是具有完整意义的语法单位，因此语句的思想和真值是弗雷格语义学研究的焦点。

在《概念文字》中，弗雷格用他的真值函数思想来解释语句的逻辑结构。他认为，语句的结构可分为两部分：一部分是"固定的组成部分"，即函数部分；另一部分是"可由其他符号替代的部分"，即函数的自变元。他说："用自变元和函数这两个概念替代主词和谓词这两个概念能经受住长时间的考验。"[①] 在他看来，函数的本质在于它本身是不饱和的，需要填充的；自变元是饱和的，不需要填充的；用自变元填充函数的空位就形成一个完整的整体，得到一个函数值；真值函数是其值为真值的函数。他说："如果一个其内容不必是可判断的表达式中，在一个或多个位置上出现一个简单的或复合构成的符号，并且我们认为在所有位置上或几个位置上可以用其它符号，但是只能到处用相同符号替代它，那么我们就称这里的表达式为函数，称可替代的部分为自变元。"[②] 例如，我们可用 Φ（A）表达自变元 A 的一个不确定的函数，用 Ψ（A，B）表达 A 和 B 这两个自变元的未得到进一步确定的函数。我们可以将 $\vdash\Phi$（A）读作"A 有性质 Φ"，把 $\vdash\Psi$（A，B）翻译为"B 与 A 有关系 Ψ"或"B 是将 Ψ 方法用于对象 A 而产生的结果"。为了建立形式语言系统，弗雷格将这种函数表达式的数学分析扩充到对自然语言表达式的逻辑分析。

弗雷格在构造形式语言时，将数学中函数和自变元的构造方法用于对自然语言中语句的主词和谓词结构的构造，或者说，使用函数结构来处理自然语言语句的主谓结构。在自然语言中，概念和对象分别扮演了类似于函数和自变元的角色。在他看来，"一个概念是一个其值总是一个真值的函数"[③]。概念具有类似于真值函数的性质。概念和函数一样是不饱和的、有待填充的，它表现为一种带有空位的形式结构。例如，

---

① 〔德〕弗雷格：《弗雷格哲学论著选辑》，第 4 页。
② 〔德〕弗雷格：《弗雷格哲学论著选辑》，第 21 页。
③ 〔德〕弗雷格：《弗雷格哲学论著选辑》，第 97 页。

苏格拉底是哲学家。

柏拉图是哲学家。

亚里士多德是哲学家。

这三个语句有一个共同的部分，即

……是哲学家。

按照弗雷格的看法，这个共同的部分就是类似于函数的概念。我们可以把它写作

（　）是哲学家

或者

x 是哲学家。

省略号或括号或英文字母 x 标明了这种结构中需要填充的部分，说明了概念的不完整性或不饱和性，而上面三个语句的主语都是专名或单称词，它们的指称是个体的人，就像自变元指称具体的数字一样，都是对象，这些对象是完整的，概念中的空位被代入专名或单称词后便得到一个完整的整体，即形成一个完整的语句。

在他看来，函数等式的值总是一个真值，这种等式的语言形式实际上就是一个断定句。通过引入等号，我们就可以从一般的函数过渡到语句。一个语句的值也是真值。例如，

（　）征服高卢

是一个概念。我们用一个专名或单称词来填充其括号部分，就可得到一个完整的语句。如果用"恺撒"填充它，就得到一个其值为真的语句，即

恺撒征服高卢。

如果用"拿破仑"填充它，就得到一个其值为假的语句，即

拿破仑征服高卢。

在这种分析中，概念是作为语句成分出现的，用对象去填充它便得到一个具有真值的完整的语句。因此，一个概念是一个其值总是一个真值的函数。这样，概念是与语句及其真值密切联系在一起的。

语句是显示自然语言的语法结构的基本单位，一个语句一般划分为主语和谓语两大部分。谓语部分起谓述作用，对主语进行说明。概念起谓词作用。他所说的谓词是指语句中的系表或动宾结构部分，谓词的指称是概念；而概念词的指称也是概念。这样，概念词也起谓述作用，概念词在语句的谓语的位置中出现。专名或单称词在语句中的主语部分出现，它们的指称是对象。因此，一般说来，语句是由专名（充当主语）和概念词（充当谓语）组成的基本语法单位。概念是一个语句真值函数，对象是自变元，二者共同影响着语句的真值状况。但是，概念词有时也做语法主词出现，例如，

> 所有哺乳动物都有红血。

"哺乳动物"是一个概念词，在语句中充当语法主词，它相当于这样一个函数，即

> （　　）是哺乳动物。

因此，这个例句实际上表达的是，

> 凡是哺乳动物的东西，都有红血。

或者

> 如果某物是哺乳动物，那么它有红血。

这样看来，"哺乳动物"这个概念词实际上充当的是谓词作用，它在这里依然具有函数的性质，"某物"充当自变元的作用。上句的形式为

> 如果……是哺乳动物，那么它有红血。

所以，弗雷格所说的谓词不是一般意义上的语法谓词，而是起着函数作用的概念词，在其空位中填入一个专名便可得到一个具有真值的语句。

弗雷格用函数和自变元的知识说明了自然语言语句的逻辑形式结构，

为构造他的概念文字和建立他的逻辑学理论提供了必要的条件。他的这种分析告诉我们，语句的真值是由其构成部分的指称确定的。值得注意的是，弗雷格的语义论的中心在于探讨语句的意义和指称，从而为其逻辑学提供一个可靠的语义学基础。诉诸数学语言中的函数理论，他给出了语句的逻辑结构形式。按照弗雷格的观点，简单语句的基本语法形式是：专名＋谓词，这种形式就是一个带有自变元常项的函数。可以用函数表达式表示：$F（a_1，\cdots，a_n）$，它表示属性 F 属于 n 元组 $a_1，\cdots，a_n$ 的情况。对于语句的语义解释是，它们有意义和指称。语句的意义是它的思想，语句的指称是它的真值。语句是由主语和谓语构成的，因此语句的意义和指称是由主语和谓语的意义和指称构成或确定的。主语由专名充当，谓语由概念词或谓词充当。因此，语句的意义和指称是由专名和概念词的意义和指称确定的。专名和概念词的意义就成了语句意义即思想的一部分。专名指称的对象处于谓词指称的概念之下，例如，"天津是我国的直辖市"，其中的"是直辖市"是谓词，我们可以说，"天津这个对象处于直辖市这个概念之下"。"'是 Φ'是 Γ 的一种性质"，只不过是"Γ 处于 Φ 这个概念之下"的另一种说法。这样，弗雷格就给出了关于简单语句的语义解释。

就复合语句而言，弗雷格通过对思想的否定和思想的六种结构的分析，用自然语言刻画了语句的语义逻辑系统。在他看来，假的东西和真的东西一样可算作思想，假思想处于否定之中。他说："每个思想都有一个与自己相矛盾的思想。如果承认与一个思想相矛盾的思想是真的，这个思想就被说成是假的。从最初思想的表达式出发，通过一个否定词就建立起表达这个矛盾的思想的语句。"[①] 从句法形式上说，我们可以通过对表达一个思想的任一语句"A"加上一个否定符号"$\neg$"形成一个否定句"$\neg A$"，用以表示与原思想相矛盾的思想。从语义上说，如果 A 是真的，那么 $\neg A$ 就是假的；如果 A 是假的，那么 $\neg A$ 就是真的。因此，一个思想的否定就是与这个思想相矛盾的思想。

他进而认为，思想就其表达的形式来说，是一个不需要填充的完整的整体，而否定却需要一个思想来填充，可以把它表达为"……的否定"。这就实际上表达了一种函数思想，即把否定处理为一个命题函数："$\neg（\quad）$"。与前面不同的是，括号中填入的自变元是命题或语句，而不

————————

① 〔德〕弗雷格：《弗雷格哲学论著选辑》，第 152～153 页。

是前面所说的专名或单称词项。

从弗雷格对思想的否定的句法形式的分析可以看出，思想包含着一种结构，用相应的完整的思想填入这种结构的空位，便能形成表达一个新的思想的整体。这种结构不仅仅是否定而形成的结构，而且还有许多其他的思想结构。弗雷格在《思想结构》中一共探讨了六种结构。它们是：

Ⅰ：A 并且 B；

Ⅱ：并非（A 并且 B）；

Ⅲ：（并非 A）并且（并非 B）；

Ⅳ：并非（（并非 A）并且（并非 B））；

Ⅴ：并非 A 并且 B；

Ⅵ：并非（（并非 A）并且 B）。[①]

他认为，这六种思想结构形成一个封闭的整体，其中第一种结构和否定在这里表现为原始组成部分。也就是说，以结构 Ⅰ 和否定可以推出其他思想结构，这样就可以把"￢"和"∧"作为初始命题联结词来构造一个命题逻辑系统。

通过这种系统，我们可以发现，一个语句表达的思想是由该语句的组成部分及其结合形式共同确定的。从句法上说，一个简单语句是由专名和谓词构成的，一个复合语句是由它的成分语句按照一定的形成规则由一个系统中的逻辑联结词组合而成的，这些规则能从结构形式上表征一种自然语言中所有真语句的外延范围，即给出关于这些语句的一个无穷集合。从语义上说，这种系统也说明了一个语句的意义和指称被确定的组合方式。简单语句的意义（指称）是由其中出现的专名和谓词的意义（指称）及其结合形式确定的，复合语句的意义（指称）是由其中所包含的语句的意义（指称）及其组合的语义规则确定的。这实际上展示了弗雷格的语义组合性原则的思想。

语义组合性原则也就是语义递归性生成原则，这一原则揭示了语句生成的内在逻辑结构形式，它表明，通过特定的递归生成原则，我们可以从整体上把握一种自然语言所有语句的构成形式，从而从已掌握的有限初始表达式出发理解无限多个新的表达式。实际上，这一原则为戴维森的意义

[①]　〔德〕弗雷格：《弗雷格哲学论著选辑》，第 173 页。

理论试图解释一种自然语言的使用者的任一话语的目的提供了直接的方法论指导。

第二节 塔尔斯基真理语义论——戴维森意义理论的形式表征基础

一 塔尔斯基真理语义论的思想

波兰数学家和逻辑学家塔尔斯基在《形式化语言中的真理概念》（1933）和《真理的语义学概念和语义学的基础》（1944）中提出了真理语义论（the semantic theory of truth）的重要思想。他在前文第一句话就开宗明义地说："本文几乎全部是献给一个问题——真理的定义的。它的任务是针对一种给定的语言，建立一个实质上适当的、形式上正确的关于'真语句'这个词的定义。"[1] 这句话说明他的真理语义论的目的是给出"真语句"这个词的定义，或者是定义"真的"这个词，并且规定了下定义应当满足的适当条件。

1. 对真理下定义应当满足的适当条件

（1）实质恰当性

在塔尔斯基看来，语词"真的"与我们日常语言中其他语词一样，其用法是具有含糊性的，而那些讨论过这个概念的哲学家们虽然有许多不同的真假概念，但也没能帮助消除这种含糊性。他期望他的真之定义能与亚里士多德的古典的真之概念所体现的直觉知识（"说非者是，或是者非，即为假，说是者是，或非者非，即为真"[2]）一样得到公正的对待。也就是说，他选择了亚里士多德的古典真之概念作为讨论的基础，这一讨论要能体现该古典真之概念所体现出的直觉知识。这种直觉知识用现代哲学术语，可以说成：

语句之为真在于它与现实相一致（或相对应）。

或者

---

[1] A. Tarski, *Logic*, *Semantics*, *Metamathematics*, Oxford：Clarendon Press, 1956, p. 152.

[2] 涂纪亮主编《语言哲学名著选辑》（英美部分），三联书店，1988，第247页。

语句是真的，如果它指示一种存在着的事态（如果把语句的指称看作事态）。

塔尔斯基认为上述表述都不能成为满意的真之定义，因为它们都不足够精确和清楚，会令人产生各种误解。他试图为我们的直觉知识寻找一种更加精确的表述。以"雪是白的"这个语句为例，如果以古典的真之概念为基础，我们会说，当雪是白的时这个语句为真，否则为假。这就是说，如果我们的真之定义要与体现亚里士多德的真之概念的直觉保持一致，那么这个真之定义就必须是以下等值式：

语句"雪是白的"为真，当且仅当雪是白的。

出现在等值式中的"雪是白的"这个语句在左边带有引号，在右边没带引号。这表明在右边的是该语句本身，在左边的是该语句的名称。为什么会出现这种情况呢？首先，从语法的角度来看，一个语句的主语只能是名词或名词性的表达式，对于一个形如"s 是真的"的表达式，如果我们用一个语句或者其他不是名称的东西来替换 s，那都不能使它成为一个有意义的语句。其次，从语用惯例上看，不管用什么言辞对某个对象做出断言，都会要求我们必须使用对象的名称而不是使用对象本身。因此，如果我们要对语句说点什么，比如说它是真的，就必须使用这个语句的名称，而非这个语句本身。我们可以概括上面的讨论。如果用 p 代替某种语言中的任一语句，用 s 代替该语句的名称，那么从上面的分析来看，"p"和"s 是真"之间具有等值关系，即下列等值式成立：

（T）s 是真的当且仅当 p。

这个等值式被塔尔斯基称为"T–等值式"（T–Equivalence）或"约定 T"（Convention T）。塔尔斯基提出，作为实质恰当性条件，任何可接受的真之定义应该约定 T 的全部示例作为后承，这里的"p"能被在其中给真下定义的语言中的任何语句所替代，"s"能被替代"p"的语句的名称所替代。如果我们按照上述条件给其中的 s 和 p 指派具体的语句，就可以得到图式（T）的示例，即 T–语句。例如，

"雪是白的"是真的，当且仅当雪是白的。

塔尔斯基认为，经过他的分析，亚里士多德式的真定义的模糊性被排除了。他说："现在我们终于可以提出一个具有精确形式的条件，在此条件下，从实质的观点看来我们可以认为词项'真的'的定义和用法是适当的，我们期望以这样一种方式来使用词项'真的'，以使得保证任何（T）型等值式都能成立，并且，我们将称一个真理的定义是'适当的'，如果所有这些等值式都是从它推导出来的。"①

塔尔斯基强调，无论是（T）模式还是其示例都不是真之定义。我们只能说，由某个特殊的语句及其名称代替（T）模式中的语句变项所获得的任何（T）型等值式，可以看作真之部分定义，它解释了这一个单独的语句的真在于什么地方。在某种意义上说，普遍的定义应是所有这些部分定义的逻辑合取。

（2）形式正确性

塔尔斯基认为，形式正确性的条件就是这样一些条件，在这些条件下，一种语言的结构可以被认为是精确规定了的。也就是说"具有明确规定结构的语言"才是满足形式上正确的语言。具体说来，必须说明给出真之定义的语言中的语词或概念的意义，同时必须明确规定给出真之定义的语言的形式结构。

在塔尔斯基看来，如果不明确规定语言的形式结构，将（T）型等值式应用于日常语言时，就会导致语义悖论。他以卢卡西维茨给出的一个导致悖论的描述为例说明了这一事实。②

为了更加通俗易懂，我们将符号"C"用作下列表达式的缩写：

C 不是一个真语句。

考虑到符号"C"的意义，我们可以从经验上建立下列等式：

（α）"C 不是一个真语句"等同于 C。

于是对 C 的那个带引号的名称（或对其名称中的任意其他名称），我们可以提出（T）型等值式的说明：

---

① 涂纪亮主编《语言哲学名著选辑》（英美部分），第 249 页。
② 参见 A. Tarski, *Logic*, *Semantics*, *Metamathematics*, pp. 157 – 158。

（β）"C 不是一个真语句"是一个真语句，当且仅当，C 不是一个真语句。

从前提（α）和（β）立即得到一个悖论：

C 是一个真语句，当且仅当，C 不是一个真语句。

塔尔斯基通过深入分析，得出了产生悖论的两个原因：一是日常语言的语义封闭性。也就是说，我们已假定在悖论被构成的语言中，除了它的表达式外，还包含指称这些表达式的手段，以及像"真的"和"假的"这样的语义谓词；我们还假定所有决定这个词项的适当使用的语句都能在这种语言中得到断言。塔尔斯基把这样的语言称作"语义上封闭的"语言。二是我们已假定在这种语言中通常的逻辑规律有效，为了避免悖论，塔尔斯基抛弃了前者而选择了后者。他认为一个形式上正确的真理应该用一种不是语义上封闭的语言来表达。因为语义封闭是造成语义悖论的根源，要在这样的语言系统内无矛盾地定义真之概念或使用"真语句"这个词是不可能的。

具体说来，我们要区分语言层次。对此，塔尔斯基提出了语言层次理论。他把语言分成"对象语言"（用 O 表示）和"元语言"（用 M 表示），前者是"被谈论"的语言，是整个讨论的题材，我们所寻求的真之定义是要应用到这种语言的语句上去的；后者是用来"谈论"对象语言的语言，是用来为对象语言构造真之定义的语言。当然，这种语言层次的区分只具有相对的意义。某种语言相对于它"谈论"的语言来说，是元语言相对于它"被谈论"的语言来说是对象语言。塔尔斯基证明，真之定义必须相对于一种语言，因为同一个语句可以在一种语言中是真的，在另一种语言中却是假的或是无意义的。借助于元语言可以避免产生语义悖论的危险，把真和假归属语句，这是人们在元语言层次上的语言活动。例如，上述悖论中的"C 不是一个真语句"是说"C 在 O 中是假的"，这是一个 M 中的语句，不能与"C"本身替换，所以就不会出现悖论了。

塔尔斯基认为，元语言在实质上要比对象语言丰富。元语言除了包含对象语言外，还包含对象语言表达式的名称，"当且仅当"之类的一般逻辑词项以及适用于对象语言语句的语义表达式，如"真的""假的""满足""有效"等。但这些（有关对象语言的）语义概念只有通过定义才能被引入元语言中。如果从类型论的角度看，元语言比对象语言"实质地更丰富"的条件就是，前者比后者包含了更高逻辑类型的变元。

塔尔斯基进而认为，元语言和对象语言必须具有明确的形式结构。我们必须假定它与目前所知道的其他形式化语言是相似的。也就是说，它们的形式结构是用公理化、形式化的方法来表述的：首先，给出不加定义的初始词项，给出造词造句的规则，通过定义引入其他相关词项；其次，给出与初始词项相关的公理和推论规则，并经过证明程序得到定理或可证语句。由此保证两种语言中的每一个表达式在形式上都可唯一地加以确定，避免歧义和混淆。① 概括起来，形式正确性的条件包括三个方面的要求：第一，应当用语义上不封闭的语言来表达真之定义，必须在元语言 M 中给对象语言 O 的真之概念下定义；第二，无论是 M 还是 O 都应当是"在形式上可规定的"；第三，用元语言给真理下定义要遵循通常的形式规则。这些规则包括：

（i）凡被定义项中没有出现的自由变元在定义项中也不能出现（以防止出现那些导致矛盾的定义）；

（ii）同样的变元不在被定义项中出现两次（以防止出现那些被定义项中不能被消除的定义）。例如，"$Fx =_{df} (x + y = 0)$"被规则（i）排除在外。"$Fxx =_{df} Gx$"被规则（ii）排除在外。②

这样，塔尔斯基就给出了他所谓任何可接受的真之定义必须满足的实质恰当性与形式正确性这两个条件，他按照这两个条件，给出了一个真之定义，并证明根据这些标准，这一定义是可接受的。

2. 对真理定义的构造过程

如前所述，（T）图式本身不是真之定义，但它的确提供了一种以穷举外延的办法展示"真的"的含义的方式。然而，塔尔斯基认为，不可能给出关于"真的"这样一个合取定义，因为一种语言的语句可以是无限的，给出（T）图式的所有符合要求的示例实际上是不可能的。

塔尔斯基也证明，（T）图式不能通过全称量化而变成真之定义。如

---

① 参见陈波《逻辑哲学导论》，中国人民大学出版社，2000，第 248 页。
② S. Haack, *Philosophy of Logics*, Cambridge：Cambridge University Press, 1978, pp. 103 – 104.

果考虑对"'雪是白的'是真的，当且仅当雪是白的"这一 T 型等值式中的"雪是白的"这一表达式所占位置用一语句变项"p"代替，则有：

　　　　"p"是真的，当且仅当 p。

如果对上式进行全称量化，得到：

　　　　（p）（"p"是真的，当且仅当 p）。

　　这看起来构成了一个完全的实质上恰当的真之定义，因为（T）图式的所有示例都是它的变例。塔尔斯基却认为，对引号名称进行量化是无意义的，引号名称可被视为一种语言的简单的语词，类似于句法上简单的表达式。这些名称的简单构成部分——引号和位于其中的表达式——行使着与由简单语词中的字母和一系列相连的字母构成的复合体相同的功能。因此它们不能具有任何独立的意义。每一个引号名称是一确定表达式（由引号包围的表达式）的一个固定不变的个体名称，因此在性质上是一个类似于一个人的专名的名称。[①] 也就是说，字母"p"作为引号名称的一个构成部分没有独立的意义，不能对其适用量化规则。

　　塔尔斯基认为，（T）图式不仅不是真之定义而且也不能转变为真之定义，因此必须采取迂曲的办法来构造真之定义，他选择了"满足"这一语义概念来定义真语句。究其原因，他做了解释："这样做的理由是，虽然复合句是由简单的语句函项所构成的，但并非总是来自简单句；所以并没有听说过专门适用于语句的普遍递归方法。"[②] 由于语句函项（开语句），例如 Fx，$Fx \wedge Gy$，没有真假可言，只有是否被对象满足之说，因此要对复合的语句给出真之定义，必须首先考虑其组成部分的语义性质，其中包括语句函项的满足性质。

　　在他看来，满足是任意对象与某些被称为"语句函项"式之间的一种关系。语句函项是一类与语句的形式结构相类似且包含自由变元的表达式。如"$x > y$"，"x 是白的"等。我们也可以简单地说，语句就是不包含自由变元的语句函项。塔尔斯基首先定义"满足"这一概念。满足的定义是递归的，即首先对简单的开语句给出定义，然后确定复合开语句被满足

　　① 参见 A. Tarski, *Logic*, *Semantics*, *Metamathematics*, p. 159。
　　② 涂纪亮主编《语言哲学名著选辑》（英美部分），第 261 页。

的条件。这一递归程序可以提供一个适用于所有 O 语句的真之定义。

开语句即一般的语句函项，是含有自由变元的、语法结构与语句类似的表达式。开语句本身既不真也不假，但它可以为某事物、事物偶、事物 n 元组所满足或不满足。例如，"x 是一所大学"可被南开大学满足，"$x > y$ 可为 $<n+1, n>$ 所满足"；"x 在 y 和 z 之间"被 <长沙、武汉、广州> 满足，如此等等。可见，满足与否除了相关对象之外，还与对象的排列顺序有关。如果 n 个对象在一序列中是有序排列的，我们则称之为对象的 n 元有序组。因此可以说，满足是开语句与对象的 n 元有序组之间的关系。从理论上讲，开语句可以包含任意多个自由变元，因此，塔尔斯基把"满足"定义为在下述约定下开语句和无穷序列之间的关系："$F(x_1, \cdots, x_n)$"为序列"$<O_1, \cdots, O_n, O_{n+1} \cdots>$"所满足，它刚好为该序列的前 n 个元素所满足，后面的元素（后继元）可以忽略不计。

复合开语句的满足则由简单开语句的满足来定义。一个开语句 S_1 的否定为那些不满足 S_1 的序列所满足；S_1 和 S_2 的合取正好为那些既满足 S_1 又满足 S_2 的序列所满足；而一个开语句的存在量化式，仅在下列情况下为一对象序列满足，即存在另一对象序列，该序列至多在第 i 位上与前一序列不同（这里的第 i 个元是由存在量词约束的变元），并且这个序列满足通过去掉量词而得到的开语句。例如（∃x）（x 是位于 y 和 z 之间的城市）为对象序列 <中国，哈尔滨，沈阳…> 所满足，是因为存在另一对象序列 <长春，哈尔滨，沈阳…> 满足去掉上述存在量化式的量词而得到的开语句"x 是位于 y 和 z 之间的城市"。这两个序列的差别仅仅在于被量词所约束的那个变项"x"位置上出现的对象不同。

下面根据"满足"定义"真"。闭语句是开语句的一种特例，即那些没有自由变元的语句或零位开语句。由于一个序列的第一个元及所有后继元都与该序列是否满足一个零位开语句无关。因此，塔尔斯基便把一个语句为真定义为该语句为所有的序列所满足，而把一个语句为假定义为该语句不为任何一个序列所满足。例如，一个二位开语句"x 是 y 的老师"可被所有形如 <苏格拉底，柏拉图，…> 的序列所满足，而不管其第三个元及其所继元如何。一个一位开语句"x 是一名老师"可被所有形如 <苏格拉底，…，…> 的序列所满足，而不管其第二个元及其后继元如何。同理，一个零位开语句（即闭语句）（∃x）（x 是一名老师）可被所有形如 <…，…，…> 的任意序列所满足，而不管其第一个元及所有后继元如

何，因为按前面给出的对存在量化式的满足定义，存在一个序列，譬如 <
苏格拉底，…，… >，该序列与任意一个序列至多在第一位上不同，而且
该序列满足由（∃x）（x 是一名老师）被删掉量词后得到的开语句 "x 是
一名老师"。因此，若该存在语句为任一序列所满足，则它就被每个序列
所满足。所以，一个闭语句或者被所有序列所满足，或者不为任何一个序
列所满足。为什么要把"真的"定义为"被所有序列所满足"，把"假
的"定义为"不被任何序列满足"呢？再考虑闭语句（∃x）（x 是一座城
市）：令 X 为任一对象序列，根据存在量化语句被满足的相应条款，X 满
足该语句，当且仅当存在某一序列 Y，Y 至多在第一个位置上与 X 不同，
并且 Y 满足 "x 是一座城市"；既然一个对象 O 满足 "x 是一座城市"，仅
当 O 是一座城市，所以刚好在存在着某个对象是城市的场合，才存在这样
一个序列 Y。于是，若有某个对象是城市，则（∃x）（x 是一座城市）为
所有序列所满足。塔尔斯基在《形式化语言中的真理概念》中的真之定义
是对于一个类演算（对象语言）给出的，并且使用了形式化的元语言。他
用 T_r 表示真语句类，用满足来定义真语句：

> 定理 23　　x 是一个真语句（用符号 $x \in T_r$ 表示），当且仅当，x 是
> 语句并且类中每一无限序列都满足 x。[①]

我们可以用大家熟知的一阶语言作为对象语言，并使用汉语加上对象
语言的一些符号作为元语言给出关于"满足"和"真"的定义（省去对
象语言 O 的语法部分）：[②]

（Ⅰ）"满足"的定义

令 X、Y 是任意的对象序列，A、B 是任何的 O 语句，F 为任意谓词，
令 X_i 指称任意序列 X 中的第 i 个元。于是，根据对象语言的每个谓词的条
款，对原子公式给出"满足"的定义：

（i）对 1 元谓词：对于所有 i、X，X 满足 "Fx_i"，当且仅当 X_i 是 F；

（ii）对 2 元谓词：对所有 i、X，X 满足 "$F^2(x_i, x_j)$"，当且仅当 X_i
和 X_j 有 "F^2" 关系；

（iii）对 n（n ≥ 3）元谓词：对所有 i、X，X 满足 "$F^n(x_1, \cdots,$

---

① A. Tarski, *Logic*, *Semantics*, *Metamathematics*, p. 195.

② 参见 S. Haack, *Philosophy of Logics*, pp. 109 – 110。

x_n)"，当且仅当 X_1，…，X_n 之间有"F^n"关系。

对于复合公式的"满足"定义可以根据合式公式的相应情形一一给出：

（ⅳ）对于所有 X、A：X 满足"$\bar{A}$"，当且仅当 X 不满足 A；

（ⅴ）对于所有 X、A、B：X 满足"$A \wedge B$"，当且仅当 X 满足 A 并且 X 满足 B；

（ⅵ）对于所有 X、A、i：X 满足"$(\exists x_i) A$"，当且仅当存在一个序列 Y，使得对于所有 $j \neq i$，都有 $X_j = Y_j$，并且 Y 满足 A。

（Ⅱ）"真"的定义

对象语言 O 中的一个闭语句为真，当且仅当它被所有序列满足。

二　塔尔斯基的真理论对戴维森意义理论可资利用的价值

戴维森一再强调塔尔斯基的真理论为我们提供了有关意义理论的许多重要的东西，这说明了塔尔斯基的真理论对戴维森意义理论显然具有可资利用的价值。

首先，塔尔斯基的真理论为戴维森真理语义论提供了一个恰当的形式柜架。在戴维森看来，自然语言是一种具有内在形式结构的语言，正是这种结构使得人们以有限的词汇来构造和掌握无限多的语句，从而理解和把握这种语言。因此一种恰当的意义理论必须有可能给某种自然语言的语句的意义提供一种构造性解释，塔尔斯基的真理论恰好表现了形式语言中的构造性特征。约定 T 以有意义的语句为基本的表达单位，在外延上表达了真谓词的意义。通过给出具有递归性特征的对象语言和元语言的语法结构、形式规则和推理规则以及具有递归性特征的满足定义，最后给出真的定义，塔尔斯基向我们展现了形式语言及其真理论的逻辑形式与构造方法。这种分析意义和真理的形式手段正是戴维森所需要借鉴的。

其次，塔尔斯基的约定 T 理论为戴维森意义理论提供了一个恰当的经验证据的验证形式的基础。戴维森认为，一种自然语言的意义理论是一种经验性的语义论，这种理论除了要能对人们使用日常语言进行交流这一经验事实进行解释外，还要经得起经验上的验证或支持。这种验证的证据就在于：T－语句是真的。每个 T－语句为真就是对该语句的经验验证。如果 T－语句被证实为真的数量越多，则 T－语句所在的这种理论被验证的程度就会越高。

再次，塔尔斯基的真理论为戴维森提供了一条研究诸如意义等内涵问题的外延主义道路。应当说，塔尔斯基的真理论是以人们已掌握的意义为前提的对真谓词的定义和说明，也就是说，它是一种从内涵到外延的语义论。戴维森认为，这一真理论对约定 T 的解释（稍做改变——以真代替翻译）便可为建立一种外延性的自然语言意义理论服务。塔尔斯基的约定 T 模式和基于满足的真之定义是对"真"概念本身的考察，而且使用了某种外延性的构造方法。这样就避免了直接使用"意义""意谓……""意向性"等内涵性概念，因此也就避免了内涵性实体的侵入。

最后，塔尔斯基真理论为戴维森研究语言与实在的关系问题提供一套可靠便利的形式分析手段。塔尔斯基用以定义真理的满足概念是在形式语言中被讨论的，指的是语句与 n 元有序对象序列之间的一种关系。这种关系没有提到任何具体的对象实体，从而避免了人们在讨论语句真时对各种具体实体的追问而导致的无限倒退的局面。同时，约定 T 中没有对语词提出独立的要求，它是以命题逻辑的形式而探讨语句的真，从而回避了对与语词层次相应的实体的追问。正如塔尔斯基一再表明的，他的"语义学概念对于哲学争端是完全中立的"[①]。

在戴维森看来，塔尔斯基就形式化语言的真之定义所做的工作对自然语言所需要的那种真理论发挥着一种激励作用。那种方法是通过列举一个有限的词汇表中的词项的语义特性来发挥作用的。在此基础上，它以递归的方式为无限多的语句中的每个语句表征真理，由此，再引入一个以达成真之概念的满足概念，这个概念既把语句又把语词与世界中的对象联系，但并未涉及有关这些对象具体范畴的纷争。戴维森正是看准了这一点，并将这种形式分析手段运用和发挥得淋漓尽致。

总之，塔尔斯基的真理论为戴维森意义理论在理论形式框架、外延性道路、验证证据形式和语言与实在的关系的形式分析手段等诸多方面提供了其他语义学理论无法替代的丰富的思想养料，也正是这些思想养料使得戴维森意义理论在诸派理论中独树一帜，令人瞩目。

---

① 涂纪亮主编《语言哲学名著选辑》（英美部分），第 247 页。

第三节　蒯因的彻底的翻译理论——戴维森解释
理论的思想基础

戴维森坦承，他在语义学领域中取得的成就在很大程度上应归功于他的老师蒯因。他在《对真理与解释的探究》这本论文集的扉页上写道："此书献给蒯因，没有他就没有这本书。"值得肯定的是，戴维森的彻底的解释理论与蒯因的彻底的翻译理论有着不可否认的亲缘关系。因此，考察蒯因关于"彻底的翻译"的重要思想，对于我们系统而准确地把握戴维森解释理论的发展脉络、精神实质、原则方法和理论特色都有着至关重要的作用。

一　为自然语言提供一部从行为到语言整体上相容的翻译手册

蒯因在其自然化的认识论观点的支配下，在自然语言意义理论方面提出了旨在为自然语言提供一部从行为到语言整体上相容的翻译手册的"彻底的翻译"理论。蒯因认为，认识论的中心问题在于：我们是如何在"贫乏的"感觉刺激的基础上，创造出我们关于世界的丰富理论的，或者说，我们关于世界的理论是如何从观察行为中产生的。[①] 而理论是由语言系统表达的，因此，这一问题便转换为：我们是如何从可观察的感觉证据中推导出某种自然语言的意义并能够对这种语言的意义提供证据支持的。由于他一再强调，语句的意义最终取决于使语句为真的感觉证据，因此翻译者在遇到一种陌生语言（例如土著语言）的情形下所做的工作莫过于凭借可观察的感觉证据在翻译语言和被翻译语言之间建立起一种恰当的语义映射关系，或者说在二者之间建立一部整体上相容的翻译手册。

彻底的翻译便是这种情形：在对一种从未接触过的语言的翻译中，没有业已存在的翻译手册可供依凭，也没有现存的字典可供借助，语言学家除了自己对陌生语言的说话者的行为观察之外没有任何其他的翻译证据。蒯因设计了一个丛林语言学家翻译土著语言的情形。在这种情形下，丛林语言学家对这种语言的翻译只能从与刺激条件直接相联系的语句即场合句

---

① 参见陈波《奎因哲学研究——从逻辑和语言的观点看》，三联书店，1998，第40页。

开始，把听到的语句和看到的言语刺激联系起来，然后通过问询方式，观察说话者的言语行为倾向，即说话者在特定的刺激条件下同意或不同意的行为反应，通过不断反复的刺激和观察，逐渐建立起这种语言与语言学家母语之间的语词对应关系，编纂一部翻译手册。可见，蒯因是一个行为主义者，在此基础上提出他关于意义和翻译的思想。在谈到一部翻译手册的证据时，他这样写道："我们客观上面对的是对自然的不断适应，这反映在一系列不断的由刺激引发的对语句肯定或否定的倾向中。"① 对蒯因来说，这种态度倾向构成了言语行为的总体。语言学家为他的翻译手册收集证据所能做的事情，不过是测试土著人面对各种各样的刺激时对语句所持赞同或不赞同的倾向。设想当一只兔子跑过时，我们听到一个土著人发出"gavagai"的声音，我们就会想到这也许可以翻译为"有一只兔子！"或"噢，一只兔子！"。这种尝试性的翻译有可能出错。为了尽可能避免出错，我们可以设计多种多样的测试场合，其中有些场合有兔子出现，有些场合没有兔子出现，并且在每一场合我们都向那个土著人询问"Gavagai？"，如果他在那种存在兔子的足够多的情形下表示赞同，而在那种不存在兔子的足够多的情形下表示不赞同，那么，我们就可以基本上把"gavagai"翻译为"噢，一只兔子！"或"有一只兔子！"。通过这种方式，我们有望为一种陌生语言建立一部整体上相容的翻译手册。

丛林语言学家除了他进入这种特殊的言语理解场景之前自己所拥有的知识之外，对土著人的语言没有任何相应的知识。他所拥有的认识资源是一个三元组资源结构体 S = <U，B，C>，其中 U 代表土著人说出的话语；B 代表包括说话这个行为本身在内的可观察行为；C 代表土著人与丛林语言学家共享的外界环境和环境的变化。可见，丛林语言学家所拥有的认识资源是相当有限的，因此要在如此"贫乏"的材料的基础上给出陌生语言所有的可能的语句的翻译，提供一部令人满意的翻译手册的确是语言理论中的一个难题。② 对感觉证据的依赖往往给翻译工作带来麻烦或混乱。例如，一个土著人有可能看到的不是一只真正的兔子而是一个人造的兔子模型，或者尽管出现的是一只兔子，但受他的视角所限，他看不见兔子，或者说他有时故意撒谎，在这样的情形下仍然发出

① W. V. O. Quine, *Word and Object*, Cambridge, Mass. : The MIT Press, 1960, pp. 38 - 39.
② 参见叶闯《理解的条件——戴维森的解释理论》，第 32 ~ 33 页。

"gavagai"的声音。为了避免这些问题，蒯因建议我们不要把恰当的刺激条件看作诸如兔子这样的东西，而要把它们看作感觉刺激的范型。蒯因提出了其意义理论中的一个重要概念——刺激意义。一个语句的刺激意义是由促使说话者同意或不同意该语句的刺激模式的类组成的。也就是说，特殊地促使土著人同意"gavagai"的是相关的刺激范型，而不是兔子本身。

刺激意义显然是蒯因的一个理论性概念。问题在于，如此定义的刺激意义怎样才能接近于我们所说的意义呢？表面上看来，蒯因的刺激意义概念非常类似于他一直所反对的还原论教条。还原论教条试图将某些语句的意义等同于赞同或不赞同这些语句的实验。但是蒯因的刺激意义概念与这一教条还是有根本区别的，因为蒯因在语言意义观上持整体论的态度。他把一种语言模型看作一个网络。网络的结点代表语句，每个结点的确定依赖于它与其他结点的关系，处于该网络较外部的结点会明确地与这种实验联系在一起；而如果一个语句越位于这个网络的内部，则它与这种实验的联系就会越少，对它的确定会越来越多地依赖于它与其他语句的联系。处于网络边缘的语句在蒯因那里被称为"观察语句"，例如，"这是红的"就属于这类语句。"观察语句是这样的语句，给出相同的伴随刺激时，所有说这种语言的人都会对它做出相同的判断。"[1] 蒯因选择观察语句作为研究刺激意义的突破口，是因为观察语句的意义最接近于它的刺激意义。当然，对蒯因来说，没有任何一个语句与其他语句是不相联系的。因此，尽管刺激意义对观察语句来说是至关重要的，但我们也不能完全简单地将其意义等同于刺激意义。对于处于网络深层的语句，如"噢，一个单身汉！"，刺激意义与通常的意义的联系就没那么明显了，因为"'Bachelor'一词的意义超出了当下的刺激（看到某人的脸），还包括了只有通过其他渠道才能得来的信息"[2]。

除了观察语句外，"与彻底的翻译问题直接有关的还有另外一个大不相同的领域，即诸如否定、逻辑合取和析取等真值函项领域"[3]。我们可以根据对这些真值函项提出的通常的语义标准，确定某句土著语是否可以

---

① W. V. O. Quine, *Ontological Relativity and Other Essays*, New York: Columbia University Press, 1969, pp. 86 - 87.

② W. V. O. Quine, *Word and Object*, p. 42.

③ W. V. O. Quine, *Word and Object*, p. 57.

看作表达了某个真值函项。因为一个否定式是真的当且仅当被否定的那个表达式是假的，所以，我们可以把某个土著语素翻译成"并非"，当且仅当，对于任何一个土著语句 p，土著人赞同 p 之前附加那个语素而形成的表达式，当且仅当他不赞同 p；同理，一个合取式是真的，当且仅当它的两个合取支都是真的，所以，我们可以把某个土著语素翻译成"并且"，当且仅当，对于任何两个土著语句 p 和 q，土著人赞同由那个语素联结 p 和 q 而形成的表达式，当且仅当他既赞同 p 又赞同 q；一个析取式是真的，当且仅当它的两个析取支至少一个是真的，所以，我们可以把某个土著语素翻译成"或者"，当且仅当，对于任何两个土著语句 p 和 q，土著人赞同由那个语素联结 p 和 q 而形成的表达式，当且仅当他或者赞同 p 或者赞同 q，如此等等。蒯因在这里实际上将表达式的真假值和土著人对它们的赞同态度联结起来，从而以行为证据的方式给出了真值函项的刺激意义。

但对于非观察性的场合句和恒定句（即其意义不受语境因素影响的语句）的意义则不能直接通过刺激意义加以规定。蒯因为此建议彻底的翻译者求助于分析假设。所谓分析假设，就是：

> 语言学家……把听到的话语分成方便简短、可重复出现的组成部分，并由此编纂一个土著语"词汇"表……他尝试性地将各个部分与英语词汇和短语匹配。这就是我所说的分析假设。①

通过分析假设，语言学家在翻译过程中把他的母语及其概念框架投射到被翻译语言之上，使两种语言的相应词汇之间对应起来。"分析假设的方法是利用动力把我们抛入土著语言的办法。它是把奇异的新枝嫁接到常见的老树上的办法。"② 也就是说，分析假设不是直接将翻译者与说话者当下的刺激证据相联系的，而是与翻译者的概念框架相联系的，这种概念框架在知识或概念的网络中最终还是要与刺激证据发生关联的，因此就其性质来说，它仍然属于经验性的范畴。所以蒯因说，虽然场合句与刺激意义是硬通货，而词项和指称是区域性的，相对于我们的概念框架，但我们毕竟在给定的经验条件下完成了满足一定经验要求的翻译。③

① W. V. O. Quine, *Word and Object*, p. 68.
② W. V. O. Quine, *Word and Object*, p. 70.
③ 参见叶闯《理解的条件——戴维森的解释理论》，第 44 页。

可见，蒯因在其自然主义认识论思想的主导下，对任一对象语言的意义提供了一种解释理论——彻底的翻译的理论。这一理论是以一部恰当的翻译手册的形式来表征对象语言意义理论的。这部建基于观察证据和分析假设的翻译手册带有明显的经验性色彩，因此必然引发翻译不确定性的论题。

二 翻译的不确定性论题和整体论、宽容原则

蒯因出于彻底的翻译者所面临的问题的考虑，提出了著名的翻译的不确定性论题。他解释道：

> 这个论题是这样的：可以用不同的方式编纂把一种语言翻译成另一种语言的手册，所有这些手册都与言语倾向的总体相容，但它们彼此之间却不相容。在无数场合，它们以下述方式互有歧异：对于一种语言的一个语句，它们给出另一种语言的一些语句作为各自的译文，但后面这些语句彼此之间却不具有任何似乎合理的等价关系，无论这种关系是多么松散。①

在蒯因看来，翻译的不确定性是翻译工作中通常发生和不容回避的问题。蒯因在《语词和对象》中考虑的两种主要翻译方式，即对观察语句和真值函项的刺激意义模式的翻译方式以及对非观察语句和恒定句诉诸分析假设式的翻译方式，都与翻译者和说话者的附带知识信息有关。这就必然给翻译过程和结果带来主观随意性，从而导致经验证据不能充分确定意义和语言意义的不确定性以及指称的不可测知性（inscrutability of reference）这样的结果。蒯因在谈到对观察语句的翻译时举了这样一个例子。在草场上发生这样一幕：一个对象一闪而过时，一个土著人赞同语句"Gavagai?"（翻译者尝试性地把它翻译为"兔子？"）。那个土著人的赞同态度是因为他原来在同样的场合中看到过兔子。在说话者的反应依赖于翻译者可能忽略或不了解的某些原来的、社会共享的信息时，也会出现同样的问题。"凭直觉说来，在理想的情况下，'gavagai'的肯定刺激意义应仅仅包括那些促使一个人在不受任何附随信息的帮助下，仅凭其对'ga-

---

① W. V. O. Quine, *Word and Object*, p. 27.

vagai'一词的理解，面对'Gavagai?'这个问句做肯定回答的刺激。"① 但是这种设想是不现实的，因为我们无法以正好揭示纯粹刺激性意义的这种方式来去除附随信息的影响。用蒯因的话说，这是"因为我们对土著人如何学习运用一个词和如何学习有关其对象的补充材料这二者的区分并无一般实质性的了解……我们并没有一个明确的标准，可以按照它去除这些影响，而仅仅留下所谓真正的'gavagai'的意义，不管所谓真正的意义是什么"②。从对观察语句的翻译过程来看，语言学家除了以观察者的身份出现外，还使用了实验方法和假说演绎法，这样会在某种程度上把他的主观随意性带入翻译过程。至于运用于对非观察语句和恒定句的翻译的分析假设手段则在更大程度上把人的主观随意性带入了翻译过程。由于分析假设超出了蒯因认为是正好用于翻译的行为证据，因此他认为彻底的翻译表明了翻译和意义是不确定的。如前所述，分析假设是一项猜测性活动，语言学家完全是在假定说话者在信念态度、思维方式、本体论和语言模式与他们自己类似的前提下，制定翻译手册的，因此，他们完全有可能构成相互竞争的分析假设，其中，每一个假设都与说话者的言语行为倾向相容，但他们却把不同的意义（内涵）归于恒定句，而把不同的指称（外延）归于恒定句的某些成分。我们没有客观的理由说，一组分析假设是正确的，而另一组是不正确的。因此，根据这种分析假设，翻译家们可以为某种有待彻底翻译的语言建立多部彼此不一致但又都能接受的翻译手册。

总之，在翻译的整个过程中，经验证据与附随信息难以分离，它们共同支配着翻译工作，因此，出现了经验证据不足以充分决定语言意义的现象，从而导致了翻译的不确定性问题。（刺激）意义和信息"不可分离地联结在一起，它们之间的这种不可分离性是蒯因称为翻译的不确定性的关键所在"③。在此，我们可以概括出蒯因的翻译的不确定性论题说明的几个问题：第一，语言意义存在着不确定性；第二，指称的不确定性，或称指称的不可测知性；第三，语言意义的不可还原性，即意义不可还原为行为证据，亦即经验证据确定意义的不充分性；第四，翻译的不确定性是由翻译过程中附随的信息造成的，这些信息包括语言知识、信念知识等。其

① W. V. O. Quine, *Word and Object*, p. 38.
② W. V. O. Quine, *Word and Object*, p. 38
③ D. Føllesdal, "Meaning and Experience," in Guttenplan, ed., *Mind and Language*, Oxford: Oxford University Press, 1975, pp. 29 – 30.

中前两点概述了翻译不确定性本身的内容，或者说所造成的结果，后两点说明了造成这种结果的原因。

蒯因还专门讨论了经验证据对于理论的决定的不充分性这一论题。可以说，人们不能清楚地从关于世界的事实分开关于语言（关于意义）的事实的这一思想确实在蒯因《经验论的两个教条》中对分析－综合的区分的抨击中处于核心地位。蒯因在那篇文章中的整个论点，是要摧毁特殊陈述可以与某些特殊的经验内容相连这一观念的基础。在提出他那著名的关于科学是一个"其边界条件是经验的力场"的比喻时，蒯因说：

> 边界条件即经验对整个场（指知识总体——引者注）的限定是如此不充分，以致在根据任何单一的相反经验要给哪些陈述以再评价的问题上是有很大选择自由的。除了由于影响到整个场的平衡而发生的间接联系，任何特殊的经验和场内的任何特殊陈述都没有联系……谈一个个别陈述的经验内容……会使人误入歧途。而且，要在其有效性视经验而定的综合陈述和不管发生什么情况都有效的分析陈述之间找出一道分界线，也就成为十分愚蠢的了。①

蒯因在《论翻译不确定性的理由》（1970）一文中已经把不充分决定性论题看作翻译不确定性论题的主要根据。在做出这一论断时，蒯因明确地预设了不充分决定性和不确定性之间的区别。的确，不充分决定性首先是一个认识论论题——是一个关于证据和理论之间关系的论题。不确定性则是一个本体论论题，因为对于一个表达式的正确或错误的方式来说，它仅涉及客观事实的东西的观点。在蒯因看来，不充分决定性能够产生不确定性。然而，反过来，不充分决定性似乎在很大程度上来自蒯因的关于理论以及理论与经验之间的关系的整体论观念。蒯因在《经验论的两个教条》一文中把科学看作"一个力场"，这种思想包含了这种"认识论"的整体论。因此从这方面看，蒯因的认识论整体论的确能被看成为解释的不确定性和经验证据确定理论的不充分性提供了基础。这样看来，只有蒯因的整体论才是蒯因的不确定性论题的真正来源。

无论如何，我们应该清醒地认识到，意义和信息的不可分离性表明了二者之间的相互依赖性。原因在于，不可能以一种独立于对表达式产生影

---

① 〔美〕蒯因：《从逻辑的观点看》，江天骥等译，上海译文出版社，1987，第40页。

响的信息或信念的方式来确定这些表达式的意义。我们如何翻译依赖于我们对伴随信息的估量，即依赖于我们对信念的估量。同样，我们如何翻译表达式也将影响我们对相对伴随信息或信念的估量。存在着这样一个直接的事实结论，即任一有待翻译的表达式是某一或某些信念的标志（或表现或体现）。翻译只不过是这样一件事情，即找出表达式能使用什么信念或愿望去表达与之相匹配的表达式。如果我们接受认识论整体论这一论题，那么这样的信念当然是其他信念的一个网络或框架的组成部分。由于它们是这种框架的组成部分，它们必须处在和形成认识论结构的其他信念的一种相互依赖的关系之中。因此，根据信念系统的整体论性质，意义被看作与信念相互依赖的。意义和信念的这种不可分离性和相互依赖性可被看作建立在蒯因对信念本身的整体论方法的基础之上的，这样的整体性是蒯因的不确定性论题的基础。正是整体论以这种或那种形式决定了翻译工作的性质。一部翻译手册的提出和完善不仅是一件联结表达式的事情，而且是预设相同信念的事情，即使在语言学家开始询问土著说话者之前也要做出这种假设。这种方法论原则就是在蒯因、戴维森和其他人著作中已为人所知的宽容原则。该原则是威尔逊（N. L Wilson）在讨论一个形而上学问题时提出来的。稍加修饰，我们可以把他提出这个原则的一个实例表述为：一个名字出现在给定陈述集的每一个陈述中，当我们不知道它的指称时，我们要选取使得最大可能数量的陈述为真的个体作为这个名字的指称。[①]宽容原则在蒯因彻底的翻译理论中得到了应用，他在谈到语言学家如何处理土著语言中的真值函项的翻译问题时认为，我们只能假设土著语言中的真值函项和我们母语中的真值函项相同。因此我们可以像在母语中那样来确定土著语言的真值函项的翻译。正如蒯因所指出的，以这样的方式对宽容原则的运用违背了所谓前逻辑思维（prelogical mentality）的学说。人们首先发现在法国的人类学家列维－布留尔（Lucien Lévy – Bruhl）的《原始思维》一书中提到这种学说，它包含这么一种意思，即原始人群奉行一种与我们不同的逻辑，这种逻辑容忍明显的自我矛盾和不一致性。因此，按照这种学说，按照"p 并且非 p"的模式来翻译一个土著人的一个具体表达则被认为是恰当的。然而，如果我们接受宽容原则，那么这种翻译（无论何时有可能发生）却应该避免。蒯因主张，我们在翻译时除了采用

---

① 参见叶闯《理解的条件——戴维森的解释理论》，第 191 页。

这种宽容的方法外别无选择。

　　那么我们应该采用什么样的（翻译）标准呢？轻率的翻译可能会使土著人听起来稀奇古怪。好一点的翻译会将我们的逻辑强加给他们，而且会回避所谓前逻辑问题，如果确有这样一个问题要回避的话……实际上，即使在不涉及外语的场合下（自相矛盾地说），恰当的翻译也要遵守逻辑规律，这是不言而喻的。因此，当一个说英语的人对我们提出的一个英语问句回答"yes and no"时，我们相信对这个问句的肯定和否定方面的意义是不同的，我们不会认为他会愚蠢到既肯定又否定同一个东西的地步。①

　　当然，实际上，即使在对观察语句的翻译情形下，蒯因的翻译理论也预设了宽容原则。对于说话者和翻译者共处的刺激场景，他也预设了土著人和我们具有整体上相同的心理态度、价值取向和感觉功能，否则，那种刺激意义的方案就无法实施。谈到"分析假设"时，宽容原则在其中体现得更为明显。蒯因在谈到分析假设的形成时已暗含了宽容原则在其中发挥的关键作用。

　　我们有理由去特别注意分析假设的形式本身，它把一个土著语词或结构体同一个假定的英语对应物对等起来。因为我们首先得构想出这些假设，而构想的典型情况便是语言学家了解到在一个被翻译的整个土著语句的某个成分和作为这个语句的翻译的某个成分词之间有一种功能上的相互平行对应的关系。因为只有这样，我们才能说明为什么人们会把某个土著语表达式彻底翻译成英语，并呈复数形式，或带有等同谓词"＝"，或有直言命题的系词，或者带有其他任何一种我们的语言习惯中客观指称机制的成分。只有通过这样一种先在的语言习惯的直接投影，我们的语言学家才能完全发现土著语中的普通词项，或者一经发现就把它们与他自己的语言相匹配。②

　　这段话说明了我们在进行分析假设的同时也就预设了土著人和我们有着在某些方面相似的语言习惯和知识。只有通过这种预设，我们才有可能

---

　　①　W. V. O. Quine, *Word and Object*, pp. 58 – 59.

　　②　W. V. O. Quine, *Word and Object*, p. 70.

去解析土著语言的内容和形式结构，从而建立起一部恰当的翻译手册。蒯因以这种方式表征分析假设的方法，实际上也给出了对实施宽容原则的一种表征。

三　彻底的翻译理论对戴维森解释理论可资利用的价值

蒯因的彻底的翻译理论为戴维森解释性的真理语义论提供了丰富的思想养料。可以说，戴维森彻底的解释理论就是直接在蒯因的彻底的翻译理论的基础上建立起来的，戴维森也多次明确表示过二者的亲缘关系，并且在很多地方都是在评述蒯因这一理论的基础上提出自己的相关看法的。那么，从戴维森的彻底的解释角度来看，蒯因的彻底的翻译理论究竟有哪些值得戴维森借鉴的东西呢？关于这个问题，我们不妨从以下几个方面来探讨。

首先，蒯因和戴维森虽然各自的理论目标不同，但他们最终要求的东西都是一致的——在彻底的情形下寻求一种经验证据对语言意义的支持关系。蒯因从自然主义认识论出发，探讨科学理论（包括哲学理论）赖以建立的最终基础。这种基础必然呈现出表达科学命题体系的语句集合与产生这种集合的经验或行为证据之间的一种语义关系。因此从最纯粹的行为证据出发建立一部恰当的翻译手册以证明蒯因自然主义认识论纲领的合法性和可靠性，是蒯因哲学思想体系的内在要求。戴维森理论的目的在于，如何使在摒弃内涵概念后建立起来的外延主义意义理论具有对语言意义和语言使用者的活动做出恰当解释的功能，这种解释工作的成败在于能否成功地将有关语言的经验事实证据要素容纳到约定 T 模型的真理语义论中。这项工作要求戴维森设计出一种与蒯因相同的解释环境：在对对象语言不预设任何语义知识或信息的前提下，仅根据行为人的行为证据给出对象语言的意义解释。这种相同的环境条件将他们两人的工作紧紧地联系在一起。可见，蒯因的彻底的翻译理论是其自然化哲学体系的一个论据和例证，而戴维森彻底的解释理论是其真理语义论体系中的一个环节（另一个环节是约定 T 的形式表征），但二者选择的起点都是相同的，即可观察行为，都是以言语交流方式为突破口寻求"语言有意义究竟是怎么回事"这一问题的答案的。

其次，蒯因的翻译的不确定性论题为戴维森回避内涵性语义实体，走出一条外延主义意义理论研究道路提供了强大的理论支撑。蒯因提出的以意义的不确定性和指称的不可测知性为内容的翻译不确定性命题为戴维森的外延主义研究方案和以真为核心概念的语义理论提供了强有力的理论辩护。蒯因的不确定性论题说明了，无论用预设内涵性实体还是指称性实体的方法来构造意义理论都是不可靠的，对它们进行独立的分析也是不会有什么好效果的。这就为戴维森排斥内涵论和指称论提供了理论证据，从而为戴维森坚持彻底的解释立场提供了理论支持。由于内涵实体没有合法的独立地位，因此在解释活动中就没有必要预先相信它们的独立存在，之所以在解释活动中常常谈到它们，仅仅是因为它们在构造一种适当的理论中起着有益的作用。

　　再次，蒯因的整体论原则和宽容原则在戴维森解释理论体系中得到了充分利用和发挥，成为戴维森理论的基本原则。蒯因的翻译不确定性论题的提出确证了他的整体论知识观。确定语言意义的行为证据和相随信息的不可分离性，要求我们不仅要考虑被翻译或解释的语言对象的言内语境因素，还要考虑包括语言使用者的情况在内的言外语境因素。蒯因的整体论不仅涉及语言系统内各语句之间的一种整体论语义性质，而且也涉及语言使用者的信念系统内各元素之间的整体论联系，以及语言系统和信念系统之间的整体性关系。戴维森在他的意义理论建构中全面启用蒯因式的整体论。概括起来，除了整体论的语境意义观外，还在解释真理、信念和意义三者之间关系（即通常所说的解释三元组）时始终贯穿整体论原则，而且还将这种原则渗透到形而上学的真理方法研究之中。至于宽容原则，可以说，在戴维森理论中体现得更为彻底，蒯因首先将宽容原则运用于关于土著语言的真值函项的翻译，然后将其延伸到分析假设中，戴维森则进一步将其运用于说明意义和信念、意义和真、真和信念的相互关系中去。在他看来，蒯因的刺激意义范型难免带有私人性的主观色彩，我们应该回避这种讨论方式，其结果是应当更全面地贯穿宽容原则的思想。

　　最后，在蒯因的翻译不确定性论题的基础上戴维森也提出了解释的不确定性论题。蒯因从经验证据对理论的不充分决定性论题出发，提出了翻译的不确定性论题，是对经验论两个教条的直接抨击。这一认识论论题被戴维森借鉴到他的语义研究工作中。戴维森将蒯因认识论的意义与伴随信息的不可分离性转变为解释理论中的意义和信念的相互依赖性，将蒯因的认识整体论发展到有关命题态度的相互依赖的性质的思想。通过这样的转变，戴维森巧妙地将蒯因的翻译不确定性论题转变成他的解释不确定性论题。

　　综上所述，蒯因的彻底的翻译理论在赖以成立的原因、体现和贯穿的基本原则以及呈现出来的主要内容方面都有戴维森彻底的解释理论值得借鉴的地方。也正是站在蒯因的肩膀上，戴维森使蒯因的相关思想朝着自己的研究方向不断发展，使之成为当代语义学领域一项伟大的思想成果的重要组成部分。因此，西方哲学界普遍认为，戴维森彻底的解释理论是他的真值条件语义学和蒯因对语言的自然主义解释相结合的产物。蒯因的彻底的翻译理论对戴维森的真理语义学的重要性由此可见一斑。

第二章　约定 T——戴维森意义理论的形式表征基础

戴维森从 20 世纪 60 年代开始着力研究自然语言意义理论问题，取得了一系列开创性成果。其中最引人注目的是，他诉诸塔尔斯基真理论的约定 T 表征其意义理论，这标志着弗雷格、维特根斯坦、卡尔纳普、蒯因等人所设想的真值条件意义理论的真正诞生。本章首先分析戴维森运用"约定 T"表征其意义理论的重大构想，接着讨论戴维森为自然语言建构一种形式语言真理论所提出的理论论证，接下来再举例分析戴维森对自然语言进行形式语义真理化的改造活动，最后分析戴维森就奇异 T-语句提出的经验解释方案。通过这些工作，力图展现"戴维森纲领"这一外延性意义理论纲领的理论价值和戴维森本人倾力进行的语义改造工作。

第一节　约定 T——一条从内涵到外延的意义理论的进路

戴维森之所以对塔尔斯基的约定 T 情有独钟并以它作为自己的意义理论的形式表征基础，除了塔尔斯基的真理论具备的特质外，更在于戴维森本人特有的自然语言意义观。正是这种意义观促使戴维森对以往流行的意义理论不满，进而表明和论证了一种令人满意的意义理论的形式表征也就是加以调整的塔尔斯基的约定 T，从而给出了一条从内涵到外延的意义理论的进路。

一　一种令人满意的意义理论的必备条件

戴维森在他 1984 年出版的论文集《对真理与解释的探究》所作的序言中开宗明义地指出了意义理论的总目标，即必须对言语意谓它们所意谓的是怎么回事这一问题进行明确的解释和说明。他在《自然语言语义学》一文中也表示过类似的看法："一种自然语言的意义理论旨在给出每个有意义的表达式的意义。"[1] 当意义理论扩展到解释理论时，戴维森又将这一问题表

---

① 　D. Davidson, *Inquiries into Truth and Interpretation*, Oxford：Clarendon Press, 1984, p. 55.

述为："给出由一个语言团体的成员表达的任一话语的意义。"①

为了实现意义理论的上述目标，戴维森多次分析和阐述一种令人满意的意义理论的必备条件："求助于较简单的（或至少不同的）概念对语言和交流做出解释。"② 由于戴维森在每篇文章中的目的各不相同，因此他每次对意义理论的必备条件的阐述的视角或针对性不同，阐述的内容也不尽相同，这就需要我们概括戴维森对此问题的一般看法。实际上，英国逻辑学家格雷林早就对此做了较为全面的总结。

（1）它必须使我们能够给我们所研究的自然语言 L 中的每个语句"提供意义"。

（2）它必须表明，L 中的语句是如何在语义学上从 L 的有限数量的语词中，按照 L 中组合那些语词的规则组合而成的。

（3）它必须表明，这种意义理论对 L 中的语句是如何具有意义的这一点的证明，是建立在与 L 中的语句本身相同数量的概念之上的。

（4）它必须是可通过经验进行检验的。③

克洛克也有类似的总结。

（1）外延完备性：对 L 的每个语句 s，它都形成一个确定 s 的意义的定理。

（2）经验可证实性：在没有预先了解关于 L 的说话者用他们的表达式表达的意义的知识的情况下，这个理论在经验上是可证实的。

（3）无循环性：这个理论建立的根据不应该利用与它试图解释的意义概念过于密切相关的概念。

（4）有限公理化：给出意义的定理必须是由一组有限的公理和推理规则推导出来的。④

从上面的总结可以看出，戴维森给出的条件可以归纳为两个方面。

一是形式方面的条件。虽然戴维森研究的是一种自然语言的意义理论，但他关注的不是某个具体表达式的意义，也不是某个说话者在特定交

---

① D. Davidson, *Inquiries into Truth and Interpretation*, p. 160.

② 参见 D. Davidson, *Inquiries into Truth and Interpretation*, pp. xiii, 3, 8, 17, 24, 25, 55, 56, 125, 127 - 128, 215。

③ 参见〔英〕格雷林《哲学逻辑引论》，牟博译，中国社会科学出版社，1990，第 326 页。

④ 参见 H. - J. Glock, *Quine and Davidson on Language, Thought and Reality*, Cambridge: Cambridge University Press, 2003, p. 144。

流场合下的心理态度和情感，而是意义理论的普适性条件，即如果一种理论被认为是对一种语言的所有有意义的表达式做出准确的刻画，或者说它能准确地帮助人们指出这些表达式的意义，那么它应当具备什么样的条件。他坚信，在日常语言背后存在着某种起支配作用的逻辑结构（相当于自然语言的深层语法结构），这种结构又往往被人们所忽略，因此必须向人们揭示这种隐藏在语言背后的深层结构或逻辑形式。这就要求我们借助于形式语言，对各种具体的语言事实做出一种概括性的说明。一旦掌握了一种自然语言构造形式的恰当描述，我们就能够把它整合成关于这种语言的一种完整的意义理论，从而清楚而简便地说明该语言中每个语句的意义。实际上，这种看法在弗雷格、卡尔纳普、蒯因等哲学家那里早就有了。这些哲学大师们认为，由于自然语言本身的含混性，无法凭借这种语言清晰地说明它所表达的思想或意义，所以他们的一致口号是建立一种理想的人工（逻辑）语言，以此来替代自然语言在哲学解释和科学理论建构中的重要地位。戴维森并不赞成这种替代方案，而是把研究的重心放在了自然语言之上，主张将人工语言的形式方法变为他研究自然语言结构的手段。

　　既然我并不对改进自然语言感兴趣，而对理解自然语言感兴趣，那么，我把形式语言或规范的符号表示看作探究自然语言结构的手段……标准的形式语言是协助我们把自然语言作为更复杂的形式语言来处理的中介手段。①

实践表明，自然语言自身具有生成性特征，即数量有限的词汇按照一定的语法规则可以生成无穷个有意义的表达式。因此，任何一种令人满意的意义理论要想给出某一自然语言中任一语句的意义，就必须抓住自然语言这一结构性特征。而当时已发展成熟的经典逻辑正好为我们提供一种研究自然语言意义的便利而可靠的手段，这种逻辑系统明确地给出表达式的合法条件、形成规则和定义规则，并根据一组有限的自明公理和推理规则推演出无限多个新的定理，并且这种逻辑系统被证明是可靠的和完备的。利用这种形式手段，我们就能满足意义理论在形式结构上的无限公理化、无循环性和外延完备性等要求，从而保证人们能够以有限的手段理解说话

---

① D. Davidson, *Inquiries into Truth and Interpretation*, p. 203.

者说出的无限多语句中的任何一个语句。

　　二是经验内容方面的条件。自然语言毕竟不同于形式语言，它充满着经验事实的内容，因此仅仅从形式化的角度对自然语言的意义理论做出要求显然是不够的，因为纯形式化的东西往往与丰富的经验事实有不一致甚至相冲突的地方。所以，我们还必须对上述形式化的要求做出限制，以适应自然语言意义理论的经验内容要求。这种要求主要体现在两个方面：第一，意义理论的建立和检验不能使用人们可能预先具有的任何有关意义的知识（或使用与"意义"概念太相类似的概念），否则就会出现意义理论中的循环论证或说明。第二，意义理论必须在不了解有关说话者的语言知识的情况下，仅靠解释者所能获得的真实证据得到证实。也就是说，验证意义理论的证据不能是概念、命题之间的支持或衍推关系，而是语言交流者的经验事实。这种验证是一种理论面对经验法庭的彻底性的验证。由于对象语言和元语言事实上的差异性，特别是在我们对某一有待解释的语言一无所知的情况下，我们只能通过不断观察和分析说话者的言语行为才能达到一个对话语表达的意义的解释或验证。

　　可以说，戴维森对一种令人满意的意义理论提出的必备条件也就决定了他构建他所想要的意义理论的工作内容、路线和方向。戴维森的下一步工作就是探究怎么样才能满足这些条件。通过反复研究，他认为现有的意义理论都不能满足这些条件，于是提出了自己大胆的设想。这种设想概括地说来，就是将弗雷格以来的真值条件说与塔尔斯基的约定 T 模式巧妙地结合起来，经过调整提出适应自然语言意义理论的形式表征；受蒯因彻底的翻译理论和整体论思想的启发，提出彻底的解释理论的设想。下面我们先来考察戴维森是怎样通过考察几种流行的意义理论的缺陷进而提出他自己富有创见的真值条件意义理论的。

二　约定 T——真值条件意义理论的形式表征

1. 流行的意义理论无法满足戴维森提出的条件

　　在《真理与意义》一文中，戴维森首先指出，一种令人满意的意义理论必须对语句的意义如何依赖于语词的意义提出一种解释，否则它就没有对我们为何能够学会某种语言这一事实做出解释，或者说，没有对"根据通过掌握一套有限词汇和一组有限地加以阐明的规则，我们便有条件去构造并理解一组潜在无穷的任何一个语句"这一事实做出解释。我们需要弄清楚的是，如果一种理论提供了所勾画的那种解释，那么，这是怎么一回事。

在他看来，当时流行的几种理论都不能恰当地提供所勾画的那种解释。

首先，戴维森考察了指称论的情形。指称论把语词的意义等同于它的指称实体，把语句的意义看作其构成部分的意义的函项。也就是说，语句的意义不仅来自作为其构成部分的语词的意义，而且还来自联结这些构成部分的规则。这种意义观，实际上就是一种靠给语句中每个语词（或其他有含义的句法成分）指派充当意义的实体的方法从而生成语句意义的观点。如果按照这种观点，那么在解释诸如"忒厄特图斯飞翔"这个语句的意义时，便是通过把忒厄特图斯这个人指派给"忒厄特图斯"，把飞翔这种性质指派给"飞翔"，然后这两个意义实体联结起来就构成了该语句的意义。这样势必将"忒厄特图斯"和"飞翔"联结起来的方式也看作意义实体。这种解释方法显然会导致无穷后退，因为把联结看作一种在句法上有意义的实体，我们便能向它指派参与关系或例示关系，我们又要给参与关系或例示关系指派实体……如此无穷尽的指派势必导致无穷后退。弗雷格试图通过区分对应于谓词的实体与对应于名称的实体的方法来避开这一难题。他认为，前者是不饱和的、不完全的意义实体，后者是饱和的、完全的意义实体。所谓不饱和的，就是有待填充的或留有空位的，具有联结或包含饱和的、完全的意义实体的功能，这样又使问题重新回到了前面。因此，戴维森说："弗雷格的这种学说看来与其说解决了问题，倒不如说表明了困难所在。"① 试考虑为弗雷格理论所适用的复合单称词项，如"安妮特的父亲"。这一复合单称词项的整体意义似乎是"……的父亲"使得：把这个表达式放在一个单称词项后形成的表达式，便指称该单称词项所指称的那个人的父亲。在这一解释中，"……的父亲"所代表的那个不饱和的实体所起的作用不过是，在自变元是 X 的情况下，这个实体便"产生"或"给出" X 的父亲作为真值，或者说，这个实体把人映射到他们的父亲之上。指称理论的好处在于，对于任何一个单称词项来说，该理论都会说出它所指称的东西；若该词项是简单的，例如"安妮特"，则它指称的是那个人的父亲。在这里没有提到对应于"……的父亲"的内

① D. Davidson, *Inquiries into Truth and Interpretation*, p. 17.

涵实体。可见，一种令人满意的复合表达式的意义理论可能并不需要一些
实体作为各组成部分的意义。但是如果把这种理论推广到对语句意义的解
释却会面临另一个困难，即会出现具有相同真值的两个语句的指称相同从
而意义相同这种反直观的结论。因为按照弗雷格的观点，语句的指称是逻
辑真值，即真值和假值。按照指称论的观点，语句的指称就是语句的意
义，这样就会导致一切真语句（其指称都为真值）意义相同和一切假语句
（其指称都为假值）意义也相同这一令人难以接受的结论。试考虑下面四
个语句（"R"和"S"是任意两个具有相同真值的语句的缩写）：

(1)　　　R

(2)　　　$\hat{y}\,(y=y\cdot R)=\hat{y}(y=y)$

(3)　　　$\hat{y}\,(y=y\cdot S)=\hat{y}(y=y)$

(4)　　　S

这里的"$\hat{y}$"是类算子，读作"使得满足……条件的所有对象 y 的
类"。括号内的表达式对任一对象 y 陈述了这样一个条件，即如果该条件
为真，则 y 属于该类的分子。例如，"$\hat{y}\,(y=y$ 是必有一死的）"就是由所
有必有一死的对象组成的类。因此，$\hat{y}\,(y=y)$ 是由所有自身等同的对象
组成的类，因为任何东西都与其自身等同，所以它是由任何东西组成的
类，即全类 V；$\hat{y}\,(y\neq y)$ 是由所有自身不等同的对象组成的类，因为任
何东西都不可能与其自身不等同，即没有任何东西满足该类规定的这个条
件，所以它是无任何东西组成的类，即空类或零类 Λ。下面我们分析一下
戴维森引自弗雷格的被称为"弹弓论证"（the slingshot argument）的思想。

戴维森的论证依赖于两个明确的假设前提：一是逻辑上等值的单称词
项具有相同的指称；二是一个单称词项在它所包含的一个单称词项被另一
个具有相同指称的单称词项所替换的情况下并不改变其指称。论证图式
如下：

Ⅰ. 逻辑上等值的单称词项具有相同的指称。

Ⅱ. 一个单称词项在它所包含的一个单称词项被另一个具有相同
指称的单称词项所替换的情况下并不改变其指称。

Ⅲ. 语句是单称词项并指称其意义。

Ⅳ. 语句"S"和"R"真值相同。

Ⅴ."R" 在逻辑上等值于 "$\hat{y}\,(y=y\cdot R)=\hat{y}(y=y)$"。

Ⅵ. 因此，"R" 和 "$\hat{y}\,(y=y\cdot R)=\hat{y}(y=y)$" 具有相同的指称（由 Ⅰ、Ⅲ 和 Ⅴ 得出）。

Ⅶ."$\hat{y}\,(y=y\cdot R)$" 和 "$\hat{y}\,(y=y\cdot S)$" 是具有共同指称的单称词项（由 Ⅳ 得出）。

Ⅷ."$\hat{y}\,(y=y\cdot R)=\hat{y}(y=y)$" 和 "$\hat{y}\,(y=y\cdot S)=\hat{y}(y=y)$" 具有相同的指称（由 Ⅱ、Ⅶ 得出）。

Ⅸ."S" 和 "$\hat{y}\,(y=y\cdot S)=\hat{y}(y=y)$" 是逻辑上等值的。

Ⅹ."S" 和 "$\hat{y}\,(y=y\cdot S)=\hat{y}(y=y)$" 具有相同的指称（由 Ⅰ、Ⅲ、Ⅸ 得出）。

Ⅺ. 因此，"R" 和 "S" 具有相同的指称（由 Ⅵ、Ⅷ、Ⅹ 得出）。

Ⅻ. 因此，"R" 和 "S" 具有相同的意义（由 Ⅲ、Ⅺ 得出）。

上述论证中，Ⅰ 和 Ⅱ 是假设前提，Ⅲ 是归谬论证的目标，Ⅳ 是前提，Ⅴ 表明 "R" 和一个其真或假完全依赖于 "R" 本身的真或假的等式陈述的逻辑等值性。因为当 R 为假时，尽管任何东西都是自我等同的，但由于 R 为假，所以 "$y=y\cdot R$" 这一合取式为假，因此 "$\hat{y}\,(y=y\cdot R)$" 是空类，"$\hat{y}\,(y=y\cdot R)=\hat{y}(y=y)$" 这个等式不成立，即该等式为假。当 R 为真时，"$y=y\cdot R$" 这一合取式为真。因此 "$\hat{y}\,(y=y\cdot R)$" 是全类，所以上列等式成立，即该等式为真，同理可推出 Ⅸ。由 Ⅰ、Ⅲ 和 Ⅴ 推出 Ⅵ。同理，由 Ⅰ、Ⅲ 和 Ⅸ 推出 Ⅹ；由 Ⅱ 和 Ⅶ 推出 Ⅷ。这样就由 Ⅵ 开始通过 Ⅷ 和 Ⅹ 得出 Ⅺ 这样一个指称等同的链条，由 Ⅲ 和 Ⅺ 得出任意语句指称相同时则意义相同的结论，即 Ⅻ。由于这一论证可适用于任意语句对，那么按照弗雷格的说法，我们可以推出所有真语句的指称是真，同样地，所有假语句的指称是假。这显然是令人难以接受的结论。戴维森的解决方案是反对前提 Ⅲ，即弗雷格将语句视为单称词项并指称其意义的主张。

指称论还有一个根本性的不足，即它无法独立获得指称的语义解释的经验证据。指称论者的一个共同特点是他们将语词置于比语句优先的认识论地位，"试图把语词而不是语句与非语言的事实联系在一起。……而每个语句不过是把一些语词联系在一起而已"①。这种理论显然无法独立获

---

① D. Davidson，*Inquiries into Truth and Interpretation*，p. 127.

得指称的经验证据，理由很简单：我们此时所借助的对象是语言提供的而又超出语言之外的东西，语词与它们相关联仅仅是因为语词被结合成语句或偶尔被用作语句。因此，我们无法在给出一个语句之前独立地对语词做出一个指称性的语义解释。

　　其次，戴维森接着考察了弗雷格的含义论，即精致的指称论。这是一种将含义与指称进行区分的理论。弗雷格在《论含义和指称》中从分析同一关系入手，将表达式的含义和指称明确区分开来。他说："和一个指号（名称、词组、表达式）相联的，不仅有被命名的对象，它可以称为指号的指称（nominatum），而且还有这个指号的涵义（sense）、内涵（connotation）、意义（meaning），在其涵义中包含了指号出现的方式和语境……暮星和晨星的指称虽然是同一星辰，但这两个名词具有不同的涵义。"①在戴维森看来，即使我们转而求助于弗雷格这一理论，也不能对语句的意义如何依赖于语词（或其他结构成分）的意义做出有效的说明。如果我们想要有一种给出每个语句（不同于指称的）意义的理论，我们就必须从语句的组成部分的（不同于指称的）意义着手。可是谈论语句结构和语词意义对解释语句意义毫无效用。例如，如果我们想要知道"忒厄特图斯飞翔"这个语句的意义，弗雷格式的回答或许是：假设"忒厄特图斯"的意义为主目，则"飞翔"的意义便产生作为值的"忒厄特图斯飞翔"的意义。这对给定语句的意义的描述不能起任何作用，因为我们想要知道"忒厄特图斯飞翔"的意义，结果被告知它就是"忒厄特图斯飞翔"的意义，这等于什么也没说。②如果我们对这一理论换一个不同的说法，它具有形如"s 意谓 m"的语句作为推断。其中"s"可被一个语句的结构描述短语所替代，"m"可被一个指称该语句的意义的单称词项所替代。这实际上是一个内涵表达式模型，它是通过找出与语句组成部分相关的同义性概念给出整个语句的意义的。"如果某些语句的相应的组成部分是同义的，这些语句便是同义的。"③ 这种处理办法实际上是在意义的范畴内讨论意义，除了明显的循环论证外，还会出现像指称论那样的一个对意义追问的无穷倒退的局面。因为"s 意谓 m"这个图式是通过同义关系将有待解释的语句"s"和用来解释的语句"m"结合起来的语句对模型，同义

---

① 涂纪亮主编《语言哲学名著选辑》（英美部分），第 2 页。

② 参见 D. Davidson, *Inquiries into Truth and Interpretation*, pp. 19 - 20。

③ D. Davidson, *Inquiries into Truth and Interpretation*, p. 20.

关系可以无穷追问如下：当我们将"m"作为同义语句解释"s"时，"m"本身的意义却还需要用另一个与它同义的语句来解释……如此延伸下去，以至无穷。这种理论显然不符合戴维森提出的有限公理化和以有限的资源解释任一语句意义的要求。

　　的确，意义理论是要给形如"s 意谓 m"的语句提供一个恰当的解释，但是通过语义理论的"意义"概念（在这里表现为"同义性"概念）却无法达到目的。在后面的分析中我们还会发现，这种内涵性的意义理论也不能在彻底的解释理论中和验证理论中充当任何前提性角色，因为在那些情形中，内涵性范畴是受到严格限制的，在戴维森看来，之所以在意义理论中要对意义概念如此排斥，是因为它根本起不到表明其用法的作用。

　　　　自相矛盾的是，意义似乎办不到的一件事情便是使意义理论能自圆其说——至少我们所要求的是这样一种理论，这种理论并不是无足轻重地给出语言中的每个语句的意义。我对这种理论中的意义所提出的异议……是说，它们不具有被表明了的用法。①

　　在戴维森看来，求助于一种较完善的句法理论也是不现实的。假定我们有一种令人满意的句法理论（这种理论有一种能断定任一表达式是否具有独立意义的有效方法，并以一些可允许的方式把语句看作由从一批有限确定的原子句法元素中抽取出的元素组成的表达式），再加上一部给出每个原子语句的意义的词典，如此构想出来的句法所产生的语义学也无助于构成我们含义上的意义理论。这是因为，关于那些有助于说明语义中的有意义性的结构特征的知识和关于基本成分的意义的知识，并不等于关于语句的含义的知识。这一点可用信念语句明显地加以说明。根据关于信念语句中的语词意义的知识，我们甚至不可能对这类语句的真值条件做出解释。经典逻辑会因为这类语句不能满足其等值替换原则而把它们视为非真值语句。因此我们不能依靠这种句法理论。

　　戴维森在《彻底的翻译》一文中提到了意义行为论。他认为，奥格登（C. K. Ogden）和理查兹（I. A. Richards）的"因果"理论以及莫里斯（Charles Morris）的"因果"理论，"企图根据行为主义的论据来逐个地分析语句的意义。就算是这些理论对最简单的语句奏效（但显然不是这

---

① D. Davidson, *Inquiries into Truth and Interpretation*, pp. 20 - 21.

样），它们也没有触及把这种方法推广到更复杂、更抽象的语句时所碰到的难题"①。意义行为论侧重从刺激和反应的关系来探讨意义问题，因此也称"刺激－反应"论。它们力求用公共可观察的行为来说明语言的意义，从语言对听话者产生的影响的角度研究语言的意义。该理论的最新成就当属蒯因提出的以"刺激意义"为核心概念的意义行为论。所谓刺激意义是指一个特定的说话者在特定的时刻和特定的公共可观察的场合下接受语言刺激做出肯定或否定反应而确定下来的语句意义。该理论有其明显的局限性，即它的依赖性很强，要求一个公共可观察的场所，这在某些情况下是难以满足的。同时对刺激做出的反应结果并不都是明显可观察的，再者，反应出来的结果也受诸如人们的信念、道德准则、行为习惯、情感、思维方式等多种因素的影响和制约，很难从人们单纯的反应行为中推出语句的意义。因此正如戴维森所说的，即使是对最简单的语句来说，那种刺激意义理论的方案也不能奏效，更何况是对那些含有抽象名词或科学术语的语言表达式，这些表达式在人们的机体上不会引起明显的反应。蒯因试图通过一部翻译手册来解释说话者的话语，这一方案也遭到了戴维森的否定。在他看来，翻译手册实际上是在有待翻译的语言和翻译者熟知的语言之间建立起一种以同义关系为前提的语义匹配关系，会同样面临前面所说的那种含义论所面临的困境。同时，这种理论也没有关注意义理论所应采用的一般结构模式，局限于对个别刺激－反应式的经验性意义的分析，不能用一种递归性的描述来解释说话者可能说出的无限多的语句。在以后的分析中，我们还会发现戴维森反对该理论的另一个理由，即该理论不能为意义理论提供一个确实可靠的经验验证。刺激－反应模式只是解释意义时的一种因果性模式，它不能为意义的说明提供经验证据，因为原因并不等于证据，行为论实际上模糊了二者的界限。

　　戴维森在分析上述各派理论后，得出了这样的否定性结论：

　　　　尽管人们一致认为，语义学的中心任务是对语言中的每一个语句提出意义解释（给出意义），但是，就我所知，在任何语言学文献中，人们都不会找到关于一种意义理论如何完成这个任务，或知道这个任务被完成的条件这一点的直接解释。②

①　D. Davidson, *Inquiries into Truth and Interpretation*, p. 127.

②　D. Davidson, *Inquiries into Truth and Interpretation*, p. 21.

那么，戴维森在得出这一否定性结论后又是如何提出自己的建议的呢？这一建议的主要内容和精神实质是什么呢？我们可以从他启用和调整塔尔斯基的约定 T 模型的工作中找到答案。

2. 约定 T 模式的启用和调整

戴维森通过分析发现，以往的大多数意义理论都试图对意义概念提供一种经验性分析说明，它们都主张首先对语词的含义和指称做出预设，然后用这种预设来探讨语句的意义。也就是说，这些理论即使认识到语句对其组成部分的系统制约作用，但仍承认这些组成部分具有独立的指称或意义实体。由于求助于指称实体或求助于内涵语义对语言意义的解释作用，因而沿着这样一种思路不可能走出一条令人满意的意义理论研究路线。因此，他认为，要走出意义理论研究的这种困境，一是要摆脱求助于语句组成部分的原子论立场，转向一条从语句到语句组成部分，甚至从语言环境到语句的整体论路线；二是要摆脱求助于内涵语义分析的内涵主义立场，转向用外延性概念解释意义的外延主义道路。可以说，戴维森选用并调整塔尔斯基的约定 T 模式以作为其意义理论的表征形式，与他的这两个原则性立场是直接相关的。

戴维森认为，既然对语句组成部分的意义做出公设的做法对解释语句的意义毫无益处，我们不妨返回到整体论的意义观上来。这种思想的要义是，如果语句的意义依赖于其结构，并且我们把这种结构里的每个词项的意义理解为从该词项作为其中成分的那些语句的整体中抽取出来的东西，那么我们只有通过给出那种语言中的每个语句和语词的意义才能给出任何一个语句或语词的意义。这种整体论的意义观是对弗雷格的语词意义的语句语境整体论的拓展。他说："弗雷格说，只有在语句语境中，一个语词才具有意义；他也许还会以同一口吻补充说，只有在语言语境中，一个语句（因而一个语词）才会具有意义。"[1] 这种整体论要求我们必须从一种适当的意义理论衍推出一切形如：

(M) s 意谓 m

的语句，其中"s"代表语言 L 中的任一语句的名称或结构描述语，"m"代表该语句意义。也就是说，这种理论在原则上要能解释一切语句的意义。它反映了对意义的一种指称论解释，因为这种解释将语句实体和语义

---

① D. Davidson, *Inquiries into Truth and Interpretation*, p. 22.

实体相匹配。这样就由原来的指称论求助于语词的意义转到了求助于语句意义来说明语句的意义。这实际上是换汤不换药的做法，根本无济于事。在戴维森看来，要找出与"s"对应的"m"是不足取的，因为如果把"m"代表的意义当作指称实体，意义便丧失了有别于指称的实体的地位，于是又会重蹈指称论的覆辙，即使找到了"m"，也会出现对其意义的追问，从而导致无限倒退的局面。由于"m"是语句，不是名称，从语法上讲不能命名或指称意义实体，因此必须对"m"进行改写。简易的方法是将"m"改写为"（that）p"（其中"p"代表一个语句，"（that）p"代表该语句的名称），这样，（M）就被转换为：

（P）s 意谓（that）p。

其中"s"被 L 中的任一语句的名称所替代，"p"被确定该语句意义的元语言的语句所替代。

这种提议虽然没有使语句的意义实体化，但仍然遭到了戴维森的反对。因为这一改动仍然没有使我们摆脱处理内涵算子"意谓（that）"所带来的困境，即那种动用同义关系来说明意义的困境。因此把"意谓（that）"作为联结（P）中两边语句的算子是行不通的。在他看来，一种适当的意义理论的必要条件在于：为所研究的语言中任意语句的结构描述语或名称"s"提供给出其意义的匹配语句以替代"p"，而不依赖于"s"和"p"之间的联结词。因此我们就可以抛掉难解的"意谓（that）p"，代之以一个外延性的联结词"当且仅当"，这样，（P）就被转换为：

（Q）s 当且仅当 p。

（Q）虽然摆脱了意义理论的内涵性结构，但在句法上是不合适的，因为在该等值式的左边我们拥有的不是一个语句，只是一个语句的名称，也就是说，在它的左边是一个名词性或代词性词组，右边是一个语句，这在句法上显然不对称。那么如何将它变成一个合半句法的公式呢？简易的办法是给 s 附加一个谓词。在此，戴维森引入了一个任意仿造的谓词"T"，这样就由（Q）得到：

（R）s 是 T 当且仅当 p。

这里的"*s*"由 *L* 中的任一语句的名称所替代,"*p*"可被该语句或其翻译所替代。(R)的出现不仅弥补了(Q)句法上的不完整性,而且其中的谓词"是 *T*"也表明了 *s* 与 *p* 的对等关系的依据所在,为说明 *s* 的意义提供了一个立足点。那么,任意谓词"是 *T*"应该是一种什么样的谓词才能符合戴维森理论的要求呢?或者说,戴维森理论对这一谓词提出的要求是什么呢?戴维森指出:

> 我们对于一种语言 *L* 的意义理论所提出的要求是,在不求助于任何(进一步)语义概念的情况下,这种意义理论对谓词"是 *T*"赋予足够的限制,以便可以当"*s*"为 *L* 中一个语句的结构描述语所替代,"*p*"为该语句所替代时从 T 图式中衍推出所有语句来。①

这段话的意思是说,我们通过改写将(M)转化为(R),消除了内涵谓词带来的困惑,仍可保持使对象语言语句和意义相同的元语言语句相匹配这一想法。那么要满足这一要求,(R)中的谓词"是 *T*"应该是一种什么样的谓词呢?很明显,只有在对象语言的语句所陈述的事实为真的情况下,也就是说当该语句为真时,才有可能提供一个与之同义的元语言语句和它相匹配。戴维森注意到,对满足这一要求的谓词"是 *T*"的一种递归性表征的外延刚好包括该对象语言所有的真语句。对(R)中的谓词"是 *T*"的一种形式表征产生(R)的所有示例的要求,实际上就是塔尔斯基为一种语言的真谓词提供一种适当的形式定义的约定 T。因此,一种满足塔尔斯基的约定 T(也许还要满足其他的限制条件)的真理论的出现为我们提供了一种组合性意义理论所需要的全部信息。也就是说,"是 *T*"这一谓词总括起来只需满足一个条件,即要刚好产生图示(R)的所有真示例。那么,什么谓词适用于"雪是白的"当且仅当雪是白的,"雪是绿的"当且仅当雪是绿的等诸如此类的等值式呢?答案很明显:它是真之谓词。如果"*s*"命名一个真语句,那个 P 就是真的,如果"*s*"命名一个假语句,那个 P 就是假的。在两种情形中的任一情形下都能保持等值关系。因此,一种意义理论应该采用如下形式的定理:

(T)*s* 是真的当且仅当 *p*。

---

① D. Davidson, *Inquiries into Truth and Interpretation*, p. 23.

这样，（R）中的任意谓词"是 T"被"是真的"所替代，（T）图式正好是塔尔斯基关于真之形式定义的 T - 等值式或约定 T，（T）图式的示例就是 T - 语句。戴维森说：

> 无论是对"是 T"这一谓词加以明确的定义还是对它以递归形式加以表征，它所适用的语句显然恰恰是 L 中的真语句，这是因为，我们对令人满意的意义理论所提出的条件，在本质上就是塔尔斯基那种检验关于真之形式语义定义是否适当的约定 T。①

可见，塔尔斯基的真之定义同样适用于意义理论，这种真理论在某种意义上说就是意义理论。这一理论巧妙地回避了诸如"意义""意谓"等内涵性概念，但的确给出了意义理论所需要的东西，即说明人们如何能够根据对一种语言中有限语词及其组合的规则的理解来构造无限多的语句，或者说解释人们是如何学会这种语言的，为人们理解这种语言中的任何一个语句做出正确的说明。采用约定 T 作为意义理论的形式表征，说明了戴维森走出了一条外延性意义理论的研究道路，这条道路可以使我们能够在不依靠语句内涵语义的前提下对语句有意义的条件进行递归性表征，从而界定语句有意义的外延范围。这一点，在他看来，具有发现的性质。他说：

> 如果语言 L 的意义理论包括对 L 中真理的（递归）定义，那么，这一理论便表明"语句意义依赖语词意义的方式"，并且，至少迄今为止，我们还不知道有达到预期目的的其他方式……一种适当的意义理论必须表征符合某些条件的谓词。这种谓词恰恰适应真语句。这一点带有发现的性质。②

在戴维森看来，以往对塔尔斯基的真之定义的理解和讨论大多限于他的真之概念在哲学上的重要性，即他已表明如何对其定义的概念是不是那种在哲学上令人感兴趣的真之概念，或者说，他是否阐明了诸如"真的"和"真理"这类语词的通常用法。不幸的是，在围绕这些问题展开的无益而混乱的争论中所扬起的尘埃，迷住了那些对语言具有理论兴趣的人的双眼，使他们无法在关于真之语义学概念中看到为一种合格的意义理论所提供的精致

---

① D. Davidson, *Inquiries into Truth and Interpretation*, p. 23.

② D. Davidson, *Inquiries into Truth and Interpretation*, pp. 23 - 24.

而强有力的形式基础。戴维森没有被这场尘埃所迷惑，而是以其锐利的眼光发现了约定 T 与他所要阐明的意义理论之间的密切关系。他明确指出：

> 没有必要隐瞒在塔尔斯基已表明其构造方式的那种真之定义和意义概念之间的明确联系。这种联系就是：那种定义通过对每个语句给出充分必要的真值条件而起作用，而给出真值条件正是给出意义的一种方式。知道一种语言的关于真理的语义学概念，便是知道了一个语句（任何一个语句）为真是怎么一回事，而这就等于理解了这种语言。①

不难发现，一种自然语言 L 的戴维森式的意义理论会产生 L 语句的真值条件的定理。这种思想在于，在一个 T - 语句右边使用的语句"p"揭示了左边引用的语句"s"的意义。此外，这一理论用一种关于"在 L 中真的"的塔尔斯基式的定义来表达这些定理。而这种定义真正使用的是一种外延性语言、一套有限数量的公理和推理规则。由于它通过将每个语句分析成（通过与真理有关的方式）由取自有限数量的词汇的元素组合而成的表达式来解释它的意义，因此，塔尔斯基的真理论正好表征了戴维森所期望的那种意义理论的组合性特征。

当然，戴维森的意义理论与塔尔斯基的真理论有许多的不同，原则性的区别在于，戴维森把自己的意义理论视为一种对自然语言的活动方式做出解释的经验性理论，而不是纯粹的形式语言的用法说明。在他看来，这种理论和其他理论一样，也可以把某些结论同事实进行对照而得到检验。而这是容易做到的，因为这个理论被表征生成无限多的语句，其中每个语句都有相应的真值条件，我们只须询问一些样本情形，例如"'雪是白的'是真的，当且仅当雪是白的"，被这种理论断言为语句的真值条件的东西"雪是白的"是否真正存在就可以得到检验。但他认为，这种理论的目的并不是描述一个简单的经验事实，也不是用这个事实来说明这个语句的前半部分（即加引号的部分）是真的，实际上是说明每个语句已知的真值条件与语句里的那些重新出现在其他语句中的语词是相关的，并能在其他语句中被赋予相同的作用。也就是说，这种经验理论追求的不是对自然语言中每个实际的语句逐个地给出真之定义，而是能够对自然语言中的意义问题给出某种结构性说明，便于人们从整体上理解自然语言以及通过这

---

① D. Davidson, *Inquiries into Truth and Interpretation*, p. 24.

种理解把握某种掌握语言的能力。他说：

> 塔尔斯基式的真理论赋予一个语句的结构理应被称为该理论的逻辑形式。通过给出这样一种理论，我们便以一种有说服力的方式说明：尽管语言有无限多的语句，但它可被一个具有有限能力的人所领会。可以把真理论说成对每个有意思的表达式在任何一次出现中的语义作用提出了一种有效的说明……即说明这些语词是如何对它们所构成的语句的真值条件做出贡献的。①

戴维森清醒地意识到，仅仅靠揭示语句的逻辑句法结构说明语句的意义是远远不够的。例如"'雪是白的'是真的，当且仅当草是绿的"和"'雪是白的'是真的，当且仅当雪是白的"，这两个语句的逻辑真值相同，仅从逻辑句法上不能判断哪个是约定 T 式的意义理论的合法实例（即 T - 语句）。但这是建立在我们事先独立地确信"雪是白的"和"草是绿的"的真实性的基础上的。如果在我们并不知道一个语句的真实性的情形下，仅当真理谓词使得那个语句与我们具有充足理由相信与其等值的另一个语句配对时，我们才能确信对真理谓词的表征。这种充分理由在戴维森看来就是一种事实上的因果联系。也就是说，T - 等式的左边和右边的关系在逻辑上来说应是严格等值关系，而不仅仅是实质等值关系。

戴维森将塔尔斯基真理论应用于自然语言，特别是应用于自然语言的说话者在一特定场合下所说的话语。因此他必须关注塔尔斯基的约定 T 忽略的两个因素，即这种语言的言说者和说话的时间。这实际上涉及戴维森如何调整约定 T 以适用于对带有指示词的语句的意义的形式分析。在他看来，一种适当的意义理论必须说明这样一个事实：同一语句在某一时间或从某人的口中说出是真的，而在另一时间或另一个人口中说出则是假的。他认为，形式语义学和逻辑都没有能力解决这些指示词带来的困扰，因为无法在不造成损失或没有做出根本改变的情况下从自然语言中消除指示词，所以唯一的办法是使理论迁就（accommodate）指示词。在他看来，如果我们把"真"这种特性看作话语（utterance）或言语行为的特性，而不是语句的特性，上述麻烦便不难解决。按照这种思路，话语的真就是关于语句、时间和说话者之间的有序三元组的关系了。经过这种处理，在不

---

① D. Davidson, *Inquiries into Truth and Interpretation*, p. 94.

同时间并由不同说话者说出的语句之间的逻辑关系可以表达为新的逻辑公理。在这种系统变化了的意义理论中，凡包含带有指示性因素的表达式的语句都匹配含有变化着的时间和说话者的因素的短语，因此，可从这种理论衍推出诸如下面的语句：

　　　由 S 在时间 t 所（潜在地）说出的"我疲倦"是真的，当且仅当 S 在时间 t 是疲倦的。

　　　由 S 在时间 t 所（潜在地）说出的"那本书已被窃"是真的，当且仅当 S 在时间 t 所指示的那本书先于时间 t 被窃。

这类语句相当于蒯因所说的"场合句"，即带有语境因素的语句，它们仅仅相对于一种特定语境（说话者、时间等语境因素）才为真，并且被认为是真的。我们也可以给出其公理形式：

　　　（T_c）　　s 是真的（S，t），当且仅当 p。

这里的 S 代表 L 的说话者，t 代表说话的时间，s 代表 L 语句的元语言名称，p 代表这些语句在元语言中的翻译。这样我们通过用与相应语境相关的语义谓词"是真的（S，t）"代替"是真的"的办法而将约定 T 推广到带有语境因素的语言。可见，这是戴维森意义理论对约定 T 的一种扩充或调整。

我们试图用一种简单的递归性公理化真理论对之进行说明。我们可以仿照塔尔斯基的真之定义给出这一说明。

（1）对象语言 O 的语法

①初始符号目录

个体变项符号：x_1，x_2，x_3，…

谓词变项符号：F_1^1，F_2^1，…，F_1^2，F_2^2，…

语句联结词：$\neg$，$\wedge$

量词：$\exists$

组合符号：（,）

②定义：

$\text{Def}^{\vee}$：$A \vee B =_{df} \neg (\neg A \wedge \neg B)$

$\text{Def}^{\rightarrow}$：$A \rightarrow B =_{df} \neg (A \wedge \neg B)$

$\text{Def}^{\leftrightarrow}$：$A \leftrightarrow B =_{df} (A \rightarrow B) \wedge (B \rightarrow A)$

Def$^\forall$：（$\forall x$）$Ax =_{df} \neg$（$\exists x$）$\neg Ax$

③形成规则

（i）如果 F_j^k 是 O 中的 k 元谓词变项，并且 t_1，…，t_k 是 O 中的项，那么 F_j^k（t_1，…，t_k）是原子公式；

（ii）所有原子公式都是合式公式；

（iii）如果 A 是合式公式，那么 $\neg A$ 也是合式公式；

（iv）如果 A 和 B 是合式公式，那么 $A \wedge B$，$A \vee B$，$A \rightarrow B$ 也是合式公式；

（v）如果 A 是合式公式，那么（$\exists x$）Ax 和（$\forall x$）Ax 也是合式公式。

（2）谓词"是真的"的定义

令 X、Y 是对象域中的元素序列，A、B 是 O 的语句，x_i 是任一序列 X 的第 i 个元素。于是，根据该语言每个谓词的条款，给出谓词"是真的"的定义：

①对于所有 i、X，"Fx_i"是真的，当且仅当 x_i 是 F；

②对于所有 i、X，"F^2（x_i，x_j）"是真的，当且仅当 x_i 和 x_j 处于 F^2 关系中；……

③对于所有 i、X，"F^n（x_1，…，x_n）"是真的，当且仅当 x_1，…，x_n 处于 F^n 关系中；

④对于所有 A，"$\neg A$"是真的，当且仅当并非 A 是真的；

⑤对于所有 A、B，"$A \wedge B$"是真的，当且仅当 A 是真的并且 B 是真的；

⑥对于所有 X、A、i，"（$\exists x_i$）Ax_i"是真的，当且仅当存在序列 Y，对于所有 $j \neq i$，使得 $x_j = y_j$ 并且 A 是真的。

至此，我们给出了关于谓词"是真的"的递归性定义。可概括如下。

对于所有的语句 C，C 是真的，当且仅当

（a）如果 C = "Fx_i"，那么 x_i 是 F；

（b）如果 C = "F^2（x_i，x_j）"，那么 x_i 和 x_j 处于 F^2 关系中；……

（c）如果 C = "F^n（x_1，…，x_n）"，那么 x_1，…，x_n 处于 F^n 关系中；

（d）存在一个 A，使得如果 C = "$\neg A$"，那么并非 A 是真的；

（e）存在 A、B，使得如果 C = "$A \wedge B$"，那么 A 是真的并且 B 是真的；

（f）存在一个 Ax_i，使得如果 C = "（$\exists x_i$）Ax_i"，那么存在与 X 不同的

另一序列 Y，对于所有 $j\neq i$，使得 $x_j = y_j$ 并且 A 是真的。

我们还可以对它给出一个明确的集合论定义，其中"是真的"仅仅出现在"当且仅当"的左边。首先我们定义集合 T 如下：

（Def.）T = 集合 Σ，它对于任何 β，$\beta\in\Sigma$，当且仅当 β 是一个语句，并且

（a）$\beta =$ "Fx_i" 并且 x_i 是 F，或者

（b）$\beta =$ "$F^2\ (x_i,\ x_j)$" 并且 x_i 和 x_j 处于 F^2 关系中，或者

（c）$\beta =$ "$F^n\ (x_1,\ \cdots,\ x_n)$" 并且 $x_1,\ \cdots,\ x_n$ 处于 F^n 关系中，或者

（d）存在一个 A，使得 $\beta =$ "$\neg A$" 并且并非 $A\in\Sigma$，或者

（e）存在 A、B，使得 $\beta =$ "$A\wedge B$" 并且 $A\in\Sigma$ 且 $B\in\Sigma$，或者

（f）存在一个 Ax_i，使得 $\beta =$ "$(\exists x_i)\ Ax_i$" 并且存在与 X 不同的另一序列 Y，对于所有 $j\neq i$，使得 $x_j = y_j$ 并且 $A\in\Sigma$。

"当且仅当"右边的条件正好以要求的形式递归地确定了 Σ 的元素资格，从而保证刚好在"是真的"的外延中所有如上述定义的语句都是 Σ 的元素。因此，我们定义"是真的"如下：

（Def.）对于所有的语句 β，β 是真的当且仅当 $\beta\in\Sigma$。

下面我们考虑为"是真的（S, t）"下一个递归性定义。这种定义将通过求助于说话者 S 和说话时间 t 来显示真谓词的相对性。这可以通过用"是真的（S, t）"替代"是真的"很容易做到。

对于所有的语句 C，C 是真的（S, t），当且仅当

（a）如果 C = "Fx_i"，那么由 S 在时间 t 说出的 x_i 是 F；

（b）如果 C = "$F^2\ (x_i,\ x_j)$"，那么由 S 在时间 t 说出的 x_i 和 x_j 处于 F^2 关系中；……

（c）如果 C = "$F^n\ (x_1,\ \cdots,\ x_n)$"，那么由 S 在时间 t 说出的 $x_1,\ \cdots,\ x_n$ 处于 F^n 关系中；

（d）存在一个 A，使得如果 C = "$\neg A$"，那么并非 A 是真的（S, t）；

（e）存在 A、B，使得如果 C = "$A\wedge B$"，那么 A 是真的（S, t）并且 B 是真的（S, t）；

（f）存在一个 Ax_i，使得如果 C = "$(\exists x_i)\ Ax_i$"，那么存在与 X 不同的另一序列 Y，对于所有 $j\neq i$，使得 $x_j = y_j$ 并且 A 是真的（S, t）。

我们同样可以对它给出一个明确的集合论定义，其中"是真的（S, t）"仅仅出现在"当且仅当"的左边。首先我们定义集合 T 如下：

（Def.）T = 集合Σ，它对于任何β，β∈Σ，当且仅当β是一个语句，并且

（a）β = "Fx_i" 并且由 S 在时间 t 说出的 x_i 是 F，或者

（b）β = "$F^2 (x_i, x_j)$" 并且由 S 在时间 t 说出的 x_i 和 x_j 处于 F^2 关系中，或者

（c）β = "$F^n (x_1, \cdots, x_n)$" 并且由 S 在时间 t 说出的 $x_1, \cdots, x_n$ 处于 F^n 关系中，或者

（d）存在一个 A，使得β = "$\neg A$" 并且并非由 S 在时间 t 说出的 $A \in$ Σ，或者

（e）存在 A、B，使得β = "$A \wedge B$" 并且由 S 在时间 t 说出的 $A \in$ Σ且由 S 在时间 t 说出的 $B \in$ Σ，或者

（f）存在一个 Ax_i，使得β = "$(\exists x_i) Ax_i$" 并且存在与 X 不同的另一序列 Y，对于所有 $j \neq i$，使得 $x_j = y_j$ 并且由 S 在时间 t 说出的 $A \in$ Σ。

"当且仅当"右边的条件正好以要求的形式递归地确定了Σ的元素资格，从而保证刚好在"是真的"的外延中所有如上述定义的语句都是Σ的元素。因此，我们定义"是真的"如下：

（Def.）对于所有的语句β，β是真的（S, t）当且仅当由 S 在时间 t 说出的β∈Σ。

这样，我们就给出了两个真谓词"是真的"和"是真的（S, t）"的递归性定义，这一定义从逻辑形式上概括了真语句的所有情形，并且是由一阶语言或集合论的形式给出的，因此是可靠的、完备的定义。这两个定义分别对（T）和（T*）给出一种递归性的说明，它们说明了 T 理论在外延上是完备的，我们可以利用它充当一种具有组合性要求的自然语言语义理论的结构形式表征。

第二节　为自然语言建立一种真理语义论

前面我们分析了戴维森关于一种令人满意的意义理论的必备条件和用约定 T（或经调整后的约定 T）表征这种意义理论的形式结构的重要思想。但是，戴维森理论的出发点不是阐发一种形式化的真理论，而是利用已发展成熟的形式真理论提出一种从形式结构和经验证据都能令人满意的自然语言的意义理论，或者说，将一种形式的真理论改造成为一种适合于

自然语言的真理语义论。那么，戴维森在这方面提出了什么样的重要观点，他在面临重重困难的情况下又做了哪些卓有成效的语义改造工作呢？这就是本节所要阐述的主要内容。

一　必要性和可能性

在戴维森看来，自然语言是具有生成能力和法则的一种语言，它能从有限的原始材料出发按照一定的规则生成无限多个新的语句。一种自然语言的意义理论首先必须对具有有限能力的语言使用者即人类如何学会这种语言或利用这种语言进行交流的事实进行说明。在《意义理论和可习得的语言》一文中，戴维森明确了对一种诸如英语或中文的自然语言的意义理论的要求，即"它必须有可能对这种语言中的语句的意义给出一种构造性说明"①。那么，我们凭什么认为自然语言是组合性的呢？戴维森对此给出了著名的习得论证。概括地说，该论证是这样的：只有在自然语言是组合性的情况下，我们才能理解一种在说话和理解方面的无限能力怎样才能被有限的成就所包含，或者说在有限的成就上怎样才能体现那种无限的潜质。讲得详细一点，就是，我们是具有有限能力的动物；我们是在没有语言的情况下来到这个世界的；我们在非常短的时间内就完全成为语言的合格的言说者，这些语言包含无限多个意义不同的语句；假定我们在完全没有规则的情况下不能凭直觉知道语句的意义，并且要花一定的时间才能学会每个新的词语或新的语法规则，我们便可以得出这样的结论：存在着有限的语义原始表达式，我们能够理解包含这些原始表达式的其他表达式，是因为我们可以通过掌握包括在它们之中的语义原始表达式，以及作为支配复合表达式的意义的原始表达式的组合规则来确定它们的意义。这种观点符合人们的常识，因此，广为自然语言语义学的研究工作者接受。

戴维森的一个显著特点是，他在确立自己的观点之前往往要考察或比较相关的理论，并对它们做出一个恰当的评价，然后在此基础上提出自己的观点或理论。在他看来，以往流行的各派意义理论大都对意义概念提供一种直接性说明，但这些理论都没有对自然语言的组合性特征提供一个恰当的说明，或者至少没有对这种说明找到一个恰当的形式表征，因此也不可能对人们学习语言的事实和人们的语言交流活动做出令人满意的说明。

---

① D. Davidson, *Inquiries into Truth and Interpretation*, p. 3.

为此，戴维森转换了自己研究问题的思路，他说：

> 像其他人一样，我要得到像"什么是意义？"这样的问题的答案，可是试图获得我所发现的在奥格登（Ogden）和理查兹（Richards），查尔斯·莫里斯（Charles Morris）、斯根尼尔（Skinner）和其他人那里存在的答案这样的愚蠢行为，使我们备受打击。因此我把它转换成另一个我认为可能没那么难解的问题：什么东西足以使一个解释者知道以便理解一种陌生语言的说话者，以及他是如何认识到这一点的……我已建议，一种或多或少按照塔尔斯基真之定义的路线建构的真理论要回答第一个问题将要走一段很长的路。在我看来，重要的是，这样的理论是这样一种真正的理论，即它们能被公理化，它们的原初概念和被定义的词语能被清楚地确定，其中的和关于它们的定理能被证明。①

戴维森这段话说明了他避开直接对意义概念进行说明的这一难解的话题，而采用一种迂回的策略，即用真之概念刻画意义概念的手段来研究自然语言的意义理论。在他看来，走塔尔斯基的真之定义的路线比直接对意义概念进行说明的路线要更加可靠和富有成效。因为这条路线给出了他所期望的意义理论本质性的东西，即它能为人们学习语言或进行语言交流的事实提供一种恰当的说明。

戴维森认为，塔尔斯基为我们提供了说明真与意义关系的一种恰当的形式表征基础，我们只要针对自然语言的实际对它加以调整就能使之充当我们表达意义理论的可靠而便利的手段。由于真是相对于思想而言的，而思想是由语句表达的，因此，研究语言的意义自然离不开对二者关系的探讨。实际上，当时各派流行的意义理论的背后都渗透着关于真与意义关系的观点。指称论将语句视作特殊的专名，通过逻辑改造后的人工语言建立一个语言与实在同构的二极世界，真与意义的关系被限定在形式语言的框架内，排斥了在自然语言内探讨真与意义关系的可能性。日常语言学派则从人们使用自然语言的行为实践理解真与意义的关系，他们认为影响语言意义的因素是纷繁复杂的，作为语言实践主体的人的参加，使得意义往往成为不确定性的东西，而约定性和习惯性等成为描述意义的重要手段，因此他们试图超越语言的逻辑结构，提出了诸如用法论、行为论、意向论等

---

① R. Stoecker, ed., *Reflecting Davidson*, Berlin, New York：Walter de Gruyter, 1993, p. 83.

依靠人们使用语言所涉及的经验事实来寻求真与意义的关系的理论。戴维森试图走出一条中间道路：他既参照形式语言来揭示自然语言的内在结构，又将自然语言放在人类行为和人类信念这样一个更加广阔的背景下来探讨。也就是说，戴维森关注的是自然语言，关注的是自然语言的形式结构表征和对自然语言在人类语言交流背景中的理解，并将二者结合起来。他在关注形式结构时并不排斥对自然语言被使用的语境因素和特殊情形的分析，并且尽可能恰当地将这些因素和情形加以表征，同时在自然语言的理解和分析的过程中并不局限于逐个地为某种特殊的自然语言实际建构一种意义理论这样一种在他看来是语言学家们的任务，而是关注这种理论应该或能够采用什么样的形式，也就是说，它看起来像什么，它如何才能建立起来，它要采用什么概念、它怎样才能获得经验上的验证，如此等等。这样，真和意义的关系在戴维森那里就在形式和经验两者及其结合点上得到了恰当的体现和说明。

戴维森认为塔尔斯基的约定 T 为我们探讨真与意义的关系提供了一个一般性的恰当的形式表征，我们的工作是将约定 T 推广到自然语言，为自然语言建立一种真理语义论。他说：

> 塔尔斯基为我们所做的工作是详细说明如何描述真（无论是在语言中还是在思想中）所必然呈现的那种模式。我们现在需要做的工作是，说明如何识别这样一种模式或结构在人们行为中的体现。①

大家知道，从维特根斯坦后期开始，自然语言的意义已成为整个语言哲学研究的核心问题，维特根斯坦、奥斯汀、塞尔、斯特劳森、唐纳南和格赖斯等哲学家致力于研究语词、语句的意义及其日常用法，试图通过澄清日常语言的意义来消除或避免哲学混乱。但限于日常语言的复杂性，对其意义理论的研究一时难以达成共识。与弗雷格、塔尔斯基、蒯因和逻辑实证主义者相反，戴维森对建立一种自然语言的意义理论持乐观态度。在他看来，对自然语言感兴趣的语言学家和哲学家忽略了真理论的极端重要性，部分原因是他们没有认识到，一种真理论对有限的资源如何足以解释语言的无限语义生成的能力，部分原因是他们过分地夸大了为一种自然语

---

① D. Davidson, *Truth and Predication*, Cambridge：The Belknap Press of Harvard University Press，2005，p. 28.

言提供一种真理的形式理论的方法上的困难。无论如何，这种尝试是有指
导意义的，因为只要我们成功地为一种自然语言给出了这样一种理论，我
们就能够把语言学家和分析哲学家看作同事。①

他对塔尔斯基提出的关于建立自然语言的形式语义学持悲观论调的两
个论题做了正面回答。一是自然语言的语义封闭性导致语义悖论；二是自
然语言太混乱、太无定形，难以形式化。针对前一个问题，戴维森提出了
这样的看法：

> 当对象语言里的量词的范围在某些方面过于宽泛时就会产生语义
> 悖论。但是，没有真正搞清楚的是，把乌尔都语或文德语的量词范围看
> 作不足以产生一种关于"在乌尔都语中为真"或"在文德语中为真"
> 的明确定义这种看法，对这两种语言是如何不公平。或者，用另一种方
> 式（如果这种方式不是更严肃的话）表述这个问题就是，在道理上，
> 始终都有可能出现这样的情况，即我们在理解另一个人的语言（真之
> 概念）的过程中所把握住的东西，是我们不可能传递给他的。无论如
> 何，大多数具有一般哲学兴趣的问题都出现在相关的自然语言的某一部
> 分范围内，人们可能认为这一部分包含很少一点集合论。当然，这些评
> 论不能满足自然语言是一般的这一要求。但是，在我看来，既然我们知
> 道这样一种一般性会导致悖论，因此，这一要求是可疑的。②

这段话中有两层意思。一是如果我们忽略语义词汇则不会造成什么损
失；二是我们不应该认为自然语言具有要求产生语义悖论的表达的资源，
尽管情况往往相反。我们看看第二层意思。当一种语言的量词范围过于宽
泛从而出现语义悖论，那么，使自然语言不面临这些悖论的相应的建议，
就是限制自然语言的量词范围。设想一种语言 L 的真谓词的一种封闭形式
的定义将采用如下形式：

> 对所有的语句 s 来说，如果…s…，那么 s 是真的当且仅当…，如
> 果…s…，那么 s 是真的当且仅当…，…

其中每个前件都是一个以 s 形式表达的条件。对于所有的语句 s 来说，

---

① 参见 D. Davidson, *Inquiries into Truth and Interpretation*, pp. 55 – 56。

② D. Davidson, *Inquiries into Truth and Interpretation*, pp. 28 – 29.

如果对象语言的量词范围不包含对象语言的每个语句，特别是那些带有"是真的"的语句，我们就不会在这种语言中从上述表达的形式的语言产生语义悖论。因此，为了防止这些悖论，我们应该主张或者这种语言的单称词项不指称带有"是真的"的语句，或者至少坚持如果在这种语言中存在这些词项，那么也不能允许它们出现在带有谓词"是真的"的自变元的位置上。这实际上涉及不同语言或同一语言的不同层次的问题。如果我们用一种语言对另一种语言的语句提出真假等语义性质的断定或对同一语言被提及和使用的情形加以分开的话，那么就不会造成语义悖论。这使我们想起了罗素的恶性循环原则，这个原则禁止以预设总体的元素来定义总体。其直观意思是说，既然一个总体是由它的元素是什么来定义的，如果一个定义（尝试性地）引入一个总体的一个元素作为定义，该定义预设了已被定义的总体，那么就不能给出一个一致性的定义。现在考虑一个包含真谓词的语句。如果真谓词的意义由一个语句（给定其意义）要归于该谓词的条件给出，那么通过探求一个包含真谓词的语句归于这个真谓词的条件来确定一个真谓词的意义的任何尝试都已预设了我们正在试图确定的意义。因此，此时我们发现自己正好陷入了罗素试图禁止的那样的恶性循环。假定我们在自然语言中对真谓词的使用是一致的，并且这些谓词也是完全有意义的，那么我们就应该推断出，它们不会被视为自变元词项，这些词项指称那些包含在同样意义上被理解的真谓词的语句，或者指称任何能呈现为真值的、包含在同样意义上被理解的那些真谓词的语句的变项。概括地说，这种建议就是，自然语言的语句由它们的说话者来解释，以便于避免恶性循环定义。

戴维森还认为，即使自然语言中那些包含语义谓词的语句给我们的理论工作带来困难，但这并不会影响到理论的其他部分。也就是说，这种影响是局部的，并且能够通过从该理论中排除对象语言中那些关于语义谓词的公理来加以解决，戴维森说：

> 一旦［我们允许指称语句及其真值的语义表达式］纳入这种语言，便造成语义上的自相矛盾。因此，如果我们受限于塔尔斯基的那些方法，就不能实现那种用自然语言表达的关于自然语言的真理论的理想。在这种情况下所产生的问题是：如何尽可能少地放弃那种理想，而在这里，约定 T 所容许的理论似乎在一些很重要的方面是最理

想的。这样一些理论能够把所需要的那些特性赋予一个真理谓词，而不求助于任何不在该谓词所适用的那种语言中的概念。正是真理谓词本身（以及满足谓词）不能处于对象语言之中。①

设想一种包含语义谓词足以产生类似说谎者悖论的语句的自然语言，假定我们自觉地通过省掉其中的语义词项由这种自然语言建立另一种语言。这样做，我们没有改变其他部分词语的意义。如果我们成功地为这种语言建立一种满足约定 T 的真理论，并且我们能够确定该理论的 T － 语句，那么我们就能理解这种语言的任何一个非语义语句，并且能发现我们对那些语句的理解是怎样依赖于我们对它们有意义的成分和组合方式来理解的。如果这一点是正确的，那么我们无须为通过一种真理论真正为所有其他任何一种语言（就其基本词汇而言）提供一种意义理论，并同时根据我们的理论承诺避免悖论而感到失望。

至于第二个问题，即自然语言太混乱、太无定形，难以形式化的问题，戴维森认为，意义理论的任务并不是以前的哲学家认为的要改变或改造自然语言，而是要描述并理解自然语言。对于具有模糊性的自然语言，我们并不是不可能揭示其逻辑形式或深层结构的，弗雷格和塔尔斯基的研究成果使我们洞察到我们母语的结构，有助于我们为自然语言建立一种形式语义学。爱好逻辑的哲学家和当代语言学家可以从不同的途径达到同一目标，其中任何一方获得成功，都必定有一个一般理论与自然语言的聚合点。譬如，乔姆斯基等人提出的"生成语法理论"就对我们分析自然语言的形式结构极有帮助。他说：

> 我预先设想的在转换语法与可靠的意义理论之间的那种"和睦状态"，已被近来在转换生成语法的概念里所发生的变化大大发展了。……由这种语法的短语部分所生成的结构，是一种适于对其做出语义学解释的结构……形式语义学方法可以直接地、自然地应用于一些语言，既然（递归的）短语结构语法对于这些语言是恰当的，因此，很清楚，乔姆斯基目前所描述的，在由转换语法的短语结构部分所生成的结构与那类语言中的语句之间的关系图像，就很类似于许多逻辑学家和哲学家所描述的，在那些较丰富的形式化语言与日常语言

---

① D. Davidson, *Inquiries into Truth and Interpretation*, p. 72.

之间的那些关系图像。①

关于塔尔斯基一直担忧的自然语言中存在的"含混词项"问题，在戴维森看来，也根本不会妨碍我们的工作，他说：

> 只要含混性没有影响到语法形式，并能翻译为元语言（含混性对应于含混性），真之定义便不会蒙骗我们。对于系统的语义学来说，出现在英语中"相信（that）"这个短语上的主要麻烦，并不在于它的模糊性、含混性或把它纳入严肃科学的不适宜性，这是因为，假定我们的元语言是英语，所有这些问题都会原封不动地带入这种元语言。②

他认为，"相信（that）"困扰我们的是关于信念语句的逻辑语法问题，而不是它的模糊性问题。要摆脱这种困扰就必须注意这样两个任务之间的根本区别：一是揭示处于像戴维森所解释的那种意义理论的领域之中的逻辑语法或语句形式；二是对被作为那种意义理论的原始词项来对待的个体语词或个体表达式进行分析。如果我们假定有关逻辑语法的一些问题已解决，像"巴多特是善的"这类语句就不会对真之定义提出任何特殊的难题。因为在真之定义中并没有描述性词项和评价性（或情感性、表情性）词项之间的深刻差异，即使我们认为道德性语句或评价性语句没有真值，我们也不应当对"'巴多特是善的'是真的当且仅当巴多特是善的"这一断言感到迟疑不决，不敢接受。在这样的断言中，诸如"善的"这样的评价语词的神秘性由对象语言转移到了翻译它的元语言。当元语言包含对象语言，即我们的理论是同音异义的（homophonic），这种模糊性的转移是不成问题的。即使在元语言和对象语言不同的情况下，这一要求在原则上也能满足（如果翻译准确的话）。因此我们的意义理论不会因为使用模糊性词项而受到威胁。戴维森说：

> 我们已认识到，所提出的那种意义理论恰恰遗留下全体语词的含义这一整个的问题。甚至当元语言不同于对象语言时，除非是在出于词汇上的偶然原因而造成直接翻译失败的情况下，那种理论并没有对个体语词的改进、澄清或分析施加任何压力。正如对表达之间的同义

---

① D. Davidson, *Inquiries into Truth and Interpretation*, p. 30, n. 14.

② D. Davidson, *Inquiries into Truth and Interpretation*, p. 30.

现象一般没有处理一样，对语句的同义性以及分析性也一般没有处理。①

在戴维森看来，常常为一种形式化的真理论不能用来应对自然语言中的模糊性问题所表现出来的担忧，吸引了语言学家们如此多的精力。在思考这一问题时我们有必要区分两种观点。一是形式化的真理论在传统上不是被设计并用来处理模糊性的，如果要安排它们去做那样的事情，就会改变它们的性质。这种观点被证明是正确的，无害的。塔尔斯基风格的真理论通常不处理对原始词项定义的问题，同时在一种真理论中，对指定一部字典来解决问题这种令人满意的处理方法，也不存在任何不利因素。也就是说，处理自然语言的模糊性就属于词汇学范围内的职责，塔尔斯基真理论的使用对自然语言模糊性的处理工作不会造成不利影响。二是某些类别的模糊性必然会妨碍我们给出一种真理论。当然，一种适当的意义理论必须揭示这种模糊性；一种真理论特别需要表明一个对语句的表达如何在一种解释下是真的而在另一种解释下却是假的。目前这一点对一种真理论来说并不存在任何困难。因为我们将塔尔斯基式的真之定义用于自然语言便是对自然语言的语义学的一种形式研究，这种形式研究通过在语句的逻辑形式中容纳一些经验因素便能表明这一点。因此，虽然在构造一种自然语言的真理论的过程中，形式语言不能独立于自然语言单独生效，但这并不会妨碍我们对自然语言进行形式化的研究工作。

那么为自然语言构造一种真理语义学，除了对自然语言的结构进行描述外，还可能要具备什么条件呢？戴维森也明确地意识到这一问题，并清楚地给出了他的说明。

二　这种理论的必备属性及其满足

戴维森在《自然语言的语义学》一文中在提出一种自然语言的语义学的目标和这种语义学应在整体上采取塔尔斯基的约定 T 的形式表征的建议后，着重讨论了这种理论的一些必备属性。在他看来，很明显，如果我们拥有一个满足塔尔斯基的约定 T 的真谓词的定义，我们就拥有了一个真理论，但是总的说来，一种真理论的表征比我们的意义理论要少些，如果不

---

① D. Davidson, *Inquiries into Truth and Interpretation*, p. 33.

附加一些进一步的要求，那么一些真理论将几乎没有什么实质意义。例如，我们可以简单地把（T）模式的所有语句视为公理，然而这种理论对这种语言的结构不会提供任何洞见，因此也不会对回答一个语句的意义如何依赖于其组合形式这一问题提供任何线索。就这种真理论而言，我们要求它具备什么属性呢？戴维森说：

> 我们要求［一种真理论］具备什么属性呢？正如我们已经说到的，一种可接受的理论必须通过将语句分析成由来自有限资源的元素（以与真相关的方式）组合而成的方法来解释每个语句的意义（或真值条件）。第二个自然的条件是，给定任一语句，这个理论要为确定该语句的意义是什么提供一种方法。（可以说，通过满足这两个条件，一种理论要表明它描述的语言是可习得的和可解读的。）第三个条件是，对由这种理论蕴含的单个语句的真值条件的陈述必须（以某种尚待明确的方式）动用与那些它们断定其真值条件的语句相同的概念。①

首先我们分析第三个条件。很明显，这个条件可理解为禁止在对一个语句的真值条件的陈述中出现一个语义词项，除非那个语句已包含那个语义词项（或它的翻译）。这个条件在元语言和对象语句相同的情况下显然能够满足。因为该条件通过一种包含对象语言的元语言表达的理论给出，即在所要求的形如"s 是真的当且仅当 p"的陈述中，s 的真值条件是由替代"p"的语句给出的，此时"p"就是 s 本身，因此没有利用任何在理解 s 时不直接使用的概念。当元语言不包含对象语言时，这个标准的满足就不那么明显了。例如，在检验一种用我们自己的语言陈述的关于一种陌生语言的理论时，便会出现上述情况。戴维森认为，虽然问题不如前一种情况那么容易解决，但我们还是可以检验一种真理论。这种检验的过程有点类似于蒯因在《语词和对象》第二章刻画的过程。在那种情况下，我们会注意那个陌生语言的说话者对他的各种各样的语句赞同或不赞同情况下的条件。这些相关的条件将成为我们视为其语句真值条件的东西。不过此时我们还得做出这样一个假定，即在简单或明显的情况下，这个说话者对真语句大多持赞同态度，对假语句大多持不赞同态度。当然，这种赞同行为模式的检验过程必定带来

① D. Davidson, *Inquiries into Truth and Interpretation*, p. 56.

一定程度的不确定性。对这种不确定性我们可以设法将它尽量地加以限制或缩小，以便许多不同的真理论都同样能利用这种证据。

再看前两个必备属性。我们所需要的这种理论必须具备强有力的解释和断定能力。要具备这一属性，就必须使得一种自然语言的意义理论对完整句性质（sentencehood）提供一种递归性表征。在定义完整句性质时我们获得的只是一种关于独立具有意义的表达式的思想。可是有意义性（meaningfulness）还仅仅是意义的影子，并不等于意义本身。所以一种完全合格的理论不应仅仅处理有意义的表达式，还要给出它们的意义，也就是说这种理论不仅要有结构上的解释力，而且要有内容上的解释力。那么如何才能使理论做到这一点呢？戴维森说：

> 对于每个语句 s，一种真理论，其中在"p"被 s 替换的最简单的情形下衍推出一个"s 是真的当且仅当 p"形式的断定。因为语词"是真的当且仅当"是固定不变的，我们可以随意将它们解释为"意谓 that"的意义。如果按照这种思路，那么"'苏格拉底是聪明的'意谓苏格拉底是聪明的"可以被视为一个样本。①

戴维森在这里明确地说明了一种真理论与意义问题相关联的方式。这种方式可以通过（T）模式与（M）模式的互相替换得以说明。显然，如果一种真理论要充当意义理论的形式表征，它必须具有解释语言意义的功能。由于真理论本身不是一种意义理论，并且来自塔尔斯基的约定 T 是对真之概念的一种纯形式表征，它本身只受逻辑规则的限制，因此不会自动对自然语言意义理论这一经验性理论具有解释功能。也就是说，必须对这种真理论加以经验上的限制才能使它实际上充当意义理论的形式。要做到这一点，我们只须弄清楚一种解释性的真理论和一种意义理论之间的关系。这种关系是，如果我们拥有一种解释性的真理论，那么它的标准定理的右边部分将为左边指称的语句提供说明。而这个我们可以按照它们相应的 M-语句为真而加以定义。因此如果我们知道这一点，那么对一个特殊的 T-语句来说，我们就知道 T-语句替换"p"的语句能被 M-语句中的"p"代替从而产生一个真语句。因此，我们的明确的意义理论——一个说话者知道它，便能使他对于某一自然语言的每个语句都能推导出一个

---

① D. Davidson, *Inquiries into Truth and Interpretation*, p. 60.

（M）模型的定理的理论——能够为这样一个关于一种真理论必须了解的东西表达明确的陈述，以便利用它为一种组合性意义理论服务，即用来解释每个对象语言语句和上面所指出的在一种解释性真理论的标准化定理与一种组合性意义理论的对象定理之间的明确关系。我们可以将这种关系明确地表述为：

> 一个真理论是解释性的，当且仅当，对于该理论所蕴含的每个 T－语句来说，如果它是解释性的，当且仅当与它相应的 M－语句为真。

这种表述从一种自然语言的形式结构和经验内容两个方面保证了满足我们建立一种自然语言的真理语义论的要求。为了进一步适应自然语言的经验性特征，戴维森进而认为，一种自然语言的真理论必须解释这一事实，即许多语句在真值方面的变化依赖于它们被说出的时间、言说者，也许还包括听众。我们可以通过或者宣称是特殊的言语表达或言语行为，而不是语句具有真值的方法，或者将真视为在语句、言说者和时间之间保持的一种关系的方法来适应这种现象。这种调整是针对具有经验性的指示因素对约定 T 形式的调整。这表明我们可以用一种形式化的真理论来表达自然语言中的语境因素。当然这种理论容纳自然语言中的指示性因素，意味着要接受一种以真理得以定义的方式表现出来的根本性的概念变化，但是这一变化并不意味着我们背离了形式化的要求。

在戴维森看来，对在经验性语义学中处于核心地位的真理进行一种系统性的解释只不过是一件以某种方式将旧目标表达得更彻底、更清晰的事情。我们对这种理论的说明看来肯定会引起语义学研究工作的重心转移。那些一直支配着当代语义学研究工作的问题将在重要性方面变得逊色，这些问题是：给出语句"意义"的尝试，解释同一性、分析性和模糊性的尝试。作为深层问题出现的会是指称的难题，对模态语句、关于命题态度、普通词项、副词性、限定词、归属性形容词、祈使语气和疑问语气等语句给出一种令人满意的语义学的深层问题。这些问题在很大程度上都是哲学家们所熟悉和关注的问题。戴维森在对建立一种自然语言的真理语义学持乐观态度的同时也明确意识到这一重大工作存在着许多难题。他说：

> 既然我认为别无其他可供选择的办法，因此，我对于从形式上表征自然语言的真理谓词的可能性持乐观态度，并有一个纲领性的看

法。但是，必须容许依然存在一系列令人惊愕的难以解答的问题。列
举其中几个如下：我们不知道反事实句或不充分了解归属性形容词的
逻辑作用是什么，我们对于像"火""水""雪"这样的物质名词没
有系统的理论解释，我们对于有关信念、知觉和意向的语句没有系统
的理论解释，我们对于有关蕴含着目的的行为动词也没有系统的理论
解释。最后，还有下述所有这些语句似乎根本就不具有真值：祈使
句、祈愿句、疑问句以及另外很多语句。一种全面的自然语言的意义
理论必须成功地解决上述每个难题。①

　　戴维森对上述难题表示出极大的关注，主要体现在两个方面：一方
面，他明确意识到，目前语言学家的工作和许多哲学家、逻辑学家的工作
越来越趋向于一系列共同的相关问题。因为语言学在把自然语言作为形式
句法系统来处理方面的成功已经引起了许多语言学家在一种相关的语义学
发展方面的兴趣，同时目前许多哲学家和逻辑学家越来越多地将形式语义
方法运用到对自然语言的结构分析，因此哲学家和语言学家正在解决许多
相同的或非常相似的问题。他们的合作必将促进自然语言语义学的发展。②
另一方面，他非常关注哲学家、逻辑学家和语言学家在自然语言语义学研
究方面的最新成果，在他与吉尔伯特·哈姆合编的《自然语言的语义学》
一书中，收录了 1969 年 8 月在美国的加利福尼亚举办的关于自然语言语
义学研究大会上收集的 26 篇相关学术论文，同时他自己也集中大部分精
力专门从事自然语言语义学难题工作的研究，并取得了丰硕的成果，在他
的《论行动和事件》和《对真理与解释的探究》中收录了他自己的 9 篇
专题性研究论文。这些论文都针对各自的专题提出了非常深刻和重要的见
解。下面举例说明他对自然语言进行真理语义改造的工作。

三　戴维森对自然语言进行真理语义论分析的尝试

1. 对间接引语的逻辑形式分析

　　戴维森在《论说出（that）》（1968）一文中，对难解的间接引语的逻
辑形式提出了独特的见解。大家知道，间接引语中的一个难题就是"等值

---

① 　D. Davidson, *Inquiries into Truth and Interpretation*, pp. 35 – 36.
② 　参见 D. Davidson and G. Harman, eds., *Semantics of Natural Language*, Dordrecht, Holland：
D. Reidel Publishing Company, 1972, p. vii。

替换规则"失效。例如，

（1）伽利略说（that）地球运动。

（2）戴维森 1917 年在上面出生的那颗行星是地球。

由于（2）中的主语成分的指称是地球，所以它和"地球"具有相同的指称，那么根据"等值替换规则"，即指称相同的词项可互相替换而不改变原有语句的真值，我们用（2）中的主语成分替换（1）中的"地球"，得到：

（3）伽利略说（that）戴维森 1917 年在上面出生的那个行星运动。

（3）显然是假的，因为伽利略于 1642 年就去世了，他不可能说出有关戴维森出生的事情。而（1）是真的，因此就出现了在逻辑学家看来是异常的"等值替换规则失效"的现象。这种奇怪的现象大多集中于包含诸如"相信""希望""说"等及物动词的语句中，通常在这样的语句中其主语是一个指称某个人的词项，其宾语是一个描述那个人的信念、愿望和陈述等的名词性从属语句。

在戴维森看来，塔尔斯基式的真理论赋予一个语句的结构理应被称为该语句的逻辑形式。通过给出这种理论，我们便以一种有说服力的方式说明：尽管语言具有无限多的语句，但它可被一个具备有限能力的人所领会。可以把这种真理论说成，对每个有意义的表达式在其任何一次出现中的语义作用提出了一种有效的说明，即说明这些表达式是如何对它们所构成的语句的真值条件做出贡献的。根据这种思路，我们对形如（1）的间接引语特征做出说明。从表层语法角度来看，（1）包含一个由"that"引导的语句"地球运动"，这个语句也有自己的结构，它是由"地球"这个单称词项和"运动"这个谓词构成的。"在一个像'伽利略说（that）地球运动'这样的语句中，我们通过眼睛和心灵可以感知到在'地球运动'这些语词中令人熟悉的结构。"[1] 同时这个语句也有真假值，也可对它进行语义分析。当我们把其中的"地球"看作一个单称词项，那么我们用另一个与它有相同指称的词项来替换它时，并不会改变该语句的真值状况。例如我们用

---

[1]　D. Davidson, *Inquiries into Truth and Interpretation*, p. 96.

"戴维森 1917 年在上面出生的那颗行星"替换"地球"时，我们就由"地球运动"得到：

　　　　（4）戴维森 1917 年在上面出生的那颗行星运动。

（4）显然也是真的。然而从逻辑后承的角度来看，在间接引语中便会出现反常的现象。"在一个语句仅根据量化结构而作为另一个语句的逻辑后承的情况下，便会由此从一种真理论衍推出：若第一个语句为真，则第二个语句为真。"① 如果我们把间接引语中所包含的语义特征当作语义上具有真假的结构，把它所包含的语句对它们的真值条件所起的作用看作间接引语，成为被包含语句的逻辑后承或真值函项，情况恰恰相反——它们之间的逻辑后承关系不再成立。例如，（4）在插入"伽利略说（that）——"中的空位后便得（3），即由一个真语句得到一个假语句，因此逻辑后承关系在它们之间不再成立。也就是说，按照这种解释，经典逻辑的等值替换规则在间接引语中因不再有效而受到威胁。戴维森也明确地意识到这里出现的一个悖论：

　　　　因此便出现这样一种悖论。一方面，我们的直觉暗示（并且理论也要求），我们在间接表述的"内容语句"［我将这样来称呼接在"说出（that）"后面的语句］中会发现具有语义重要性的结构。另一方面，后承关系的丧失使我们把被包含的语句看作语义上无效用的。然而，无法以这种形式使逻辑形式和后承关系彼此分离。②

　　那么，如何解决这一悖论呢？戴维森考察了当时流行的几种看法。他首先考虑用一种引语理论的观点来分析。按照这种观点，便是把由 that 引导的那些语词看作在隐匿的引号里发挥作用的成分。它们的作用只是帮助指称一个语句，在包含它们的整个语句中只是被"提到"而不是被"使用"，因此在语义上与引语一样是无效的。在戴维森看来，引语理论的办法无助于我们解决关于间接表述的难题，原因有二：一是通常认为，引语是不具有重要语义结构的单称词项，因此无法借以展现我们在间接引语中要揭示的语义特征和逻辑形式；二是由于存在着无限多的不同引语，因此

---

①　D. Davidson, *Inquiries into Truth and Interpretation*, p. 95.

②　D. Davidson, *Inquiries into Truth and Interpretation*, p. 96.

一种包含引语的语言，不可能具有以递归方式所定义的真理谓词，这在原则上不符合我们理论上的要求。当然我们可以发明一种适用的引语理论，这种理论能给出一个引语。我们可以通过将引语的每个字母分开，逐个加上引号和连字符"^"，便可得到一个复合单称词项或塔尔斯基所说的结构描述语。倘若我们对间接引语中的内容语句也采用这种处理方法，便会存在由新的结构所支配的逻辑后承。例如，我们可以由"伽利略说（that）地球运动"衍推出：

（∃x）（伽利略说（that）"the ea"^r^"th moves"）并且（前提是"r = 英文字母表中的第 18 个字母"）；

伽利略说（that）"the ea"^英文字母表中的第 18 个字母^"th moves"。

然而，从引语的角度来解决间接引语的语义问题受到了包括戴维森、丘奇在内的许多哲学家的质疑。在戴维森看来，卡尔纳普把"说出（that）"看作一个适用于关于人和语句的有序对的二位谓词的观点是令人怀疑的。虽然间接引语中的"said that"与直接引语中的"said"一样可以把说话人同语句联系起来，但前者所表示的关系可以是一种不同的关系。它可以适用于一个人和一个他从未用一种从来就不知道的语言讲过的语句。大家知道，直接引语中的"说"所引导的是说话人的原话，而间接引语中的"说（that）"所引导的可以是用不同语言对说话者原话的转述，对这种转述的要求是保证说话人原话的意思。因此，如果我们把（1）中的"said that"看作断定 Galileo 和"the earth moves"之间的一种二元关系的谓词时，我们不必假定伽利略一定是讲英语的。但如果采用直接引语的规定，我们就无法避免这样一个假定，即把"the earth moves"理解为伽利略所说的一个英语语句，这显然是不切实际的。实际上，在间接引语中存在着一种用语言转述用说话人的语言表述的原话的情形，因此就出现了语言参照的问题。例如，（1）的含义可以理解为：

（5）伽利略讲过这样一句话，这句话在他所用的语言中的含义是英语中"The earth moves"这个语句的意思。

如此看来，我们可以把"说（that）"看作将一个说话者、一个语句和一种语言联系在一起的三位谓词。实际上，谈到转述问题时，已涉及内容语句是否真正表达了说话者原句的意义的问题，也就是说，对一种语言的参照是否能够经受住翻译检验的分析的问题。可是，无论这种参照是知识性参照还是指示性参照的建议都不能达到这一目的。① 因此，从直接引语的角度来处理间接引语的问题的方式是行不通的。

戴维森接着考察了另一种建议。这种建议由参照语言转而参照命题，即把间接引语中的从句看作一个命题，而不是一个特殊的语句，大家知道，弗雷格早在《论含义和指称》一文中考察语句的指称问题时就提出了这种观点。他认为，语句是一种特殊的单称词项，因此也具有指称和含义，语句的指称是其真值，语句的含义是思想或命题。但在从属语句的情况下，这些语句虽然看起来很像语句，但不是独立的语句，因此它们的指称是其真值的观点对它们已不再适用。对间接引语来说也是如此。

以"that"开头的抽象的名词性子句中，也存在这样的间接引语，我们已经知道其语词具有间接指称，而这种间接指称正好是通常情况下这些语词的涵义。在这种场合下，子句以命题而不是以真值作为它的指称；它的涵义不是命题，而是"……命题"这个词组的涵义，这种涵义不过是那个对应于整个语句结构的命题的一部分。②

由于间接引语的指称是命题，而不是真假值，所以其逻辑真值对包含它的整个语句的真值就没有影响，倒是其指称的命题对整个语句的真值有直接影响。按照弗雷格的观点，出现在（1）中的内容语句（即"地球运动"）指称的不是通常的指称，而是它们通常的含义。尽管"地球"和"戴维森1917年在上面出生的那颗行星"具有相同的指称，但它们具有不同的含义，因此我们不能从（1）（2）衍推出（3）。弗雷格也因此挽救了等值替换原则。可是弗雷格却付出了这样一个代价，即容忍同一个表达式在不同的语境下，具有不同的语义性质这样一个在他看来是另一种反常现象，因为这种观点违反了支撑关于一种语言 L 的系统性的意义理论的组合性限制这一弗雷格式原则的精神，从而也违反了自然语言经得起系统的语义分析的检验的要求。按照弗雷格处理间接引语的办法，有必要假设一种

① 参见 D. Davidson, *Inquiries into Truth and Interpretation*, p. 98。
② 涂纪亮主编《语言哲学名著选辑》（英美部分），第11页。

用于指称譬如"爱因斯坦说牛顿说伽利略说地球运动"中的嵌套的内容语句的含义的无穷等级。在戴维森看来，无论是弗雷格依赖语境的原则还是丘奇凭借无限多的初始表达式引入内涵实体的理论都是与我们的原则要求背道而驰的。他说：

> 无论是弗雷格建议作为自然语言的模型的那些语言还是丘奇所描述的那些语言，都在满足塔尔斯基所提出的那些标准的真之定义的含义上经不起理论的检验。在弗雷格那里起阻碍作用的是：每一个指称表达式都依赖于语境可能指称无限多的实体；不存在根据较简单语境中的指称给出较复杂语境中的指称的规则，而在丘奇所描述的那些语言中则有无限多的初始表达式，这直接阻碍了对满足塔尔斯基提出的那些必要条件的真理谓词做出递归表征的可能性。①

那么，如何克服这一困难呢？戴维森认为，一个很有吸引力的对策或许是，通过使每个单称词项指称其内涵，并提供一个把内涵映射到外延的实体函项而将弗雷格的思路倒转过来。按照这样的办法，（1）便会以"伽利略的实体说（that）地球运动"这样的形式出现。我们假定"地球"在此命名一个个体，由"运动"所指称的函项把这个个体概念映射到"地球运动"这个命题；而由"说（that）"所指称的函项本身又把"伽利略"和"地球运动"这个命题映射到一个真值。最后"伽利略"这个名称指称一个个体概念，由"……的实体"所指称的函项把这个个体概念映射到伽利略。这样的处理，或许能使这种理论十分巧妙地纳入量词，这些量词对诸如"说"和"相信"之类的动词所造成的语境之内和之外的变元产生约束作用。这实际上就为我们处理间接引语提供了一种量化语言。除了唯心论者疑虑不安外，认识这种语言定义真之概念似乎没有什么特别的困难。因此，我们没有什么理由不接受这一理论。然而，戴维森以蒯因关于翻译的不确定性论题为由对上述理论提出了质疑。他说：

> 我反对这一路线的理由在本质上是蒯因的，找到我自己的恰当语词来传达另一个人的言语，这是翻译中的一个难题。……极为重要的一点在于，会存在一些同样可接受的可供选择的理论，而这些理论之

---

① D. Davidson, *Inquiries into Truth and Interpretation*, p. 99.

所以不同，乃是由于它们把我的一些显然不同义的语句指派为对那个说话者的同一表达的翻译。……翻译的不确定性论题不仅适用于使用显然不同的语言的说话者之间的翻译，而且适用于使用更接近于本民族语言的说话者之间的翻译。[①]

戴维森正是从翻译的不确定性中看到了上述对策的不可靠性。同时他由此看到了那种把意义看作抽象实体从而追求意义明确性的做法是不切实际的。但他认为，由翻译的不确定性论题否定这种求助于命题的解释方法并不表明我们无法通过间接引语对另一个人的话语做出正确报道的可能性。下面我们看看戴维森是如何利用真理论，对间接引语做出自然语言的语义真理论的分析的。

戴维森采用了蒯因的一种看法，这种看法既不把关于间接引语的内容语句看作出现在一种语言中的抽象语句，即命题，也不把它看作像直接引语那样引出的主语所说的语句，而是把它解释为由说话者在某个时间内所说出的一个话语。在他看来，理解间接引语中的内容语句需要相对于时间和说话者，当然，这里的说话者是指说出那个语句的人，他通过转述这句话从而间接地把一种说法归于另外一个人，即原初的说话者。假如（1）是戴维森所说的一句话，那么按照这种看法，（1）可以表述为：

（6）戴维森说："伽利略说（that）地球运动"。

（6）是戴维森在某个时间说出的一句话，对（1）中的内容语句的理解需要相对于说话者戴维森和说话时间，作为说话者的戴维森在说出（1）时已间接地把"地球运动"这个说法归属给了原初的说话者即伽利略。这样，间接引语的谓词"说（that）"实际上被理解成一个把原初的说话者、语句和现在的说话者联系在一起的三位谓词。因此，（6）实际上表述了这样一种含义：

（7）伽利略讲了这样一个语句，这个语句在他嘴里说出时具有"地球运动"这句话在戴维森嘴里说出时所具有的意思。

或者换一种说法：

---

① D. Davidson, *Inquiries into Truth and Interpretation*, p. 100.

（7′）当戴维森说（that）地球运动这句话时，戴维森把伽利略和他本人看作同样的说话者（samesayers）。

在这里出现的麻烦是，如果戴维森仅仅说他和伽利略是相同的说话者，但还没有使他们是相同的说话者。那么如何使他们成为相同的说话者呢？显然，成为相同的说话者意味着戴维森对伽利略的原语的转述为真，这种转述并不是通过使用伽利略所使用的语词，而是通过使用在此时此地具有与伽利略彼时彼地所具有的相同含义的语词。这里实际上涉及同义性概念的问题。戴维森对它的态度是，不要把关于表达之间的同义性判断作为一种理论的基础，而仅仅作为间接引语的为我们所熟悉的习语未经分析的部分内容。同时他强调，如果彻底的解释能成功的话，便会产生一种适当的表达之间的同义性概念。也就是说，关于同义性的问题并不会困扰我们对间接引语的分析。设想这样一个简单事例，即伽利略说出 "Eppur si muove"，而戴维森说出 "The earth moves"，那么在识别他们是同样的说话者上没有什么困难。倘若伽利略的表达 "Eppur si muove" 使他们成为同样的说话者，那么可以找到伽利略的其他某个表达也使他们成为同样的说话者。因此，假定戴维森找到一种以指称他的一个适当表达的词或词组来替代 "y" 的方式，那么 "（$\exists x$）（伽利略的表达 x 和戴维森的表达 y 使他们成为同样的说话者）" 这一形式便是把他愿意的任何话语归于伽利略的方式。我们便可得到：

The earth moves。

（$\exists x$）（伽利略的表达 x 和戴维森的表达 y 使他们成为同样的说话者）。

如果我们用 "that" 指称伽利略的表达 x，则可从上述两式得到：

The earth moves。

伽利略说出 that。

为了使听者便于理解 "The earth moves" 的目的，我们不妨将上述两式的顺序颠倒过来，因此得到：

伽利略说出 that。

The earth moves。

如果我们将这两个表达式合并在一起就可得到：

> 伽利略说出（that）地球运动。

因此，戴维森认为，间接引语中的语句具有一目了然的逻辑形式。这些语句是由一个指称说话者的表达式，二位谓词"说出"和一个指称一个表达的指示词组成。戴维森把这里出现的"that"看作是一个指示代词而不是像语法书上那样把它看作关系代词；因此"说出"的直接对象是"that"这个指示代词，而不是"（that）地球运动"这一从属的名词性短语。实际上，按照这种分析，这个名词性短语就变成了两个独立的表达式：用来填充起首语句"伽利略说出 x"的指示代词"that"和在语法上独立的语句"地球运动"。这个新的语句是指示词"that"的指称对象，它说出主语说话者的内容，但这种内容与一个说法的原初归属没有任何逻辑上的或语义上的联系。也就是说，间接引语中的内容语句并不包含在要考虑其真实性的语句即起首语句之中。他说：

> 一个关于"伽利略说出（that）"的表达所起的作用是预示一个进一步的表达。就像其他任何表达一样，这头一个表达可能是真的，也可能是愚蠢的，可能是论断性的，也可能是开玩笑的；但是，倘若它是真的，那么它后面就必须接上一个与另外某个表达同义的表达。第二个表达（被引入的言语行为）也可能或真或假，可能是以论断的方式引入的，也可能是以开玩笑的方式引入的。但是，如果它是像所预示的那样，那么，它就必须至少可用来传递某人的说话内容。①

按照这种分析，戴维森实际上对间接引语提出了一种并列结构式的语义分析，即可分析成在语义上独立的起引入作用的表达和关于被引入的内容语句的表达，但二者还是存在着明显的逻辑后承关系：起引入作用的表达（例如"伽利略说出（that）"）的真假取决于它引导的内容语句（例如"地球运动"）被转述的真假，即它与相应的原语是否同义，或者原语和转述语的同义关系是否为真。这样，我们既可以不用像引语解释那样把内容语句当作与整个语句的语义特征无关的部分，当作一个无逻辑后承的部

---

① D. Davidson, *Inquiries into Truth and Interpretation*, pp. 106 – 107.

分，又可以不用像命题解释那样把内容语句当作一个抽象的内涵实体，不考虑内容语句对整个语句的语义作用。这一思想我们可以表述为：

（8）"伽利略说出（that）"为真，当且仅当，（∃x）（伽利略的表达 x∧x 与转述者戴维森的表达"地球运动"同义）。

戴维森认为，外延等值替换律之所以在间接引语中失效，是由于我们把实际上的两个语句错当作了一个语句。也就是说，我们在一个语句里做替换，而真实发生变化的却是关于另外那个语句的表达。既然一个关于"伽利略说出（that）"的表达和接在它后面的任何表达在语义上都是独立的，那么就没有理由仅仅根据形式从第二个表达中的变化来预言对第一个表达的真实性所产生的任何效果。

在戴维森看来，先前出现的那种对真理下定义时，间接引语中的语句（或表达）便不具有逻辑后承的悖论现在可以解决了。他说：

接在动词说出之后的东西仅仅具有一个单称词项（通常是指示词"that"）的结构。假定"that"有指称，我们便能从"伽利略说出（that）"中推出伽利略说出某件事情；而这是受欢迎的。根据我的解释，伴随间接引语中的完成行为式话语而来的那些人们所熟悉的语词的确有结构，而这种结构是人们所熟悉的，它并没有给真理论造成任何在间接引语成为我们的话题之前并不存在的难题。①

我们也可以为一种自然语言的间接引语构造一种塔尔斯基式的真理论，我们用这种真理论可以衍推出如下形式的 T - 语句：

（9）"伽利略说出（that）地球运动"是真的（S, t），并且仅当，（∃x）（伽利略在 t' 的表达 x（t'<t）∧x 与 S 的表达"地球运动"同义）。

这里的 S 代表转述者，t 代表转述的时间。这种形式的真理论在形式上和内容上都具有解释功能，符合戴维森理论的要求。从戴维森对间接引语的分析方法中我们不难发现，他是把间接引语放在语言交流的背景下来考虑的。他的着眼点是考察人们的言语表达行为，而不是抽象的语句，因

① D. Davidson, *Inquiries into Truth and Interpretation*, p. 108.

此对间接引语的考察必然要涉及对指示词的处理。戴维森显然是用一种扩张了的约定 T 理论对这种语言现象及其真理论展开分析的。他还认为，对间接引语的分析必定有助于我们对心理语句，即关于命题态度语句的分析。戴维森对间接引语的并列结构式的语义分析克服了引语论和命题论的缺陷，既满足了组合性和外延性的要求，又避免了违反弗雷格理论的变异现象。① 除了它对句法的奇特要求外，这个理论具有吸引人的简便性。它求助于一种相对简单的逻辑形式，一种浅显易懂的逻辑，一种通常的本体论，一种熟悉和不可避免的同义概念，这一概念不需要比支配间接引语中的报道的规则更精确。② 可以说，戴维森对间接引语的语义结构的分析是他对自然语言中难以形式化的几个问题进行处理的典型范例，许多哲学家都拿他这个事例来评判他的语义改造工作的得失成败，因此在西方引起了高度关注和热烈讨论。

2. 对行动语句的逻辑形式分析

戴维森对行动语句的逻辑形式分析也对当代语义学的研究工作产生了深刻的影响，关于这方面的思想主要集中在他的《行动语句的逻辑形式》（1967）一文中。在这篇文章中他提出了开展该课题研究的目的：

> 本文旨在直接获得关于行动的简单句的逻辑形式。我打算对这类语句中的组成部分或语词的逻辑作用或语法作用提出一种解释，这种解释既与这类语句之间的衍推关系相容，又与人们关于其他的（非行动的）语句的同样的组成部分或语词的作用的知识相容。在我看来，这项工作无异于表明行动语句的意义是如何依赖于这类语句的结构的。③

戴维森接着考察了几种有影响的相关理论。首先他考察了安东尼·肯尼（Anthony Kenny）的观点。考虑以下语句：

（1）琼斯于深更半夜在浴室里拿着一把刀往面包上抹油。

肯尼指出，分析行动语句的逻辑形式面临的一个困难在于，哲学家们

---

① 参见 M. Joseph, *Donald Davidson*, Chesham：Acumen Publishing Ltd., 2004, p. 38。

② 参见 E. Lepore, ed., *Truth and Interpretation*：Perspectives of Philosophy of Donald Davidson, Oxford：Basil Blackwell, 1986, p. 193。

③ D. Davidson, *Essays on Actions and Events*, Oxford：Clarendon Press, 1980, p. 105.

倾向于把这类语句分析成一个带有主目位置的谓词，比如说将（1）分析成含有一个五位（行动者、时间、地点、工具、对象）谓词的语句。倘若把"琼斯往面包上抹油"分析成包含一个二位谓词的语句，把"琼斯在浴室里往面包上抹油"分析成包含一个三位谓词的语句，如此等等，那么我们便抹杀了这些语句的逻辑关系，即可从（1）衍推出其他语句。这是由于这种分析方法并没有表明那些语句包含一个与它们的意义有关的共同的句法因素（"往……上抹油"）。他反对把"琼斯往面包上抹油"看作"琼斯在某时某地用某个东西往面包上抹油"的省略的建议，因为我们永远无法确定在每个行动谓词那里提供多少个备用的主目位置，即使提供了具有恰当主目位置的行动谓词，也不能表明语句之间的逻辑蕴涵关系。按照肯尼的建议，（1）的逻辑形式可展示为：

（2）琼斯致使下述事情：于深更半夜在浴室里用一把刀往面包上抹油。

在戴维森看来，这一建议显然没有解决肯尼提出的那个难题。因为甚至更难解的是，（2）如何衍推出"琼斯完成了下述事情：往面包上抹油"，因此，（1）又如何衍推出"琼斯往面包上抹油"。按照肯尼的看法，行动语句具有"x 致使（that）p"的形式，替换"p"的那个语句是现在时态，它描述当事人所造成的结果。例如，"医生切除了病人的阑尾"这句话被转述为"医生致使病人没有阑尾"。当然"病人没有阑尾"并没有提出相关的难题，问题在于按照这种形式的分析，那个医生可能让另一个医生给那个病人做了切除阑尾的手术，或者通过另外某种方式致使那个病人没有阑尾。在这两种情形下，我们都不会说那个医生切除了所论及的病人的阑尾。所以说，按照那种形式分析，我们往往会得出与"医生切除了病人的阑尾"不等值的语句。这样，关于行动语句的逻辑形式的难题的确出现在替换"p"的那些语句中。

戴维森认为，肯尼提出的那种我们一直讨论的困难可以按照如下方式表述：他想要仅仅依据所论及的当事人、关于致使事态成立的概念以及由那个当事人所致使的事态来描述每个（被完成了的）行动。可是，有许多行动语句并没有对由该行动所致使的事态做出描述（除非这种行动本身的确就是由该行动所致使的事态）。因此，按照这一要求，便要允许在"x 致使（that）p"中替换"p"的语句可能（或必须）描述一个事件。齐硕姆（Roderick Chisholm）恰好提出过这种分析，这种分析至少允许替换"p"的语句描述一个事件。他把替换"p"的那些表达式所指称的实体说成事态，并明确地说事态可以是变化或事件。譬如，如果一个人抬起他的胳膊，那么我们可以说，他使他的胳膊抬起来这件事情发生。这种分析在戴维森看来是错误的。因为尽管"琼斯抬起他的胳膊"或许的确衍推"琼斯使琼斯的胳膊抬起来这件事情发生"，但后者并不衍推前者。所以这种分析仍然使我们面临着逻辑形式方面的困境。

冯·赖特（von Wright）用下述形式来表述行动语句：

x 致使 p 所处的一个状态改变成 q 所处的一个事态。

他把事件看作状态的有序对 $<p, q>$，其中"p"是对初始状态的描述，"q"是对终端状态的描述。戴维森认为，这并没有向我们提出一种翻译或显示大多数关于行为和事件的语句的形式的标准方式。例如，倘若某人从旧金山走到匹兹堡，那么他的初始状态是他处于旧金山，他的终端状态是他处于匹兹堡。但是这种分析也同样适用于某人从旧金山飞往匹兹堡。因此如果把冯·赖特的这一建议看作对关于行动的通常语句的分析，那么它似乎的确面临先前的困难，即逻辑形式方面的困难。同时我们还会因此遇到另外一个困难，即大多数行动语句并没有产生关于初始状态的非平凡的描述。例如，"他围绕学校操场跑""他朗诵《长征颂》"等。

莱辛巴赫（Hans Reichenbach）在《符号逻辑原理》第七章中，讨论了日常语言中的行动语句的逻辑形式。按照他的看法，我们可以把一个诸如

（3）阿蒙森飞往北极

这样的语句变换为

（4）（∃x）（x 基于下述事实：阿蒙森飞往北极）。

"是一个基于下述事实的事件"这个表达式应被看作一个算子，将它附带在一个语句的前面就形成了一个关于事件的谓词。莱辛巴赫并没有把（4）视为（3）的逻辑形式，因为他认为（3）是没有疑问的，（4）和（3）是逻辑等价的。（4）具有用更普通的话语来表述的对应体：

（5）阿蒙森去北极的一次飞行发生了。

于是我们具备了表达相同思想的两种方式（3）和（5），后者是在严格意义上谈论事件，而前者则不然。因此尽管它们在逻辑上是等价的，但它们具有完全不同的逻辑形式。戴维森对这一观点表示质疑。他认为，我们必须抛弃这样一种看法，即认为（3）具有一种没有疑问的逻辑形式，而这种形式又区别于（4）或（5）的逻辑形式。因为，按照莱辛巴赫将（3）转换成（4）的形式的公式，我们可以把

（6）阿蒙森于 1926 年 5 月飞往北极

转换成

（7）（∃x）（x 基于下述事实：阿蒙森于 1926 年 5 月飞往北极）。

可是，（7）衍推（4）就像（6）衍推（3）一样是不明显的。我们可以换一种在戴维森看来是正确的方式，将（6）转换成

（8）（∃x）（x 基于下述事实：阿蒙森飞往北极，并且 x 发生于 1926 年 5 月）。

如果我们采用像把（8）看作给出了（6）的逻辑形式的这种对策，那么，肯尼关于行动语句的"可变多元性"难题就有望得到解决。通过引入事件，并将其作为可对之做出数量不定的说明的实体，那个难题便自然得以解决。

戴维森认为，莱辛巴赫的建议，即普通的行动语句实际上具有一个限制行动变元的存在量词的观点，有助于我们消除一个似乎为下述看法所特有的混乱，即认为像（6）这样的语句"描述事件"。因为就（6）而言，我们会在以下几种选择之间犹豫不决：要么把它看作描述阿蒙森于 1926 年 5 月实施的一次飞行，要么把它看作描述一个事件，或许把它看作描述事件。当我们被诱使认为一个诸如（6）之类的语句描述了一个单一事件时，我们便被引入了歧途，因为它根本没有描述任何事件。可是，如果（6）是真的，便存在一个使之为真的事件，我们可以对它给出带有限制行动变元的存在量词的逻辑形式。

戴维森对莱辛巴赫关于行动语句的分析提出了两点异议。第一点异议是，这种分析可以适用于任何一种语句，无论它涉及的是行动，还是事件

或其他什么东西。譬如可以将"2＋2＝5"也变成"（∃x）（x 基于下述事实：2＋2＝5）"。这样，对行动语句的分析的决定到底依据什么原理这一点尚不清楚。第二点异议对莱辛巴赫建议更具有威胁性。设想：

（9）（∃x）（x 基于下述事实：我驾驶我的宇宙飞船飞往晨星）；

（10）晨星＝暮星。

由此我们想推导出：

（11）（∃x）（x 基于下述事实：我驾驶我的宇宙飞船飞往暮星），

那么，要证明上述推导正当的原理很可能是：

（12）（x）（x 基于事实 S ⟷ x 基于事实 s'）。

也就是说，（12）成立当且仅当"S"和"s'"在逻辑上等价。但根据"弹弓论证"，会得出所出现的一切事件都是同一的这一令人难以接受的结论。因为，"S"在逻辑上等价于"$\hat{y}(y=y·S)=\hat{y}(y=y)$"，根据等值替换规则，我们可得到：

（13）（x）（x 基于事实 S ⟷ x 基于事实：$\hat{y}(y=y·S)=\hat{y}(y=y)$）。

现在假设"R"是任一在实质上等值于"S"的语句，那么，"$\hat{y}(y=y·S)$"和"$\hat{y}(y=y·R)$"便会指称同一事物。于是在（13）中用后者替换前者，便可得到：

（14）（x）（x 基于事实 S ⟷ x 基于事实：$\hat{y}(y=y·R)=\hat{y}(y=y)$）。

可是，由于"R"与"$\hat{y}(y=y·R)=\hat{y}(y=y)$"在逻辑上是等值的，则有：

（15）（x）（x 基于事实 S ⟷ x 基于事实 R）。

（15）表明了这样一种说法（考虑到"R"与"S"在实质上等值这个唯一的假设）：所出现的一切事件或者说一切事件都是同一的。这显然是令人难以接受的看法。因此，在戴维森看来，这也证明了莱辛巴赫的分析具有根本性的缺陷。

戴维森在评述上述理论后提出了自己对行动语句的分析意见。他确信他的分析既能综合那些已讨论的可供选择的方案的大多数优点，又能避免它们所遇到的难题。这种分析的基本思想是：行动动词，即说出"某人做某事"的动词应当解释为包含对于单称词项或变元来说的一个它们看起来并不包含的位置（place）。考虑下列语句：

（16）布鲁图斯刺杀了恺撒。

在这个语句中，语法上的主语似乎与一种能动作用的观念联系在一起。该语句可以分析为：

（17）存在一个由布鲁图斯实施的刺杀恺撒的行动。

凭直觉，（17）表明了某件事情发生了：存在着一个某一特定种类的事件；特别地，存在着一个刺杀事件——一个由布鲁图斯实施的刺杀恺撒的事件。因此我们可以将（16）解释为：

（18）对于某一事件 e 来说，e 是一个由布鲁图斯实施的刺杀恺撒的事件。

从这种考虑出发，戴维森主张逻辑学家可以，也应当利用一种沿着（18）这样的思路建立明确的量化结构来确定诸如（16）这样的行动语句的意义。然而，解释组合性意义的最明显的方式并不求助于事件。对（16）的一种标准的形式表征通常是由两个名称和一个二位谓词组成的，即

（16a）刺杀$_2$（布鲁图斯，恺撒）。

其中"刺杀$_2$"是我们假定的一个二位谓词，它由一个有序对$<x, y>$所满足当且仅当 x 刺杀 y。因此可以说：

"布鲁图斯刺杀了恺撒"是真的，当且仅当，刺杀$_2$（布鲁图斯，恺撒）。

换言之：

"布鲁图斯刺杀了恺撒"是真的，当且仅当，有序对<布鲁图斯，

恺撒>满足"刺杀$_2$"。

戴维森认为，这种表征形式没有充分显示关于行动语句的某些方面的语义组合性，即按照某种方式把行动语句看作事件发生的报道，也就是说在形式化过程中没有突出事件的位置。因此，他建议，我们应把"刺杀"看作一个三位谓词，其中除了两个名称的位置外，还应有发生的事件的位置，这样才能符合（18）所表明的那种思想。按照他的这一建议，我们用下列公式替代（16a）：

（16b）（∃e）（刺杀$_3$（布鲁图斯，恺撒，e））。

其中的"刺杀$_3$"是我们假定的一个三位谓词，它由一个有序对<x，y，e>所满足当且仅当e是一个由x实施的刺杀y的行动。因此可以说：

"布鲁图斯刺杀了恺撒"是真的，当且仅当，（∃e）（刺杀$_3$（布鲁图斯，恺撒，e））。

换言之：

"布鲁图斯刺杀了恺撒"是真的，当且仅当，对于某一事件e而言，<布鲁图斯，恺撒，e>满足"刺杀$_3$"。

通过这种分析，我们会发现，戴维森理论与前面所考察的那些理论相比有一个明显标志是，诸如"布鲁图斯刺杀了恺撒"这样有待分析的行动语句根本没有出现在戴维森所给出的分析语句中。这种方法的采用有助于我们恢复那种逻辑形式上的推理关系，从而建立一种包括行动语句在内的真理语义论。戴维森说：

> 那些允许做出晨星＝暮星的推导的原理现在没有造成任何麻烦：它们是关于外延性的通常原理。因此，现在没有任何东西妨碍我们以塔尔斯基式的真之定义的形式给出一种关于行动语句的标准意义理论，这也就是说，没有任何东西妨碍我们对这些语句的意义（即真值条件）如何依赖于它们的结构做出一种建设性的融贯解释。①

---

① D. Davidson, *Essays on Actions and Events*, p. 119.

按照戴维森的建议，我们可以把（9）改写成：

（19）（∃e）（驾驶$_3$（我，我的宇宙飞船，e）∧ 前往$_2$（晨星，e））。

它与（10）一起衍推出：

（20）（∃e）（驾驶$_3$（我，我的宇宙飞船，e）∧ 前往$_2$（晨星，e））。

同时我们还可以从（19）或（20）推导出：

（21）（∃e）（驾驶$_3$（我，我的宇宙飞船，e））。

在上面的分析中，戴维森已经对与动词相关的介词提出了一种对语句结构起一定作用的说明。如果我们对介词做独立的分析，那么它便对说明语句的结构起到一定的作用，从而有助于人们做出正确的推导。正如看到的，它不仅使我们从（19）或（20）推导出（21），而且还能使我们看到"飞往"和"飞离"中的共同因素，倘若我们把这些词组看作不具有结构的谓词，那么我们当然无法做到这一点。我们还可以在（16）的基础上通过附加副词或副词短语对它无限制地加以扩展，例如：

（22）布鲁图斯残暴地刺杀了恺撒。
（23）布鲁图斯用一把刀刺杀了恺撒。
（24）布鲁图斯在 3 月 15 日刺杀了恺撒。
（25）布鲁图斯用一把刀残暴地刺杀了恺撒。
（26）布鲁图斯在 3 月 15 日残暴地刺杀了恺撒。
（27）布鲁图斯在 3 月 15 日用一把刀残暴地刺杀了恺撒。

很明显，（22）是真的，当且仅当，存在着一个布鲁图斯对恺撒实施残暴地刺杀的行动。这表明，（22）是真的，当且仅当，对于某一事件 e 来说，e 是一个由布鲁图斯对恺撒实施的刺杀行动，并且 e 是残暴的。因此，（22）的真值条件可表述为：

（22a）（∃e）（刺杀$_3$（布鲁图斯，恺撒，e）∧ 残暴的$_1$（e））。

其中"残暴的"是一个一元谓词，它由一个事件 e 所满足当且仅当 e 是残暴的，我们可以把"残暴的"看作修改一种用以实施某些事件的方式。同样地，戴维森也会认为（23）是真的，当且仅当：

（23a）（∃e）（刺杀$_3$（布鲁图斯，恺撒，e）∧ 用$_2$（一把刀，e））

是真的。其中不难发现，"用$_2$"是一个二元谓词，它由一个有序对 $<x, e>$ 所满足当且仅当 e 是用 x 作为一种工具来实施的。同样，也可以表述（24）的真值条件如下：

（24a）（∃e）（刺杀$_3$（布鲁图斯，恺撒，e）∧ 在$_2$（3 月 15 日，e））。

其中"在$_2$"是一个二元谓词，它由一个有序对 $<x, e>$ 所满足当且仅当 e 发生在时间 x 范围内。

按照这种观点，解释多重复合的副词短语也不会出现什么困难。比方说，（25）是真的，当且仅当一个布鲁图斯对恺撒的残暴刺杀行动是用一把刀完成的。也就是说，（25）是真的，当且仅当（25a）是真的：

（25a）（∃e）（刺杀$_3$（布鲁图斯，恺撒，e）∧ 残暴的$_1$（e）∧ 用$_2$（一把刀，e））。

同样地，我们也可以分别给出（26）（27）的真值条件（26a）（27a）：

（26a）（∃e）（刺杀$_3$（布鲁图斯，恺撒，e）∧ 残暴的$_1$（e）∧ 在$_2$（3 月 15 日，e））。

（27a）（∃e）（刺杀$_3$（布鲁图斯，恺撒，e）∧ 残暴的$_1$（e）∧ 用$_2$（一把刀，e）∧ 在$_2$（3 月 15 日，e））。

通过上述说明，我们至少表明了诸如（22）～（27）的行动语句的真值条件可以从结构的结合性方面加以确定。同时戴维森式的事件表征也能使我们获得那种保持在诸如上述讨论的那些语句网络之中的推理关系。譬如，如果布鲁图斯残暴地刺杀了恺撒，那么可以得出布鲁图斯刺杀了恺撒的结论。必然地，如果（22）是真的，那么（16）是真的。这表明（虽然没有证明）从（22）到（16）的推理依据其形式是令人信服的。因此，在其他条件相同的情况下，人们还是喜欢利用真值条件的表征来揭示诸如从（22）到（16）的推理所例示的某些直觉上令人信服的和保真推理的形式。我们由（22a）可以推出（16a），从而从真值条件方面保证从（22）到（16）推理的有效性。从（22a）到（16a）的推理类似于"某物是红色的和耀眼的，因此某物是红色的"这个推理。根据对事件的量化处理对（16）和（22）的真值条件加以表征，戴维森对（22）为什么蕴含（16）提供了一种解释：（22）是说，存在一个具有两种性质的事件——它是由布鲁图斯对恺撒实施的刺杀行动，并且它是残暴的；（16）是说，存在一个具有那些性质中一个性质的事件——它是由布鲁图斯对恺撒实施的刺杀行动。类似的分析也适用于（23）～（27），它们都蕴含（16）。此外，（25）蕴含（22）和（23），而（23）～（24）中的任何一个都不蕴含（25）～（27）；（26）蕴含（22）和（24），（26）不蕴含（23），因为布鲁图斯也可能在 3 月 15 日用一柄权残暴地刺杀了恺撒。但是（27）蕴含（22）～（26），戴维森可以解释所有这些事实。例如，如果（27a）是真的，通过减少合取支就可以得到（26a）是真的；但（26a）的真却不保证（23a）的真。[①]

戴维森认为，如果接受他的建议，那么威胁着莱辛巴赫的分析的那个难题，即似乎不存在可据以阻止把莱辛巴赫的分析清楚地应用于每个语句的难题，便自然会得到解决。因为我们在了解一个谓词的意义时，必须关注这个谓词具有多少个位，占据这些位的变元的取值范围包括何种实体。以这种方式来分析行动语句，便能回避上述难题。

肯尼把他关于"可变的多元性"的难题看作行动动词的一个标志。戴维森认为，这一难题并非为行动动词所独有，它为一切描述事件的动词所共有。如果行动谓词具有事件位（event - place），那么许多与行动没有什么关系的谓词也具有事件位。例如，一个飞往晨星的行动等同于一个飞往暮星的行动，但是晨星的被侵蚀也同样是暮星的被侵蚀。再如，当有人指出擦火柴不足以点燃它时，不充足的东西并不是那个事件，而是关于它的描述——它是一根干燥的火柴，如此等等。我们一直关注的那个难题并非

① 参见 K. Ludwig, ed. , *Donald Davidson*, pp. 137 - 144。

仅仅涉及行动，它实际上涉及关于任何一种事件的谈论。因此，我们没有必要深究由行动动词具有事件位而导致的"可变的多元性"这一难题。

通过考察戴维森对行动语句的逻辑形式的分析，我们不难发现，戴维森基于对行动语句的真值条件的分析，将行动语句所描述的事件作为存在量化的约束变元，并将相关的行动动词、副词或副词性短语、介词等看作具有事件位的谓词，从而以一种简单的逻辑记法展现了行动语句的逻辑形式。这种分析方法能极大地帮助我们从形式结构方面理解和把握行动语句的组合性特征，从而为我们对这类语句建立一种真值条件的意义理论提供了简便可靠的形式表征和检验标准。因此，戴维森的这一理论也引起了哲学家们的广泛关注和热烈讨论。不管人们对它的评价如何，总的趋势是，他的这一思想为人们研究行动语句的语义学开辟了一条崭新的道路，并且人们正沿着这条道路继续向前迈进。

3. 对非陈述句的真值形式结构分析

戴维森的自然语言语义学是试图为自然语言提供一种全面系统的塔尔斯基式的真值条件意义理论，也就是说，他的目标是要为一种自然语言中的所有类型的语句提供一种真值条件意义理论。然而，一种自然语言中的有些语句并不是断定性（陈述性、直陈性）语句，它们往往是祈使语句、疑问语句、希求语句等。然而，自从亚里士多德以来，众所周知，非陈述句一般不表达或真或假的某件事情。譬如说，对"今天的值日生在哪里？"或"请关电灯！"这样的语句，我们就不能断言它们的真假，因此，我们也不能在一个 T - 语句的左边提及这些语句。这些语句的意义并不能简单地以其真值条件加以表征，它们看起来使真值条件语义学不可能实施。可见，除非一种真理论能调整这些非陈述句，否则"它作为一种普通的语言理论是不恰当的"[①]。

戴维森在《语气与言语行为》一文中专门探讨了一种真理论如何能解释语气之间的差别，即如何可能在一种真理论的范围内表达语气这一直接影响或威胁他的理论能否成立的核心问题。

戴维森认为，对语气的研究的令人感兴趣的原因之一在于，它要求我们注意语句的意义和它们的用法之间的关系。我们一方面要注意诸如直陈式、祈使式、希求式、疑问式这样的语气之间的句法和可能的语义区别，

---

① D. Davidson, *Inquiries into Truth and Interpretation*, p. 116.

另一方面要注意语句的用法，譬如做出一个断定、下达一个命令、表达一个愿望、询问一个问题等之间的区别。一般认为，语气区分语句，而用法区分表达。但是语气也间接区分表达，因为区分语句的任何东西都可用来区分这些语句的表达。那么我们要问，这两种区分表达的方式之间的关系是什么？断定是如何与陈述句的表达，或者命令是如何与祈使语句的表达联系起来的呢？最简单的想法是相联系的表达种类是同一的，比如说，祈使式的表达是命令，疑问式的表达是问题询问，如此等等。这种观点得到了达米特的支持。达米特在解释弗雷格对断定符或判定符（judgment - stroke）的使用时认为，判定符是断定力的标志，它不是一个函项表达式或函项表达式的部分，因此我们不能询问它的含义或指称是什么。我们只能说在其前面附加判定符的语句才表达一种含义或代表一种真值，而带有判定符的整个语句既不表达也不代表任何东西——它断定某个东西，即它断定由判定符引导的语句所表达的思想是真的。① 戴维森对达米特的这种对断定和陈述语气能如此彻底地加以等同的做法提出了质疑。在戴维森看来，存在着许多不是断定的直陈句的表达，同时也可以通过具有其他语气的语句表达来进行断定。前者如戏剧、小说、托词、开玩笑等场合下使用的陈述句，后者如某件事情正在发生时人们用疑问语气或祈使语气对当时情形进行的表达。这种观点也适用于其他的语气情形。譬如，我们用一种祈使语气或直陈语气来询问一个问题："告诉我谁赢得了第三场比赛"，"我要知道你电话号码"，或者用一种直陈语气传达一个命令："在这间房子里我们进入之前换掉了鞋子。"奥斯汀针对这种情况做出了他所谓"正常的"或"严肃的"语句用法和"变异的"（etiolated）或"寄生的"语句用法之间的区别，以此期望建立在语气和语句用法之间的那种理想的联系。当然，很显然，求助于"严肃的"或"正常的"的东西没有超出一种对直觉的诉求。但是对一个命令的严肃性来说，没有任何迹象表明，它是以祈使语气而不是以直陈语气表达出来的，同样对一个严肃的问题而言，它可以以祈使语气而不是以疑问语气被提出。达米特的解决方法是把"严肃的"或"正常的"用法转向"约定的"用法。达米特说："……正确的方法是通过所使用的言语表达的形式把表达看作按约定划分成的类

---

① 参见 M. Dummett, *Frege*: *Philosophy of Language*, Duckworth, London, 1973, pp. 315 - 316。

型，然后探讨支配各种类型的表达的用法的约定习惯。"① 可见，达米特的这一观点，即像断定和命令这样的言语行为在依惯例确定的条件下，可以以直陈的或祈使的语气对语句做出表达，当与下述论题联结起来时对他的语言图画是至关重要的：在怀有说出什么是真的意图而做出断定时存在一个进一步的惯例。因为这两种观点将一起在以惯例方式使用的语言和一种特定的总目的（即说明什么是真的）之间建立一种直接的联系。

戴维森对达米特主张的这种约定性的联系链条提出了质疑。他说：

> 我认为，有充足的理由反对做出一个断定（或表达一个命令，或询问一个问题）是完成一个纯粹的约定性行为。原因之一是，正如我一直表明的，我们非常难以说明约定究竟是什么。（例如，如果一个断定者表现他自己相信他所说的，那么那个人必须按照他能表现他自己相信他自己所说的那一点来描述约定。）原因之二是这样的：我们经常除了不知道它是一个断定以外在所有相关方面来理解一个表达。一种戏弄在于使断定的论题在被戏弄者的心里悬而未决；历史小说，或者浪漫故事使我们困惑不解。是不是省略了表达的某个约定性方面？省略的是什么呢？如果我们能够谈论这些问题，那么为什么戏弄者或浪漫故事作家不会将那些内容包含在他的表达里呢？
>
> 这一论证［仅仅用加强语气说出一个语句不能被认为产生了一个断定］所表明的是一种可称为言语意义自主性的语言特征。一旦一种语言特征赋予约定性表达，它就能用来完成许多言语外的目的；符号表征必然会破坏与言语外目的的任何密切联系。针对目前的情形，这意味着，不可能存在完全凭借其约定性意义可仅仅用以完成一个既定的目标，比如做出一个断定或询问一个问题这样一种言语。这一论证具有一种简单的形式：语气不是一个约定性的断定或命令的符号，因为没有任何东西是（或者能够是）一个约定性的断定或命令的符号。其原因（必须予以强调）是，并非一种言语行为的语内表现行为的力量（the illocutionary force）是一种纯粹心理的、内心的，或者意识方面的行动。②

---

① M. Dummett, *Frege*：*Philosophy of Language*, p. 302.

② D. Davidson, *Inquiries into Truth and Interpretation*, pp. 113 – 114.

上述两段话表明"约定论"的观点是行不通的。除了由说明约定是什么本身存在的困难外，戴维森给出了反对"约定论"的三个理由：一是存在着许多不合乎"约定"的言语行为现象；二是语言的意义具有自主性，这种自主性并不能靠"约定"的符号表征来刻画；三是语气与语力之间的约定关系是一种人为的东西，这就从根本上违背了语气与语力之间存在的自主关系。

戴维森接着考察了另一种相反的观点，即"还原论"。其主要精神是否认语气对语力的影响，主张任何语气的语句都可以还原为陈述语句，从而都可以对它们进行真值条件意义理论的分析。比如，大卫·刘易斯（David Lewis）就大胆地提出了这样的观点：所有的非陈述句都可被当作对具有相同的基本结构、意义、内涵和真值这些相应的述行语（performatives）的意义解释。例如"煎那个蛋"与"我命令你煎那个蛋"就具有同样的分析意义。他认为，这两个语句也许有不同范围的用法，但是，按照他的理论，这种区别不会来自意义上的差异，他的理论只不过是否认语气具有任何约定性的重要意义。赫尔伯特·波罕勒特（Herbert Bohnert）则主张祈使式具有某种析取式的结构。例如"煎那个蛋"可分析为"或者你煎那个蛋，或者 X 将会发生"，其中的 X 是假定所提到的那个人不愿意做的某件事情。戴维森认为，这种理论表明了我们能够用（并且经常这样做）陈述式去做达米特认为约定性地指派给其他语气的语句所做的工作。这种理论的优点之一是它表明了这样一个事实，即对于一个用于表达一个命令或询问一个问题的语句来说，并不妨碍它具有一个真值。但是这一优点也说明了其失败之处，因为简单地将祈使式或疑问式还原为陈述式使我们根本无法解释语气之间的差别。如果这种理论是正确的，那么语气就如同它所说的与意义无关。如果语气不影响意义，那么我们如何能希望解释语气和用法之间的关系（无论这种关系结果是什么）？可见还原论的分析与其说解决了倒不如说放弃了我们着手处理的那个问题。

在此基础上，戴维森提出了一种令人满意的语气理论应该满足的三个条件。①

（1）它必须表明或获得陈述句和相应的其他语气的语句之间的共

---

① 参见 D. Davidson, *Inquiries into Truth and Interpretation*, pp. 115 – 116。

同因素；

　　（2）它必须表明不同语气的语句之间在语义上的差别是什么；

　　（3）它必须通过一种真理论的资源来处理非陈述句。

　　戴维森意识到要满足这三个条件存在着明显的困难。前两个条件表明，必须用支配语句的算子来表达语气，那些被支配的语句或者是陈述句，在这种情况下，对陈述语气不需要任何算子，或者那些被支配的语句是中性语句，那么在这种情形下，对任何一种语气都需要一个算子。可是，第三个条件似乎要禁止所有除真值函项以外的语句算子，并且明显的是，真值函项算子不足以提供一种合乎情理的语气解释。（3）表明了在（1）和（2）提到的元素——内容从句和语气指示符——必须通过一个真值函项组合起来。可是真值函项组合的结果是一个具有真值的语句，这样就排除了非陈述句，因为这类语句在通常的意义上根本就无真值可言。戴维森在这里似乎要陷入一个困境：一方面，其真值语义论要求对所有类型的语句进行真值函项的结构分析；另一方面目前还找不到对非陈述句进行这种分析的先例。

　　戴维森认为，这种困境是一种采用通常的分析方法所造成的困境，这并不妨碍他采用一种完全不同的方法来解决这一困难。在他看来，在任何情况下，我们要牢记在心的是，正是表达而不是语句具有一种具体的真值和语义学，因为是表达而不是语句最能真实地体现言语行为的具体内涵。在这一前提下，他试图求助于他在间接引语中采用的并列构造的分析方法来解决这一难题。试考虑下列语句：

　　（1）门是开着的。
　　（2）打开门！
　　（3）门是开着的吗？
　　（4）约翰断定门是开着的。

他建议将诸如（4）这样的表达分析成两个语句的表达：

　　约翰断定（that）。
　　门是开着的。

其中的"that"指称下面的给出内容的表达。因此表达（4）实际上具有两个表达的功能：

约翰做出了一个断定，其内容在于下面的表达：门是开着的。

这种分析解释了在不求助于非标准语义学的情况下，通常遇到的态度归属方面的替换性原则失效的现象，因为"that"的指称是随着跟随它的表达的任意变化而变化的。他建议，我们可以用与直言的述行语（explicit performatives）完全相同的方式处理那些非陈述语气，但不要把其他类型的语气还原为陈述语气。这样，我们就可以通过某种方式将非陈述句纳入塔尔斯基式理论的分析范围。戴维森说：

> 那么，我们可把非陈述句看作陈述句加上一个从句法上表达相应变化的表达式；我们称这个表达式为语气调节器（mood - setter）。正如一个非陈述句可以分解成一个陈述句和一个语气调节器，因此一个非陈述句的表达也可分解成两个不同的言语行为，一个是一个陈述语句的表达，另一个是一个语气调节器的表达。①

按照这种理解，似乎对一种塔尔斯基式的真理论提出挑战的非陈述句不是被分析为一个影响内容从句的"语句算子"，而是被分析成两个完整的语句或表达，它们二者都能适用于一种真理论。这样我们就可以通过考虑真值条件的两个说明，即对由语句调节器转换得到一个陈述语句的表达的真值条件和语气调节器的真值条件的分析给出一个非陈述语句的表达的语义性说明。例如（2）（3）可转换为：

（2′）下个表达在语力上是祈使的：门是开着的。

（3′）下个表达在语力上是疑问的：门是开着的。

在这些释义分析中的第一个语句是"语气调节器"，第二个语句是"陈述性内容"。语气调节器在语义上像语句那样发生作用，关于它的表达随着对陈述性内容的表达有或没有确定的语内表现行为力量而或真或假。这样，我们就可以通过对真值条件的两个具体说明给出一个非陈述句的语义学。例如，对（2）的理解就是知道在什么情况下它的语气指示符是真的和在什么情况下它的陈述内容是真的，尽管并不存在诸如知道在什么条

---

① D. Davidson, *Inquiries into Truth and Interpretation*, p. 119.

件下（2）本身是真的这样的情况。

戴维森认为，他的这一建议能满足我们前面列举的关于语气的一种令人满意的分析的三个要求。①

首先，按照这种建议，在句法上存在一个对各种语气来说共同的因素，这个因素就是由非陈述语气转换而来的陈述性内容，从语义上看，它就是这一陈述性内容的真值条件。

其次，语气调节器提供了表明不同语气的语句之间的差别所在的说明，也就是说，通过语气调节器系统地表征了语气。语气调节器的意义在于意义通常在任何一种含义的情况下都是约定性的，但并不存在这样一种建议，即这种意义决定了语气调节器的一个表达的，与它相联系的陈述式的或者那一对的语内表现行为力量。语气和语力的约定性联系正是这样的：语力概念是语气意义的组成部分。

最后，按照这种建议，两个组成部分的表达中的任何一个表达都具有真值，因此我们就可以通过一种真理论的手段来处理非陈述句。值得注意的是，虽然这种理论视为基本的表达在一种正常的含义上都具有一个真值，但不能说，一个非陈述句的表达具有一个真值，因为一个非陈述句的每个表达都有其语气调节器，因此从语义上把它看作两个表达的组合。这两个表达中的每一个都具有一个真值，但是组合而成的表达不是一个合取式的表达，因此不具有真值。戴维森承认，从句法角度来说，非陈述句不能被看作由两个陈述句构成的，但他主张这种观点，即非陈述句的表达在语义上必须看作由两个表达构成的。当我们表达一个非陈述句时，我们同时进行着两个言语行为，正如一个人能用一只手在按摩腹部的同时用另一只手拍脑袋。

戴维森对非陈述句的真值条件的逻辑形式的分析扫除了他试图建构一种全面的自然语言的真理语义学道路上的一大障碍。这种分析既尊重了具有某些语气的语句不具有真值的事实，又提供了一种在塔尔斯基式真理论范围内对各种具有不同语气的语句的真值条件的语义形式说明。值得注意的是，戴维森是站在言语行为的平台上提出这种分析的。透过言语行为的视角，把真值条件的承担者看作言语表达而不是语句，这样既避免了达米特等人的那种"约定论"由于忽视语言意义的自主性而产生的机械呆板

---

① 参见 D. Davidson, *Inquiries into Truth and Interpretation*, p. 121。

性，又克服了刘易斯等人的"还原论"由于取消各种语气之间的实际差别
而产生的简单化倾向。可以说，这种仿照间接引语的形式语义分析，既使
各种语气的言语表达纳入了塔尔斯基式真理语义学的表征范围，又使我们
为探究自然语言意义的经验性特征寻求到了一种彻底解释的证据形式，这
都为戴维森意义理论全面而系统的构造工作奠定了一个坚实的基础。

第三节　奇异的 T–语句——戴维森外延主义
意义理论方案的一个难题

戴维森意义理论的目标是要表明，通过塔尔斯基建构的真理论为一种
自然语言 L 提供一种在经验上可验证的意义理论，也就是说，要表明由
(T) 图式衍推出的无数 T–语句不仅具有逻辑上的真理性，即它们必须是
逻辑等值式，还要具有经验事实上的可靠性，即 T–语句能反映我们直观
上的意义观念，具有明确的语义解释功能。只有满足这两个条件的 T–语
句才符合戴维森意义理论的要求。试考虑下列等值式：

(1)"雪是白的"是真的，当且仅当雪是白的；
(2)"雪是白的"是真的，当且仅当雪是白的并且 $2+2=4$；
(3)"雪是白的"是真的，当且仅当草是绿的；
(4)"雪是白的"是真的，当且仅当雪是白的并且草是绿的或者
草不是绿的。

很明显，只有 (1) 才符合戴维森理论的要求，即它是一个能明显给
出对象语句意义的 T–语句。(2) ~ (4) 虽然是等值式，但它们并没有
给出对象语言语句的意义，因此是不合格的 T–语句或奇异的 T–语句。
因此，对于戴维森来说，一种理想的意义理论的合法形式表征必须排除这
些奇异的 T–语句。

在塔尔斯基那里，不会出现这种奇怪的现象，因为塔尔斯基的真理论
是建立在对意义概念的既定把握之基础上的，或者说他是通过对既定的语
义概念如同义、翻译等的理解来说明真之概念的，这种说明能保证由约定
T 产生的 T–语句从内涵和外延两个方面确定真和意义之间的严格等值关
系，或者说能由此给出一个"实质上恰当，形式上正确"的真之概念。而
在戴维森那里，由于他是用真之概念来说明意义概念，而真之概念在塔尔

斯基那里，是建立在同义翻译等语义概念基础上的，因此，戴维森必须把真之概念作为其理论的原初概念，即不能在它的背后预设语义概念，否则便会陷入明显的用意义说明意义的循环论证的境地。由于约定 T 表达的真之概念是一个外延性逻辑概念，它摆脱了内涵语境的纠缠，但由此付出的代价是使 T－等式两边语句的联结关系松弛了，因为在逻辑上等值的语句都能填充等值式左右边的空位，由此就难免出现按照戴维森意义理论标准看来诸如（2）～（4）这样的奇异性 T－语句。

　　值得注意的是，戴维森的外延主义意义理论方案是绝对不允许在其理论中偷运诸如翻译、意义、同义等内涵性概念的，否则，将直接威胁到这一理论的基础。看来戴维森在这里似乎碰到了一个外延主义真理论建构的基础性难题：要么接受塔尔斯基约定 T 中的翻译概念，要么只坚持实质性双向条件式。但这两种方案都是戴维森理论必须予以摒弃的，因为前者会直接使其理论产生循环论证而坍塌，后者又难以使约定 T 成为一个令人满意的意义理论的形式表征。

　　这一问题引起了许多哲学家对戴维森理论的评论和指责。福斯特（J. A. Foster）认为，戴维森为我们设定了一个既不依赖于指称又不预设内涵语义概念的意义理论目标，这一目标的实现是通过把意义理论与塔尔斯基的真理论连在一起而达到的。虽然两人都用到约定 T 式的真理论，但由于他们的理论目标不同从而对 T－语句的理解和要求也不同。塔尔斯基试图为一种特殊的语言即人工语言解释真之概念，因而最好的事情莫过于对先前未加解释的谓词，即真理谓词提供一个明确的定义。而戴维森的目的在于寻求建立一种解释性的真理论，这就要求他必须把真之概念作为形式上的初始谓词，以此联结 T－等式两边的语句，从而以 T－等式表征两边语句的意义对等关系。但关键的问题是，这种 T－理论是否具有所要求的那种充分的解释功能，或者简单地说，在戴维森放弃内涵性语义概念从而放松了对意义把握的情况下，我们还能指望对一种语言的真理表征仍然会构成一种意义的充分表征吗？对此福斯特表示了极大的怀疑。在他看来，由内涵性术语转向外延性术语，我们便取消了任一单个定理的解释力。一个形如"s 是真的当且仅当 p"的外延性定理比一个形如"s 意谓（that）p"所包含的内容要少些。无论如何，我们难以发现设法达到既能保证解释性又能回避内涵性的这一理论要求的任何办法。果真如此，这将说明这种 T－理论本身是不适当的，这也就意味着戴维森宏大的计划方案将要破产。① 西格尔（G. Segal）也提出了类似的反对意见。他认为，戴维森的意义理论实际上是把塔尔斯基的真之定义修改成一种解释性的真理论，而这一修正是不恰当的。这是因为，戴维森的核心观点是，一种解释性的 T - 理论对知道它是解释性的人来说就是一种意义理论，这对说话者和语言学家都是如此。我们想要知道的是，语言是如何工作的，语句的语义结构是什么，语句成分的意义是如何对语句的意义发生作用的，等等。但是 T - 理论相当局限于它的领域：它们实际上只关心指称、满足和真理，只关注形式上的可操作性，没有对语词和语句的意义予以说明。因此，就 T - 理论甚至解释性的 T - 理论而言，并没有表明其对象语言中的语词和语句的意义是什么，也就是说，这种理论本身并未表明或衍推出它是解释性的。如果你对 L 的语义学所了解的全部东西就是一种为 L 建构的特殊的 T - 理论，那么你无法辨别你所知道的 T - 理论是不是解释性的。即使 T - 理论事实上是解释性的，你也不足以知道 L 的语句的意谓是什么。② 类似的反对意见还有很多，这里就不一一列举了。

可见，戴维森能否做到在不预先假设或运用语义概念的情形下，使他建议的约定 T 的真理论具有解释意义的功能，这将直接关系到其外延主义纲领的可行性。实际上，戴维森早在 1967 年他的那篇成名作《真理与意义》一文中就清醒地意识到了这一问题：

> 我们不应被这一事实所蒙骗，以至于认为，可从其中衍推出的"'雪是白的'是真的，当且仅当雪是白的"的理论比起可从中衍推出下述语句的理论更正确些：
>
> （S）"雪是白的"是真的，当且仅当草是绿的。
>
> 当然，这是就这样一种形式而言的：假定我们如同确信原有的那个更为人所知的式子的真实性一样确信（S）的真实性。然而，（S）可能不会激励起同样的信心使我们认为，可从中衍推出（S）的理论值得被称为意义理论。③

---

① 参见 Gareth Evans and J. McDowell, eds., *Truth and Meaning：Essays in Semantics*, Oxford：Oxford University Press, 1976, pp. 8 - 23。

② 参见 U. M. Żegleń, ed., *Donald Davidson：Truth, Meaning and Knowledge*, London：Routledge, 1999, pp. 48 - 56。

③ D. Davidson, *Inquiries into Truth and Interpretation*, pp. 25 - 26.

在这一思想的支配下，戴维森一直在寻求解决上述难题的恰当方案。这些方案的目的在于，在不预设（T）模式中的 p 是对 s 的语义翻译的前提下，通过对真理论施加适当的限制条件，从而使这种真理论所包含的所有 T - 语句都具有解释功能，即所有 T - 语句中的 p 都以"给出意义"的方式陈述 s 的真值条件。或者简单地说，通过对真理论加以适当的限制，以便在不预设"翻译"概念的情况下，能够达到 p 对于 s 的语义翻译的实际效果。他说：

> 我们的看法是把塔尔斯基的看法颠倒过来：我们想要通过预先把握真之概念这一假定来获得对意义或翻译的理解。因此，我们需要的是对 T - 语句的可接受性做出判断的方式，这种方式不是句法的，没有利用翻译、意义或同义这些概念，而是使得可接受的 T - 语句事实上会做出解释……然而，对于做出解释来说，仅有 T - 语句中的真是不够的。只有在一种真理论的 T - 语句用可以被看作"给出意义"的方式陈述了对象语言的语句的真值条件的情况下，这种真理论才会做出解释。我们的困难是要找到施加于真理论的一些限制条件，这些条件要够充分从而保证能用这种理论做出解释。①

那么，应该对这种真理论施加哪些条件才能使它具有解释功能，或者使它具有传递对象语言语句的语义信息的功能呢？戴维森曾多方探索，在不同时期提出了不同的建议。对此福多（Fodor）和莱波尔（Lepore）进行了概括：

> 建议1：利用自然语言呈现组合性语义结构的事实；具体地说就是，相同的表达式能够以相同的意义出现在（无限）多的等式中。这是在《真理与意义》中考虑的主要策略。
> 建议2：要求在满意的真理论中的 T - 语句成为法则。这是在《对福斯特的答复》和1982年给《真理与意义》所附加的注释11中考虑的策略。
> 建议3：要求关于语言 L 的满意的真理论按照 L 的说话者认为是真的大多数语句都是真的这一条件来衍推 T - 语句。这是戴维森"宽

---

①　D. Davidson, *Inquiries into Truth and Interpretation*, p.150.

容原则"的翻版，也是他在《彻底的解释》中考虑的主要策略。①

不难发现，这三条建议有一个共同之处，那就是试图寻找一座沟通真与意义的桥梁。这座桥梁就是能对合法的 T – 语句进行验证的经验证据。通过这座桥梁，能真正实现戴维森由真通达意义的宏伟目标。当然，这三条建议对合法 T – 语句进行验证的视角是不同的。建议 1 主要是就语言的组合性和整体性质而言的。由于自然语言具有组合性特征，因此，戴维森理论必须通过利用确定其真值条件的等值式的形式结构来推导出 T – 语句。具体说来，这一理论必须通过语句的索引部分的语义性质和它的句法结构来呈现语句的语义性质。例如，正是因为这种意义理论必须以这种方式达成"雪是白的"和任何其他对象语言的语句的真值条件，我们才可能期望 T – 语句的右边部分解释其左边部分。因此，正是这种对成功的真理论的整体论限制才是真和意义之间联结的关键所在。因此，戴维森建议，没有任何一种关于英语的实质上恰当的真理论能够同时衍推出诸如（3）这样的奇异 T – 语句和显示所有含"雪"或"白的"这种语句的组合性结构。这是因为，如果一种理论从组合性结构方面衍推出（3），那么它必定会在对"雪"和"白的"出现其中的其他语句指派错误的真值条件——特别是对它们出现在那些带有指示词的语句中，例如"这是白的"和"这是雪"这样的语句中更是如此。设想，我们对"这是白的"和"这是雪"的解释在某种程度上是独立于或先于对"雪是白的"的解释被给出的，那么，为了确定对"雪是白的"与对其相应的指示语句的解释相关联的解释，可以说组合性是有吸引力的。简单说来，"雪是白的"具有它所具有的真值条件，这不仅因为"这是白的"和"这是雪"具有它们所具有的真值条件，而且因为一种成功的真理论要显示它所分析的语句之间的结构上的联系。在这里，戴维森暗含着两条标准。一是语义标准：只要在 T – 语句的推导中重视等值式之间的结构上的联系，我们就会最终拥有一个外延性的意义理论。用埃文斯和麦克道威尔的话说就是："一种真理论的每个公理都对无限数量的 T – 语句具有影响的这一事实的确具有这样的结果，即虚假的理论难以通过这一验证。"② 二是整体论标准。"雪是白

---

① J. Fodor and E. Lepore, *Holism: A Shopper's Guide*, Cambridge, Massachusetts: Blackwell Publishers, 1992, p. 62.

② Gareth Evans and J. McDowell, eds., *Truth and Meaning: Essays in Semantics*, p. xv.

的"具有它所具有的真值条件，是因为它属于一种包含"这是白的"和
"这是雪"以及无限多的"是白的"和"是雪"在其中出现的其他语句的
语言。根据这些相同的表达式在它们所属的语言中对包含它们的语句的真
值条件起系统的分担作用，就不会出现诸如（3）之类的 T-语句了，因
为（3）不能属于任何一种对于"这是雪"和"这是白的"这些语句也给
出真值条件的、具有合理简单性的理论。他说：

> 看起来，如果我们对 T-语句要求如此之少，似乎没有了解释理
> 论产生的可能性。当然，如果我们孤立地对待 T-语句，情况也许是
> 这样。但希望在于，通过对作为整体的理论给出形式的和经验的限
> 制，个体的 T-语句事实上就能用于产生解释。①

但是求助于建议 1 还不足以排除某些奇异的 T-语句。首先，它之所
以能排除（3）这样的奇异 T-语句，那是因为"雪"和"草"是两个含
义和指称都不相同的词项。不幸的是，这一建议无法分辨那些外延相同但
内涵不同的词项。设想任意一对外延相同但不同义的原子谓词 F、G，那
么即使 F 和 G 在其中出现的某些表达式含有指示词，将表达式"…F…"
的真值条件变换为"…G…"的一种 T-理论也将是外延上恰当的。结果
是，下列的奇异 T-语句是难以避免的：

(5)"老虎有心脏"是真的，当且仅当老虎有肾脏。

同时，实际上会出现这样一种情况：如果一种理论中的一个可证实的
T-语句具有一个能用那个理论的词汇表达的逻辑推论，那么这个逻辑推
论也是那个理论的一个可证实的 T-语句。由于逻辑真理在任何一种理论
中都是可表达的推论，所以，组合性的建议无法排除带有逻辑真理简称
LT-T-语句，如前面所列举的（4）。这类语句可概括为：

s 是真的当且仅当 p 并且 LT。

戴维森试图通过坚持一种可接受的理论必须通过一种典范证明得到
T-语句这种办法来弥补这一漏洞。这种典范证明实际上是通过一连串的

---

① D. Davidson, *Inquiries into Truth and Interpretation*, p. 134.

双向条件句来实现的，它出于唯一性要求仅仅需要一些有针对性的判定，这些判定支配纳入双向条件句左边和右边的那些语句的优先顺序。① 这种证明允许人们仅仅求助于这种理论的基本公理从一个双向条件句转移到下一个双向条件句。这样，（4）就可以被排除在奇异 T – 语句之外，因为它利用了额外的逻辑装置。也就是说，一种可接受的理论一般不允许或者通过对对象语言的语句附加不必要的结构或者对公理增加多余的难题的办法使自身包含不必要的复杂性。这也是戴维森主张的经验理论的另一个标准化特征：它们必须尽可能地简单化。根据简单化原则，由于 *LT* 是逻辑真理，与我们说明 *s* 的意义没有关系，属于附加的多余部分，完全可以从 T – 等值式中去掉，因此含有它的 T – 语句不属于我们所需要的那种具有解释力的标准 T – 语句，自然被我们的理论排除在外。

　　然而，诸如（2）（3）这样的 T – 语句的左右边语句都具有经验性信息，对于这样的语句我们无法通过简单性原则将它们排除在外。也就是说，它们的真值是依赖于特定的经验事实或语境的。因此，我们只能根据相关的经验信息和它们之间的因果联系研究这类语句的真值条件，通过概括总结就能发现其中的一些定律和规则，再利用这些定律和规则分辨出它们的真值条件的差异，从而区分合法的 T – 语句和奇异的 T – 语句。这也许就是戴维森建议 2 的思想来源。他说：

　　　　我慢慢地意识到的另一件事情是，因为我把真理论看作经验理论，那些公理和定理就应被看作定律（laws）。像"'Schnee ist weiss' 在德语说话者口中是真的，当且仅当雪是白的"这个定理，不仅必须看作真的，而且必须看作能支持反事实的断定。确实，这个定理若有证据，该证据最终依赖于说话者与世界之间的某些因果联系，给定了这一点，人们可以说"Schnee ist weiss"是真的，当且仅当雪是白的并不是偶然的；正是雪的白性（whiteness）使得"Schnee ist weiss"为真。②

　　这段话表明了对于诸如（2）（3）这类语句，解释过程与解释者的经验条件有关，通过这种经验条件建立起联结真理与意义的桥梁。对于"雪是白的""草是绿的""2 + 2 = 4"这些经验性语句，我们得到它们为真的

---

① 参见 D. Davidson，*Inquiries into Truth and Interpretation*，p. 138。

② D. Davidson，*Inquiries into Truth and Interpretation*，p. xiv.

信息条件是不同的。虽然它们在事实上都是真的，而且都是逻辑等值的（在正常语境下），但在解释的过程中，解释者、说话者与这些语句所关涉的世界中的对象或事件却是不同的。因此具体给出的这些语句的真值条件是不同的，正是这些不同的真值条件构成了它们对相应语句的意义解释。这种普遍现象，正如戴维森所说，可以看作一种定律现象，并能经受住反事实断定的考验。我们分别对（1）（2）（3）进行换质法的处理，从而得到：

　　　　（1′）"雪是白的" 不是真的，当且仅当雪不是白的；
　　　　（2′）"雪是白的" 不是真的，当且仅当或者雪不是白的或者 $2+2 \neq 4$；
　　　　（3′）"雪是白的" 不是真的，当且仅当草不是绿的。

　　很明显，看来只有（1′）是真的，（2′）（3′）都是假的，因为即使在某些可能世界中，存在 $2+2 \neq 4$ 或者草不是绿的这些现象，但这并不阻碍雪是白的这一现象的存在。因此，这类奇异的 T－语句可根据戴维森的建议 2 被排除在外。但是这一建议还不足以排除诸如（5）这类对同一对象的不同属性进行陈述的经验性语句。由于处于这类 T－语句两边的语句是对同一陈述对象的不同经验事实的反映，因此通过反事实条件标准的检验还不足以排除它们。例如：

　　　　（5′）"老虎有心脏" 不是真的，当且仅当老虎没有肾脏。

　　这一等值式两边互为充分必要条件的事实是能为人们所接受的。因此求助于支持反事实条件的定律难以将它们排除在标准的 T－语句之外。针对这一情况，戴维森采用了建议 3，这一建议将 T－语句的构造和检验置于一种人类语言实践的平台——彻底的解释之上。在这种特定的实践活动中建立起来的 T－语句积淀了解释者和说话者相应的经验证据，通过这些证据填补了真理和意义之间的间隙。由于理性人的参与，解释活动必然伴随着信念、意向等因素的渗透，因此，语句为真在戴维森那里必然转换为解释者或说话者认为语句真，或者转换为（另一种更精确的说法）认为一个语句比另一个语句更真。以这种形式呈现的证据基础似乎直接回到了戴维森一直回避的内涵语境。针对人们对这一问题的疑惑，戴维森提出了自己的独特说明。在他看来，认为语句真或认为一个语句比另一个语句更真这种态度是一种信念状态，但它们是可适用于一切语句的单一态度，它们并不要求我们能够在信念之间做出很细致的区分，因此它们纯粹是外延的。如果一个人认为一个语句为真，或者认为一个语句比另一个语句更真，那么这些观念的内容是容易理解的。它们是可以在观察的行为中被探知的，例如，一个说话者，库特说 S 当且仅当天在下雨；这就为库特认为 s 真当且仅当天在下雨这一断言提供了证据。这样，这些观念就为理论家们试图证明的 T - 语句提供了证据。假定库特所说的话是"天在下雨"，那么就可以得出：

库特认为"天在下雨"是真的，当且仅当天在下雨。

以此来作为下列 T - 语句的证据：

"天在下雨"是真的，当且仅当天在下雨。

那么，凭什么说说话者认为是真的语句就是真语句呢？对此戴维森提出了"宽容原则"，即在解释活动中必须预设说话者及其整体的大多数信念是正确的，他们所赞同的语句大多数是真的，不赞同的语句大多数是假的。戴维森认为，人们在交流中要彼此求得最大限度的一致性才能使交流活动取得成功，否则就要冒不懂别人或持另一种语言的人的话语和思想的风险，因此，在解释他人的话语和思想时持宽容态度是不可避免的。在解释活动中，解释者所做的事情正是把说话者认为是真的语句映射到自己认为是真的语句上，从而表明 T - 等值式的左边表明说话者所说的是真话，右边则是解释者以自己认为是真的语句对左边语句的真值条件的解释。这种方式实质上是把真值条件与说话者赞同时的经验条件联结起来的范式。由于说话者赞同时的经验条件大体上是真实的经验条件，那么语句的真值条件就与和语句有关的经验事实联结起来了，从而赋予语句的真值条件丰富的信息内容。这些信息内容往往可以通过说话的语境因素，譬如时间、地点、说话者等因素体现出来，正是这些语境因素使语句真值条件具体化，使彻底的解释者构造出来的语句能够与他所要解释的说话者所说的语句相匹配，从而在说话者说真话的情况下，就能对说话者的话语提供一种恰当的解释，例如对（5）这样奇异 T - 语句，我们完全有理由说，左右两个语句被说出的语境因素不相同，即使二者事实上都是真语句，但各自提供的信息要素不同，从而使它们不相匹配。因此它们之间不能形成解释与被解释的关系，这样的 T – 语句没有解释功能，不符合戴维森理论的要求。

　　通过分析各种形式的奇异 T – 语句以及戴维森的排解方法，不难发现，戴维森的真理论要成为一种解释理论，必然要涉及解释过程中多种重要的经验性因素。从戴维森的三个排难方案来看，戴维森都在试图将自然语言的语义学中固有的经验性要素，通过解释最大限度地容纳到塔尔斯基式的 T – 等值式中，从而使推导出的每个 T – 语句都会在事实上提供一种给出对象语言中语句的意义的恰当方式。那么能不能够和如何将这些经验性要素与戴维森外延主义意义方案有效地结合起来，将直接决定戴维森理论的发展走向和命运。在戴维森所要求的外延主义方案并不预设任何语义信息的前提下，寻找语句表达的行为证据的支持，是戴维森理论发展的必然选择。这就决定了戴维森意义理论从最终的角度来看是一种彻底解释的意义理论，这种理论从纯粹的言语行为出发，概括总结出行为证据中最富有解释力的因素，通过调整或解释容纳到戴维森所偏爱的约定 T 表征模式中，这应是戴维森语义改造工作的要旨和核心内容。

　　那么，什么是彻底的解释？彻底的解释的目的和内容是什么？彻底的解释的策略和主要步骤有哪些？彻底的解释所贯穿的原则是什么？经彻底的解释工作形成的真理论能否满足具有语义解释的内在要求？诸如此类的问题是我们在第三章中要探讨的话题。

第三章 "彻底的解释"——戴维森意义理论的经验解释方案

一种自然语言的意义理论毕竟是一种经验理论,它必须立足于人们使用和把握自然语言这一言语行为活动,这一活动蕴含了自然语言中所特有的经验成分。因此,如何针对自然语言中丰富的经验事实,并为从形式上诉诸真谓词的外延主义表征方案提供一种恰当的解释,必然成为戴维森意义理论的核心课题。

在戴维森看来,在一种不预设任何语义信息、概念或知识的极端情形下,立足于人类主体间的可观察行为的解释理论有望既能从整体上保持意义理论的外延特色,又能对一种自然语言的说话者的话语做出解释。受蒯因"彻底的翻译"的思想启发,戴维森提出了著名的"彻底的解释"的理论。其主要思想分布在《彻底的解释》(1973)、《为约定 T 辩护》(1973)、《信念和意义的基础》(1974)、《思想和会话》(1975)和《对福斯特的答复》(1976)等论文中。其主要精神实质在于,贯彻整体论和宽容原则,对说话者的话语和言语行为进行彻底的解释,使解释活动中所涉及的经验要素在约定 T 的整体框架内得到一种恰当的形式表征,从而真正起到一种对戴维森真理语义论进行形式限制和经验表征的作用。这一理论的提出,为戴维森意义理论注入全面而深刻的内涵,极大地扩充了他先前的纲领性思想,标志着戴维森在语义学领域内又取得了一个新的突破性成就。因此,它在西方学界也引起了持续不断的讨论和研究热潮,西方学界普遍认为,戴维森这一理论是将塔尔斯基的真之表征和蒯因自然主义认识论纲领巧妙结合的产物,是当代意义理论领域内的重大成果。

本章试图对戴维森的这一重大理论成果的思想动机、目标、策略或程序以及基本原则等问题做一系统梳理,并就其产生的重大影响做出简要分析。

第一节　寻找一种解释性真理语义论——戴维森解释理论的动机

前面已经提到，戴维森试图诉诸塔尔斯基的约定 T 模式的真理论给出一种自然语言的意义理论的形式表征，这是一种逻辑上的真值条件意义理论。单靠 T–语句本身还不足以说明这种理论的解释功能。戴维森也清醒地认识到，自然语言的意义理论毕竟是一种经验性的理论，必须对人们使用语言这一经验事实做出说明，通过这种说明，将相关的经验要素加以解释以容纳到约定 T 模式的整体框架内，从而使其外延主义意义理论方案真正得以实现。

戴维森受蒯因彻底的翻译的思想启发，提出了彻底的解释的大胆理论设想。这一理论涉及对真、意义、信念和行动诸多因素及其相互关系的解释。要从彻底解释的角度来说明这些因素对语言意义的影响，必须用人们语言交流活动中所呈现出来的可观察证据对这些因素进行恰当的归属性说明。出于这一要求，戴维森给出了其解释理论的应有之义，所要回答的问题和基本要求，并就在这种解释理论的背景下形成的一种修正性的真理语义学的解释功能等问题提出了辩护。这些内容是戴维森在《彻底的解释》中提出的纲领性思想，也是我们本节所要考察的重点内容。

一　何谓"彻底的解释"

戴维森的意义理论的研究方式是回避对意义概念本身的直接分析，试图通过他所认为的更为基本的证据或非语义概念来获得丰富的语义概念和论断，在他看来，只有这样才能回避那种由本质上的循环论断所产生的不可靠性和无效性。这种方法并不是一种直接性的定义、分析或归约，而是一种解释性或理解性的方法。他说：

> 我所关注的是我所认为的（至少从历史的角度来看）语言哲学的那个中心问题，即如何对诸如（语句或话语的）真理、（语言的）意义、语言规则或约定、命名、指称、断定之类的语言概念做出具体解释，这也就是说，如何根据另一类概念来对上述这些概念中的某些概

念或全部概念进行分析。有关语言的每一件事情似乎都会令人困惑，倘若我们能把语义概念归约为其他概念，我们就会更充分地理解这些语义概念。如果"归约"和"分析"这些字眼太强（我认为它们太强），那么我们或许可以（尽量含糊其辞地）说成：借助其他概念来理解语义概念。①

这段话说明了意义理论必须采用解释性手段，是一种解释性的意义理论。借以说明意义概念的其他更为基本的概念应该是与言语行为证据直接相关的概念。只有这样，才能表明如何从关于言语行为的"非语义证据"获得一种特殊的语义理论来阐明意义概念。由此，戴维森的解释理论必须满足两个条件。

第一，它必须是解释性的。因为它的定理要给出语言 L 的语句的意义。

第二，它必须是彻底性的。因为它赖以建立的证据必须是对那些既不知道 L 的说话者的表达的含义，也不知道那些说话者的思想、信念、愿望或行为的人来说是可利用的。

简要地说，戴维森彻底的解释方案是一种从不预设关于另一个语言团体中成员的表达的意义的知识，或者关于他们命题态度的知识的证据，来解释这个语言团体的言语行为及其表达的意义的方案。这种理论的关键之处就在于寻找恰当的解释证据。这种证据所要求的解释背景非常类似于蒯因的翻译背景，即设想的一种完全从头开始理解一个陌生的语言团体的人类学场景。但是戴维森的解释概念要比蒯因的翻译概念宽泛。对此蒯因曾明确地指出："解释要比翻译宽泛。当今英语中的一些科学语句甚至不能翻译成 1900 年的英语，更不用说译成古典阿拉伯语或斯瓦希里语了；然而它们却仍然能够为所有那些语言来合适地解释……翻译行不通时解释却可行。"② 戴维森也明确地表示，蒯因的翻译手册不是其解释理论所应采取的最佳方式。③ 在一般情况下，翻译理论涉及三种语言，即作为被翻译的语言的对象语言、作为用来翻译的语言的主体语言（subject language）和作为讨论翻译过程的语言的元语言。借用一

---

① D. Davidson, *Inquiries into Truth and Interpretation*, p. 119.

② L. E. Hahn, ed., *The Philosophy of Donald Davidson*, Chicago: Open Court, 1999, p. 75.

③ 参见 D. Davidson, *Inquiries into Truth and Interpretation*, p. 129。

部恰当的翻译手册，我们确定能够知道主体语言中哪些语句翻译对象语言中的哪些语句，即确立两种语言之间的语义对应关系。但这并不能表明我们此时是在做出解释，因为按照戴维森的观点，我们完全可以在不知道主体语言或对象语言中的任一语句的含义的情况下，仅凭一部翻译手册就能达到上述目的。假如，在英语是元语言、德语是对象语言和法语是主体语言的情况下，即使我们凭借一部翻译手册知道 "schnee ist weiss" 可以翻译成 "La neige est blanche"，我们也没有对前一句话做出解释，因为我们并不知道它的意思。那么，如果主体语言恰好就是理论语言（即元语言），情况又会是如何呢？当然，在这种情形下能产生一种解释行为，因为对于某个理解这种理论的翻译者在使用翻译手册翻译对象语言的时候，他也是在用他知道的理论语言解释对象语言。但是，这种翻译情形仍然没有说明能够做出解释究竟是怎么一回事。从解释理论的角度看，上述情形表明了它实际上构成解释的条件，即主体语言和理论语言相同的事实和关于翻译者如何用他自己的语言来解释表达的知识。但翻译理论却对解释所必备的这类知识和条件保持沉默，把它置于理论所涉及的范围之外。因此，无论在任何情况下，翻译理论都不会对我们解释语言现象起到指导作用，也就是说，它根本不能等同于解释理论。解释理论有着不同于翻译理论的目的和要求。

那么，解释理论在戴维森那里要解决什么问题呢？要通过什么手段才能解决这些问题呢？为此他又对解释理论提出了什么样的要求呢？这是我们下面要探讨的问题。

二 首要问题和回答

前面提到，戴维森清醒地认识到，他起初的那个建议，即一种语言仅仅在外延上恰当的真理论实际上会是解释性的，是不正确的。如果是这样的话，那么对于一种自然语言的真理论来说，应当附加一些什么样的额外的（阐述性的）约束条件使得这一真理论成为解释性的呢？戴维森在《彻底的解释》一文中集中探讨了这一问题，并在《对福斯特的答复》中表明了这是进一步对真理论与意义理论之间的关系是什么这一问题加以说明的一种尝试。①

---

① 参见 D. Davidson, *Inquiries into Truth and Interpretation*, p. 171。

在《彻底的解释》一开始，戴维森就提出了如下两个问题：

（Q_1）我们能够具备什么样的知识以便使我们解释另一个人的表达？

（Q_2）我们如何能够（在不预设关于那个人的表达的任何知识的证据的基础上）得以了解这种知识？

在戴维森看来，上述问题并不是要询问我们确实具备什么样的知识以便能使我们解释他人的表达的问题，也不是要询问我们如何能够了解我们在解释他人表达时所依赖的那些我们确实知道的知识（如果有的话）。也就是说，询问 Q_1 和 Q_2 的目的，并不是要考察人类是如何实际上获得关于自然语言的知识，或者人类如何设法达到对他人的正确理解的历史过程，而是在于一种概念性阐明，即通过表明一种解释理论的核心概念（如真理、意义、信念、愿望等）如何能在不预设任何关于它们应用的任何东西的证据基础上，在经验上被应用。也就是说，该问题是试图表明基本含义上的行为事实，如何决定关于说话者的态度和意义的事实。这一问题的提出，表明了戴维森的语义研究工作远远超出了他在《真理与意义》中提出的真值条件意义理论纲领，通过后面的考察我们会发现，正是戴维森结合研究一种解释理论的核心概念的这一策略使得戴维森提出了关于意义、语言、指称、真理、命题态度等最为出名的结论。①

戴维森的解释理论试图表明，除了解塔尔斯基的真理论的知识外，我们还需要什么样的知识以认识到这种理论具有解释他人言语行为和表达含义的功能。也就是说，一种令人满意的自然语言的意义理论，除了要满足约定 T 式的真理论的外延恰当性条件外，它还必须具备什么样的附加条件。我们一旦掌握了关于这些条件的知识，就能够用一种修改后的真理语义学来解释或理解自然语言的意义。同时，假如有一种具有解释功能的理论，一个潜在的解释者可合乎情理地获得什么样的证据并在合理的程度上支持这种理论，也就是说，这种解释性理论可赖以建立的证据基础是什么。可见，戴维森提出的这两个问题道出了他所要求的解释理论的性质和证据基础。戴维森正是围绕这两个中心问题展开其理论讨论的。

首先，他就什么样的知识会起到解释的作用这一问题进行了探讨。人

---

① 参见 E. Lepore and K. Ludwig, *Donald Davidson: Meaning, Truth, Language, and Reality*, Oxford: Oxford University Press, 2005, pp. 152 – 153。

们或许首先想到的答案是，这种知识是关于每个有意义的表达式的含义的知识。例如，在德语里，库特讲"Es regnet"这些语词的含义是"天在下雨"，所以，库特在讲出"Es regnet"时说的是"天在下雨"。戴维森认为，这种回答对我们没有任何帮助，它只不过是重述了问题，即从一个没有做出解释的描述表达式（即"Es regnet"）过渡到做出解释的描述表达式（即"天在下雨"），它并没有表明，知道一个表达式的含义究竟意味着什么。更糟糕的是，它把意义这个难题给实体化了，因为这个回答暗示着，相应于每个有意义的表达式是一个意义实体，而根据蒯因和戴维森的不确定性标准，根本无法容纳这种内涵实体。

在戴维森看来，求助于行为论和语词方案也不能提供对语言意义的解释。前者企图根据行为主义的论据来逐个地分析语句的意义。这对观察语句和简单的行为语句来说这种方案应用得比较明显。但是根据蒯因和戴维森和行为证据决定意义的不充分性论题，显然不能完全根据刺激－反应的行为模式来解释语句的意义。同时，根据戴维森对刺激意义的否定性看法，即行为刺激不是意义的证据来源，而只是产生意义的原因，因此，从原则上讲，我们不能根据行为来解释语句的意义。即使这种理论对最简单的语句奏效，但对那些更复杂、更抽象的语句来说则会显得无能为力。后者的出发点是试图把语词而不是语句与非语言的事实联系在一起。也就是说，首先与非语言对象发生关系的是语词，语词具有独立的意义，这是一种典型的原子论意义理论思想。这种做法的好处在于运用组合性原则，由有限的语词组合成无穷的语句，从而得以解释这些组合而成的意义。然而，这种理论仍然无法获得独立的解释证据，因为我们必须借以说明语词意义的现象是语言为之服务的那些超出语言之外的利益和活动，而仅仅在语词被结合进（间或恰巧就是）语句的场合下，这些语词才服务于这些现象。在这种情形下，我们无法在给出一个语句之前对语词做出一个基本的解释，因而无法根据非语言现象来直接解释语词的语义特征，从而无法按照这种方案说明语言的意义。

戴维森还着重分析了求助于意向论方案的不可能性。他说：

> 从关于说话者（或解释者，或他们两者）的意向、愿望和信念的详细信息中推导出一种解释理论的想法似乎是更有道理的。我把这种想法看作那些致力于在非语言的意向、使用、目的、功能等基础上定

义或解释语言意义的人的策略：这正是米德和杜威、维特根斯坦和格赖斯那些人的传统。我认为这种策略也不会满足目前的需要。①

这里所说的意向主要是指语言使用者在使用语言的过程中所呈现出来的那种交流意向，它不同于某些语言表达式本身所体现出来的命题态度。戴维森详细分析了这种性质的意向无法充当彻底的解释理论的证据基础的原因。第一，把"典型地说出一个语句时所带有的那些被细致区分的复杂意向"的一种解释作为对那个语句意义的证据的研究方法，除了其本身所面临的困境，即难以解释语句在典型情况下以什么样的具体意向被说出外，还难以看出这种方法如何能处理语言结构上的递归性特征，而了解这种递归性特征是我们如何能通过有限的手段理解无数新语句的必要条件。由于语言结构上的递归性使得语言表达式具有可无限扩张的性质，我们的解释理论必须反映这种重要的语言现象和特征。诉诸典型的使用意向即使可能解释某些简单语句的意义，但也难以解释所有可能形成的语句的意义。根据戴维森意义理论的递归性要求，这种意向理论应排除在外。第二，这一方案的主要困难在于，我们无法获得被细致区分的意向的独立归属地位。因为在解释中，意向、信念和意义是相互联系在一起的，要了解其中一个必定依赖于另一个，其中任何一个都没有认识上的优先权。正如我们无法独立于对言语做出解释来有意义地归属被细致区分的意向，我们也根本无法用独立归属的细致区分的意向来合理地解释言语表达。也就是说，由于当事者的意向、信念和表达是纠缠在一起的，对其中一个的解释都牵涉到对另外两者的解释，对它们的解释共同构成了解释理论的内容。因此，我们无法在对意向和信念做出充分解释之后使之成为一种关于彻底解释的理论的证据基础。

那么，诉诸什么样的东西才能使解释成为可能呢？或者说一种充当解释理论的东西应该具备什么条件呢？戴维森对此提出了两个对解释理论的一般性要求。

首先，"解释者必须能理解说话者可能会说出的无限多的语句中的任何一个，如果我们要明确地陈述解释者可能具有的那些能使他做到这一点的知识，我们就必须以有限的形式来表述它"②。

其次，"一个解释者可以合乎情理地获得的证据能够支持或证实它……这

①　D. Davidson, *Inquiries into Truth and Interpretation*, p. 143.

②　D. Davidson, *Inquiries into Truth and Interpretation*, pp. 127--128.

种证据必须是一种可为这样的人所获得的证据，这个人还不知道如何解释那种理论旨在论及的表达，也就是说，这种证据必须能够在不必使用诸如意义、解释、同义之类的语言学概念的情况下被表述"①。

上述两个要求明显地表明了我们对一种充当解释理论的东西的发现条件和证明条件。发现条件是指我们凭什么条件知道某个理论本身是解释性的。证明条件是指如果我们认为某个理论是解释性的，我们可获得什么样的恰当证据来支持我们的观点。这两个要求与戴维森先前提出的那两个问题是相对应的。当然，戴维森在讨论这些问题时往往是将它们联系在一起的。戴维森通过研究发现，这种理论不是别的理论，正是一种业经修改以便适用于自然语言的真理论。那么，这种理论能否被建立起来？这种理论是否真的有解释作用？我们是否有证据来证明这种理论是正确的？戴维森对诸如此类的问题都做出了详细的分析论证。

三　为一种断言而辩护

戴维森在《彻底的翻译》中为辩护业经修改以适用于自然语言的真理论可用做解释理论这一断言提出了以下三个问题：

（1）认为能为自然语言提出所描述的那种真理论，这种看法有道理吗？

（2）一个解释者对有待解释的那种语言没有任何先在的知识，但他似乎可以合乎情理地获得断定这种理论是正确的某种证据，这可能吗？

（3）如果这种理论被认为是正确的，那么有可能对那种语言的说话者的表达做出解释吗？②

显然，第一个问题是有关为自然语言提出一种真理论的可能性问题；后两个问题是有关这种理论能否满足戴维森对解释理论提出的那些要求的问题，即它能否充当戴维森意义上的解释理论。第一个问题我们前面讨论过，后两个问题是我们这里要关注的焦点。

下面，我们重点考察戴维森对第二个问题的分析。彻底的解释是一种

①　D. Davidson, *Inquiries into Truth and Interpretation*, p. 128.

②　D. Davidson, *Inquiries into Truth and Interpretation*, p. 130.

在不预设任何内涵语义概念的前提下，对对象语言意义的解释。塔尔斯基的约定 T 式的真理论所包含的 T－语句被看作真的，因为双向条件式的右边是据假定所给出的对象语句的真值条件的翻译。由于翻译包含了对对象语言语句语义的理解，这显然违背了戴维森彻底的解释理论的基本要求。所以，他主张："我们不能在预先具有彻底解释的情况下就事先假定能够认识到正确的翻译；在经验性的运用中，我们必须抛弃这个假定。"①

这意味着我们必须在不预设任何关于对象语言 L 的表达式的含义的东西的情况下对能用作一种自然语言 L 的翻译理论的经验性理论进行证实。因此我们不能在塔尔斯基意义上使用约定 T 来证实这种真理论。为了回避这些内涵性语义概念在解释中发挥作用而造成的原则性失误，戴维森根据他的外延主义研究思路，提出了一个大胆的建议："我提出的建议是，把解释的方向颠倒过来：塔尔斯基是先假定翻译，之后便能以此定义真之概念；而目前的想法是把真之概念作为基本概念，并由此引出关于翻译或解释的说明。"②

这就需要对塔尔斯基的约定 T 进行调整性说明，这种说明必须把真之概念作为解释理论的原初概念。戴维森对塔尔斯基的约定 T 做出了这样的调整性说明："对于对象语言中的每一个语句，一种可接受的真理论必须衍推出一个具有下述形式的语句：s 是真的当且仅当 p，其中 'p' 为任何一个这样的语句所替换，即这个语句为真当且仅当 s 为真。"③ 通过这种意义上的系统表述，我们便在不求助于翻译概念的情况下重新表述了约定 T，这样，对约定 T 的解释和说明就集中在真之概念上，满足了戴维森外延性意义理论的要求。戴维森认为，"真"是要么归属要么不归属表达的单一特性，而每个表达都有属于它自己的解释；并且"真"更易于同说话者的相当简单的态度联系在一起。这种态度既能避免说话者为产生对语句意义的把握，而把语句诉诸详细的信念，又能将语句的意义和说话者的信念联结起来，从而为分析信念和意义的相互依赖找到一个恰当的突破口。

正如科学理论被证实的情形那样，任何一种理论要在某种程度上被证实，只能诉诸由这种理论推导出的理论语句事实上为真的方法。约定 T 式的真理论的证实也是如此。约定 T 式的真理论为对象语言的每个语句生成

① D. Davidson, *Inquiries into Truth and Interpretation*, p. 134.

② D. Davidson, *Inquiries into Truth and Interpretation*, p. 134.

③ D. Davidson, *Inquiries into Truth and Interpretation*, p. 134.

一个 T - 语句，因此，证明那些 T - 语句是真的，便可证明这种真理论在经验上是正确的。因此可以说，解释者在解释过程中可获得的证据形式就是：T - 语句是真的。问题在于 T - 语句是真的说明了什么？由于 T - 语句只提到对象语言里的闭语句，因而相关的证据完全由一些关于说话者的那些与语句有关的行为和态度的事实组成。值得注意的是，在翻译和解释的场合下，说话者的信念和话语的意义是相互联系、相互依赖的。这种联系依赖性很明显地体现为这样一个事实，即一个说话者认为一个语句为真，部分是因为这个语句（在他的语言里）所具有的含义，部分是因为他所具有的信念。在知道说话者认为一语句为真的情况下，知道该语句的意义，我们便能推断出说话者的信念；而假定有了关于他的信念的足够知识，我们或许能推断出语句的意义。然而，彻底的解释所诉诸的证据，既不能采取关于意义的知识的形式，也不能采取关于信念的详细知识的形式。那么，要获得 T - 语句是真的这种证据，一个恰当的起点便是那种认为语句为真，接受语句为真的态度。虽然这种态度也是一种信念，但它是可适用于一切语句的单一态度。它并不要求我们在信念之间做出细致的区分。这一态度也是解释者在能做出解释之前就可以合乎情理地采取的一种态度，因为解释者可以知道一个人打算在说出一个语句时表达一个真理而又不了解这是什么样的真理，也就是说，解释者在不了解语句意义的情况下仅凭臆断说话者通过一个语句表达一个真理。这种臆断可以通过在说话者做出的真诚论断、谎言、命令、故事、讽刺等被觉察为态度的情况下，揭示一个说话者是否认为他的语句为真。当然，还存在着对语句的其他的一些态度，如希望语句为真，想要使语句为真，相信一个人将要使语句为真等，但所有这类证据都可以用认为语句为真这种说法来概括。

　　由于 T - 语句是真的这一证据形式涉及信念和意义的相互依赖关系，在彻底的解释所要求的证据类型的约束条件下，即这种理论不能预设任何有关对象语言的语义信息和这种语言使用者的详细信念的知识的情况下，那种可获得的证据恰恰就是：有待解释的语言的那些说话者认为各种各样的语句在某些时间和某些特定的场合下为真。戴维森说：

　　　　显然，我们必须具有一种同时地解释态度和言语而对这两者都不做出假设的理论……我们可以在避免循环论证或不做出无根据的假设的情况下，把某些对语句的非常一般性的态度视为对一种关于彻底解释的理论的基本证据……我们可以依赖于"认为……为真"这个指向语句的态度，把它作为关键性的概念……这里的确牵涉到态度，但可以从下述这一点看到并未对主要论题造成循环论证的事实：如果我们仅仅知道某人认为某个语句为真，那么我们就既不知道那个语句在他那里的含义，也不知道他认为该语句为真表达了什么信念。①

那么，这种证据如何能用来支持真理论呢？戴维森举了这么一个例子，假如，我们具有下述形式的 T – 语句：

（T）　（x）（t）（当"Es regnet"由 x 在时间 t 说出时它在德语中是真的，当且仅当 t 时在 x 附近天正在下雨）。

同时，我们具有下述形式的证据：

（E）　　库特属于讲德语的语言共同体，并且库特认为"Es regnet"在星期六中午是真的，并且星期六中午在库特附近天正在下雨。

戴维森认为，我们应当把（E）看作表明（T）为真的证据。我们可以对（E）进行全称量化处理，得到：

（GE）　（x）（t）（如果 x 属于讲德语的语言共同体，那么（x 在 t 时认为"Es regnet"是真的，当且仅当 t 时在 x 附近天正在下雨））。

其中的 x 和 t 可以用任意的人名和时间名替换，从而得到无数个关于（GE）的事例，（E）是其中之一。按照戴维森的观点，我们要证明（T）为真，首先要证明的其实就是（GE），因为（T）也是一个以全称的方式加以量化的条件句，我们对（GE）也就是对（T）的证明。因此我们的具体工作就是要收集更多的证据来支持（GE）。

不难发现，充当（T）的证据的（E）和（GE）中包含一个"认为……是真的"这样一个态度，而在塔尔斯基和戴维森那里的（T）语句中并不包含任何态度。那么，凭什么含有命题态度的（E）和（GE）能够充当不含任何态度的（T）的证据呢？也就是说，由"认为 s 是真的"能推导出"s 是真的"，或者说，二者在经验上等价，其根据何在？也许

---

① D. Davidson, *Inquiries into Truth and Interpretation*, pp. 195 – 196.

有人提出这样的异议：库特（或其他任何人）可能在是否在"他附近天正在下雨"这个问题上出了错。在这种情况下，（E）就不能充当（T）或（GE）的确定性证据。戴维森认为，我们承认会有可理解的错误以及估计到犯各种不同错误的相对可能性，但这并不妨碍我们有获得一种最合适的证据的方法的可能性。当然，"认为……是真的"对 T - 语句为真的合理证据关系的建立还需要借助于一些必要的原则，其中一条重要的原则，便是我们前面提到的宽容原则。根据这条原则，我们得知，像库特这样的说话者所说的话可能经常是真话。在一种彻底的解释情形下，应使被解释者的语句和信念根据我们的正确性标准具有最大化的逻辑一致性。戴维森根据关于人类理性的标准论述了采用这一标准的合理性。他说：

> 这种旨在以一种对意见一致持乐观态度的方式来解释的方法论上的意见，不应当被设想为有赖于一种可能最终表明是错误的关于人类理解力的假设。如果我们无法找到一种理解方式，它把一个人的表达和其他行为解释为揭示一组在很大程度上是相容的，并按照我们的标准为真的信念，那么，我们就没有理由认为那个人是有理性的，有信念的，或说出了任何有实际内容的话。[1]

在宽容原则的限制下，"认为……是真的"在经验上大致等值于"……是真的"，从而可合理地作为真理论的证据基础。戴维森正是通过将二者联结起来的方式，把一个简单信念（即"认为……是真的"的信念）同解释联系起来，使之成为证据基础，并使之成为进入复杂信念（与意义等态度不可分离）的切入点。这种方法对于解释信念与意义的相互依赖关系极有帮助。从持真态度出发，通过尽可能认为信念是真的或正确的这一假定从而解释语言意义以打破循环解释的僵局。戴维森在《信念与意义的基础》等论文中开始考察一种更强、更精致的证据的可能性，进一步发展了他先前的看法。主要表现在，把解释理论看作一种涉及意义理论、行动理论和信念理论的统一理论；证据基础由信念的质转向信念的量的研究，即由简单的"认为……是真的"转向"相信……在……程度上是真的"，或者说从"认为……是真的"转向"认为一个语句比另一个语句更真"；参照决策论框架，给出关于意义和信念的相互依赖关系的解释思路；等等。鉴

---

[1] D. Davidson, *Inquiries into Truth and Interpretation*, p. 137.

于这些问题的复杂性和探讨其他问题的需要，我们在第二节着重考察它们。

通过上述考察，戴维森认为，假定有了一种令人满意的理论，那么我们只要知道说话者据以认为语句为真的那些条件，就能对每个语句提出一种解释。然而，这种真理论充其量只是给出了语句为真的真值条件，还不会自动地提供对语句意义的解释。戴维森主张，如果我们对这种理论规定一些必要的约束条件，那么就可以用它做出解释。这就涉及戴维森对他提出的第三个问题即"如果我们知道一种真理论满足所描述的那些形式的标准和经验的标准，我们能否对这种理论所论及的那种语言中的表达做出解释"① 的回答。在戴维森看来，由一种真理论衍推出的 T - 语句及其对它的典范证明都不足以说明这种理论是解释理论。他说：

> 经过再三考虑就会发现，很清楚，一个 T - 语句并没有给出它所论及的那个语句的意义：T - 语句确实确定出相对于某些条件的真值，但这并不是说对象语言语句之所以为真是因为这些条件的成立。
>
> 允许我们对另一种语言中的语句做出解释的不只是 T - 语句，还有对 T - 语句的典范证明……但是，如果我们所知道的不过是：某一序列的语句根据某种真的理论是某个特定的 T - 语句的证明，那么，我们实际上会同以前一样只了解如何做出解释。②

那么，什么东西能使我们用真理论去做出解释呢？戴维森明确注意到这一挑战并勾画了他解决该问题的方案：通过对作为一个整体的真理论施加一些恰当的形式限制和经验限制。

所谓形式限制，总的来说，就是这种理论从一种有限的基础出发，为每个对象语言的语句衍推出一个 T - 语句，并且存在着一种为确定一个仅仅利用合理内容的 T - 语句的优先集合的机械化程序。这实际上涉及对语句逻辑形式的适当解释所提出的要求。戴维森说：

> 这样一种解释必须使我们把语句的语义特征（它的真或假）看作被归于语句的构成方式，而语句是通过有限次地应用某些有限多的手段（它们足以满足作为一个整体的语言的需要），由取自有限多的词

---

① D. Davidson, *Inquiries into Truth and Interpretation*, p. 138.

② D. Davidson, *Inquiries into Truth and Interpretation*, p. 138.

汇（它们同样足以满足作为一个整体的语言的需要）之中的构成部分所组成的……提出这样一种理论的方式便是按照塔尔斯基所建议的那种思路递归地表征真理谓词。①

由于塔尔斯基的兴趣在于定义真之概念，他一直致力于以规定（stipulation）替代阐述（illumination）的人工语言研究。他的形式句法预设了对对象语言的理解，可以把翻译概念当作意义概念来说明真之概念的中介手段，因此，翻译概念在他的理论构造中是被预先规定的。然而，在戴维森所主张的彻底的解释情形下，不能预设包括翻译概念在内的有关对象语言的任何语义信息，也就是说，通过翻译将元语言和对象语言的语义关系联结起来从而给出对象语言的语义解释的方法在彻底解释的情形下已不再适用。这就需要对约定 T 式的真理论做出一些形式上的调整和修改。戴维森主张将塔尔斯基的看法颠倒过来：通过预先把握真之概念这一假定来获得对意义或翻译的理解，而不是相反。由于真之概念是一种外延性概念，它满足戴维森外延性意义理论的要求，也符合彻底解释方法的前提条件。同时它也是断定话语最单一性质（话语为真）的最恰当的基本概念和描述言说者对话语的极为简单态度（即持真语句态度）的便利手段，因此，以真之概念作为解释的初始概念就能够将话语、言说者及其信念态度联系在一起，为彻底的解释活动找到一个恰当的基点。

此外，还有一些关于形式上的性质的限制条件。这些条件包括：真理论应当被有限地公理化；它应当满足（被适当地修改过的）约定 T。如果元语言被认为包含普通的量化理论，那么我们可以期望这种理论通过类似于塔尔斯基那种对满足的递归性表征，通过量化与复指（cross - reference）、谓语句（predication）、真值函项关系等所造成的一些为人们熟悉的范型来描述对象语言中的语句。应用这些形式上的限制的最终结果是作为一个整体的对象语言适用于那种强求一致的量化理论。②

那么，经验限制是什么呢？其答案就是从彻底的解释者的角度来看这一理论应该被经验证实的抑或是可验证的，也就是说，要把解释活动中涉及的一些经验要素容纳到约定 T 式的理论框架中。关于这一点，戴维森在谈到指示性语句时就表示了这种意向：

---

① D. Davidson, *Inquiries into Truth and Interpretation*, p. 94.

② 参见 D. Davidson, *Inquiries into Truth and Interpretation*, pp. 150 – 151。

使一个真理论成为一个可靠的解释理论的一个重要的（的确是必不可少的）因素，是使这种理论相对于说话者和时间。当存在索引词和指示词因素时，具有真假的不是语句，而是语句相对于一个说话者和一个时间的语句。另一种可供选择的说法是，我们可以把真看作话语或言语行为的特性，而不是语句的特性。①

戴维森认为，对语言现象的解释显然要依附于非语言现象，即人们如何使用语言的现象，因此，一种真理论要成为解释理论就必须对这一现象做出解释。在彻底解释的情况下，解释的证据始于语言使用者的外部可观察行为。通过这种可观察行为，为探讨解释理论中所涉及的真、意义和信念的相互依赖关系找到一个可依靠的经验基础。由于理解一个语句的三种基本因素，即持真态度、意义和信念交织在一起，因此给出语句的意义需要某种联系语言使用者与语句的外延性概念，这个概念就是持语句为真。在一般情况下，某人认为一个语句为真主要出于两个方面的考虑，一是他认为这个语句的含义是什么，二是他相信这种情况是什么。因此，持真态度就将语句的意义和语言使用者的信念联系起来了。

如何由可观察的说话者持语句为真的态度获得对说话者的两种不可观察的解释因素（即意义和信念）的说明，是彻底的解释者亟待解决的问题。在宽容原则的基础上，戴维森仿照决策论的做法给出了解释的思路。解释理论面临着与决策论类似的难题：正如在决策论中，假定只给出决策者的选择，这是选择者赋予那些选择结果的相对值与他指派给那些结果的概率这两种心理因素的结果，我们难以既得出他的信念又得出他的相对值，在解释理论中，假定我们只知道一个说话者对语句的持真态度，在不获得解释理论（这一理论为我们提供了关于说话者的信念和意向的充分知识）的前提下，我们不可能知道说话者的话语含义和信念。决策者的主观偏好相当于解释时人们认为语句为真的态度；决策中的实际选择相对于解释中的实际表达。决策论有助于说明下述看法，即最好通过信念在使选择或偏好合理化上的作用来理解信念。在解释理论中，我们只考虑一种特殊的信念，即关于一个语句为真的信念。在这种情况下，我们能在这种信念背后找到也许会在选择中显示出来的偏好。这样，在那些成真的命题之间

① D. Davidson, *Inquiries into Truth and Interpretation*, p. 74.

的偏好就变成了证据基础，我们就可以仿照决策论来谈论命题的真实性的信念程度以及那些要求命题为真的愿望的相对强度。简言之，这种理论把语句之间的偏好（即认为一个语句而不是另一个语句为真的偏好）作为证据基础，从而通过把信念和值归于当事人，把意义归于这个当事人的话语来对这种个别偏好做出说明。按照这种分析的结果，我们可以把持语句为真的态度作为彻底的解释理论的证据基础，由此说明一种真理论也是一种解释理论。

戴维森主张，在整体论原则的基础上，一种满足适当的形式限制和经验限制的约定 T 式的真理论能充当一种解释理论。他认为，塔尔斯基用翻译标准保证约定 T 式的 T - 语句是解释性的，我们可以采用一条整体论标准：T - 语句的全体应当最圆满地适合那些讲母语的人看来为真的语句的证据。通过这种整体论限制的条件，我们可以间接地引出塔尔斯基直接为每个 T - 语句所做出的假设，也就是说，这种整体论限制的条件可以起到塔尔斯基那里的翻译预设所能起到的解释作用。他说：

> 假定我们知道一种处理关于某个特定语句的语言的真理论，我们便能对这个语句做出解释。因为在那种情况下，我们不仅知道关于这个有待解释的语句的 T - 语句，而且"知道"关于其他一切语句的 T - 语句；当然也就知道一切证据。[①]

这就是说，如果我们知道了一种处理关于某个特定语句的语言的真理论，我们就具备了有关上述整体论限制条件的知识，这种知识能使我们不仅知道这个语句是真的条件，而且还知道它在所处的语言系统中的语义位置。通过它所处的这种整体系统中的语义位置，我们便能给出它的语义解释。当然，这里所说的真理论是一种推出 T - 语句的经验性理论，正是这种满足适当的形式和经验限制条件的真理论才能充当解释理论，从而保证真理论最终能表征意义理论。戴维森总结说：

> 假设我们不仅知道一个 T - 语句，还知道那种衍推出它的关于真理的经验理论，知道它是一种满足那些形式的标准和经验的标准的理论，那么这个 T - 语句就能被用来解释 T - 语句。因为如果那些限制

---

① D. Davidson, *Inquiries into Truth and Interpretation*, pp. 138 - 139.

是适当的，那么，那一系列可接受的理论就会使得其中任何一种理论都对每个潜在的话语做出某种正确的解释。①

说到这里，我们可以对戴维森对一个解释者要解释一个说话者的话语所要掌握的知识表述如下：

[K] [1] T 是 L 的一种真理论，它的公理是…，并且从彻底解释者的立场看，它是可证实的。

[2] T 的公理 A_1 意谓…，A_2 意谓…，…。

[3] …是 T 的一个规范性证明程序。

其中填入 [1] 中的"…"是 T 的一系列公理，填入 [3] 中的"…"是对一个规范性证明程序的描述语。这个程序是这样一个程序，即相对于 T 的公理是解释性的这一假定，产生所有的且仅仅是 T - 语句的语句作为定理的程序。具体说来，它是某种自然语言的一个有穷语句序列，其中最后一个语句是一个 T - 语句，而且其中每个语句或者是一个公理，或者是由先前的语句根据推理规则得到的。这就保证了人们能识别其规范性的（而且，假定 T 是解释性的，因此也是其解释性的）定理。[2] 保证了人们能理解 T 的定理。②

第二节 彻底的解释的程序

在第一节我们已触及彻底的解释的程序，通过这一程序阐述了戴维森对 Q_2 的回答：我们能从彻底的解释者的立场出发得以了解有关足以解释另一个说话者的知识。那么，彻底的解释者所处的认识论地位是什么？或者说他能诉诸哪些解释资源？他又是如何利用这些解释资源建立起他的解释框架的？在解释过程中又需要参照什么理论和方法论原则？对诸如此类问题的回答构成了戴维森解释理论实质性部分，也是其中最有理论特色的部分。鉴于戴维森的论述概括性强，涉及语言学、心理学、逻辑学、行动理论学等学科知识，因而也难以理解，所以有必要对这部分内容详细地加

---

① D. Davidson, *Inquiries into Truth and Interpretation*, p. 139.

② 参见 E. Lepore and K. Ludwig, *Donald Davidson: Meaning, Truth, Language, and Reality*, pp. 118, 156.

以分析，从而全面、深刻地把握戴维森解释理论的精神实质。

一　从行为到持真态度

彻底的解释可以被认为是既面向一个语言共同体又面向一个单独的说话者。解释一个单独的说话者在概念上优先于解释一个共同体的语言，因为后者要求确定一群说话者，其中任一个说话者说的是同一种语言。"如果对说话者奏效的是相同的解释理论，那么他们就属于同一个语言共同体。"① 然而，这并不意味着，我们能在不考虑一个说话者使用的语词如何能以这种语言的任一个说话者的口吻加以解释的情况下，得到对那个说话者语言的一个恰当的解释。考虑英语中第一人称代词"I"的情形，如果我们不考虑以英语中的任一说话者的口吻所表达的对它的解释，我们将会失去其意义的一个重要方面，即它指称使用它的任何人。实际上，英语中的语境敏感词项的一个普通特征在于，它们是由一个具体的说话者相对于对它们的使用加以解释的。这意味着，一个彻底的解释者必须为解释单独的说话者收集证据，还要收集关于一种假定说话者语言的语句的解释的证据，这种语言为它的任一个说话者所使用。下面，我们假定，彻底的解释者已确定了一个说同一种语言的说话者共同体，并且在思考如何解释他们的语言。

那么，彻底的解释者在解释说话者时能利用哪些证据呢？这一问题在第一节有零散的论述。在这里，我们可以概括地分析一下。首先我们考虑，彻底的解释者不能使用的有关解释资源或证据有：

第一，关于对象语言的任何表达式的意义的知识。也就是说，彻底的解释者不能使用诸如"翻译""意义""同义"等关于对象语言的表达式的语义学或语言学概念。否则，这种解释便是循环的解释，不是彻底的解释。

第二，关于典型地说出一个语句时所带有的那些复杂的和被细致区分的意向的知识。因为这种意向与信念和意义是联系在一起的，不能单独地分离出来；这种意向与通常的语言意义（第一意义或字面意义）没有太大的关系。

那么，排除这两类解释资源后，彻底的解释者能使用的解释资源有：

第一，关于说话者对他语言中语句的真的态度的知识。例如，说话者

---

① 　D. Davidson, *Inquiries into Truth and Interpretation*, p. 135.

相信什么语句为真，期望它们为真，害怕它们为真，愿意它们为真；又如，说话者偏向于认为一个语句比另一语句真。这种证据是确保 T–语句为真的证据形式。

第二，以一种不包含任何关于说话者的态度或他的语词的意义的信息的方式加以描述的关于说话者与他所处环境的相互作用的知识。这涵盖的范围实际上非常广泛，其中许多具体内容可以通过对话环境的可观察行为体现出来。

那么，持真态度和说话者及其所处环境的相互作用是什么关系呢？在《彻底的解释》中，戴维森明确地意识到了这个问题："［持真态度］是解释者在能做出解释之前就可以合乎情理地采取的一种态度，因为解释者可以知道一个人打算在说出一个语句时表达一个真理而又不了解这是什么样的真理。"① 这似乎表明了我们是在更为原始的证据的基础上得到关于持真态度的知识，但直到后来他才明确地指出关于这个更原始的证据到底是什么。他说：

> 正像维特根斯坦（更不用说杜威）、米德、蒯因和其他许多人坚持认为的那样，语言是内在的、社会的。这并不蕴含着能够以可视察的行为定义真和意义，也不蕴含着语言"仅仅"是可观察行为。但是这确实隐含着意义完全是由可观察的行为，甚至是由可容易观察到的行为决定的。意义是可以解释的，这不是一个幸运的问题；可公共理解性是语言的一个组成部分。②

戴维森表明了这个更原始的证据便是行为证据，正是这种公共可观察的行为支撑着语句使用者的持真态度和语句的意义。但是他和蒯因一样，坚决反对行为主义或实证主义意义观。那么，持真态度和行为之间有一种什么样的关系呢？

> 在给定有关实际的和潜在的行为的充足信息的情况下，在态度和行为之间存在着概念的联系，这种联系足以允许对态度做出正确的推论……清楚的是，必须把一种非常复杂的行为范型看作去证实一个简

---

① D. Davidson, *Inquiries into Truth and Interpretation*, p. 135.

② D. Davidson, *Truth and Predication*, p. 56.

单思想的归属。或者更准确地讲，存在着好的理由相信，有这样一个行为的复杂范型，并且除非实际上存在这样一个行为的复杂范型，否则，便没有思想。①

上述引言说明了，彻底的解释者对说话者证实一种满足适当的形式限制（即关于适当形式限制的量化）的解释性真理论最终依赖于行为证据。根据意义理论的组合性原则，为了证实一种语言的真理语义论，我们必须了解关于这一理论的语法知识，因为这一理论在结构上依赖于在对象语言语句的组成部分的基础上来描述这些语句。因此，彻底的解释者 S 的任务之一就是要在行为证据的基础上来确定对象语言的句法结构。可是，在我们允许彻底的解释者所能把握的证据的条件下，他能否完成上述任务，我们如何对此保持自信心这一点并不清楚，然而，出于论证的需要，我们必须给出肯定的答案。同时，即使拥有对象语言的一种语法，行为证据如何能与这种语法相结合，从而产生证实那种语言的真理论方面可以利用的证据？这个问题还是不清楚的。

戴维森认为，从彻底的解释者的立场看，我们不能假定我们预先知道说话者的信念或者说话者语句的意义。可是，关于说话者持语句为真的知识既不预设关于说话者信念的详细内容的知识，也不预设他们持真的语句的意义的知识。并且说话者持什么样的语句为真，大体上可以看作他们整体上对世界的信念和对他们的语句的意义（相对于某一语境）的信念这两者相结合的产物。如果某人相信（that）p，并且认为 s 意谓（that）p，那么假设（that）p 为真，并且 s 意谓（that）p，那么 s 为真，那个人可以合理地推出 s 为真。如果我们知道，在时间 t，一个说话者 S 持一语句 s 为真，并且，如果我们或者知道 s 相对于 S 和 t 的意义，或者知道作为他持 s 为真的基础的那个信念（假设他知道 s 的意义，并且得到他的这一信念，即在那个信念和其他信念的基础上 s 在时间 t 为真的信念），我们就能够解释这个对子的另一个因素。如果我们仅仅从关于说话者持语句为真的知识入手，我们便有望通过发现一种将允许我们对这个对子的一个因素保持固定而对解释另一个因素的进一步限制来打破意义和信念的循环。正如戴维森指出的："某些行为的或倾向的事实必然是意义和信念的一个向量

---

① D. Davidson, *Subjective*, *Intersubjective*, *Objective*, Oxford：Clarendon Press, 2001, p. 100.

（vector），我们可以用一些不对解释做出假定，而解释理论却能引以为据的方式来描述这些事实。"① 因此，戴维森提议，我们假设解释者在纯粹的行为证据的基础上获得关于说话者持真态度的知识，并对此加以适当的限制，便能为验证他们的语言的一种真理论提供恰当的基础。他说：

> 我希望人们会姑且承认下述说法是合乎情理的：我们能够说出一个说话者在什么样的场合下认为一个语句为真而不知道他用那个语句表达的含义，或不知道他对那个语句的求知主题持有什么样的信念，或不知道什么样的详细意向促使（或可能促使）他说出那个语句。②

通过上述考察，我们将期望我们对持真态度的确定最终建立在行为证据的基础上。如果这一证据能使我们确定某个说话者做出一个断定，如果我们判定这一断定是真诚的，那么，我们就可以直接表明，该说话者持那个被断定的语句为真。当然，就其他的言语行为而言，如果我们能够确定它们的正当性，我们也可以揭示说话者持什么语句为真。正如戴维森所言：

> 对语言的绝大部分使用直接告知我们，或者阐释了这样一个问题，即一个说话者是否持一个语句为真。如果一个说话者的目的是提供信息，或者做出一个真实的断定，那么，通常那个说话者在特定的环境下相信他正在表达的那个语句是真的，如果他表达了一个命令，我们通常可以把这看作表明他持某一特定的语句（与他表达的语句密切相关）为假；这种情况也同样适用于许多欺骗的情形。当询问一个问题时，这通常表明了提问者不知道某一特定的语句是否为真；如此等等。③

因此，我们有可能在行为证据的基础上以有效的方式识别出不同的言语行为，那么这种识别便会有助于我们识别一个说话者的持真态度。这种观点使我们回想起蒯因说的土著人对语句的赞同态度。然而，值得注意的是，持真态度是一种非常简单的态度，假设我们已经确定一个说话者对语

---

① D. Davidson, *Inquiries into Truth and Interpretation*, p. 148.
② D. Davidson, *Inquiries into Truth and Interpretation*, p. 144.
③ D. Davidson, *Inquiries into Truth and Interpretation*, pp. 161－162.

句的态度，不仅是他的持真态度，而且还包括他害怕一个语句为真、希望它为真、想望它为真，认为一个语句比另一个语句真等的态度，那么指派给说话者语句的解释将会导致对他的害怕、希望、想望等内容的指派。这些指派将导致关于当事人在各种环境下如何行动，哪一个可接受检验，并用以纠正他对内容的指派并因此反过来纠正对那个说话者语句的解释。这表明了我们可以把一种解释理论看作一种关于意义和行动相结合的理论，也就是说，一种旨在既指派解释给一个说话者的语句又指派内容给他的行动的理论。前者的首要证据是持真的语句，后者的首要证据是说话者在其行动中显示出来的偏好。

前面我们一直认为，确定一个说话者的持真态度将足以对他的语言的任一语句做出一种解释。正如蒯因的赞同态度一样，持真态度首先为如何解释场合句提供了重要洞见。由于任何词项都可以出现在一个场合句中，指派给场合的解释将为解释那种语言中的所有词项提供证据这一建议似乎是合理的。可是，在具有多少远离那些被直接观察的东西的词项的情况下，即使在场合句中，正确地解释它们，将依赖于它们在非场合句中如何被使用的看法，并且特别地，将依赖于说话者如何将场合句看作包含它们的语句的支持和说话者把什么样的场合句看作包含它们的语句的结果。也就是说，对那些其适用条件是被一种复杂的理论（词项嵌入其中）所指导的词项的解释，将依赖于对关于直接可观察的东西的语句和关于远离直接可观察的东西的语句（如理论语句）的支持联系的描述。因为支持关系一般地会比衍推弱一些，我们所需要的是关于一个说话者认为一个给定的场合语句支持一个理论语句的程度的测度方法。这一点通常会在说话者对一个理论语句的真的信任度，如何随着他对一个场合句的信任度的真的增加或减少而增加或减少这一方面反映出来。[①] 一旦我们认识到在这种背景下的信念程度的重要性，我们就能发现，即使是在解释场合句的情形下，它也将有至关重要的意义，因为我们通常并非都是以完全信任的态度认为我们所处环境中的关于事件的语句是真的。例如，"它看起来像一只兔子，但我仅仅是瞥了一眼，因此我不能完全确信它就是兔子"。这种类型的信息在解释观察语句的过程中将明显地起着极大的作用。这就意味着，我们最终所需要的不仅仅是要探讨持真态度，

---

① 参见 D. Davidson, *Problems of Rationality*, Oxford: Oxford University Press, 2004, p. 157。

而且要探讨说话者在关于他的语句的真的方面所具有的信任程度，并且同样地，还需要探讨他对语句的祈愿态度、说话者期望语句为真的程度以及由说话者的偏好方面的语句等级所决定的程度。针对这种情况，我们有望提出一种完全彻底的解释理论，这种理论既需要利用在语句的真的方面显示出来的信任程度（主观概率），又要利用指派给语句的真的相对效用。如此看来，解释理论与经验决策论有着非常相似之处。基于这一点，戴维森仿照决策论的思路，提出了他对信念和意义相互联系的解释方案。

二　仿照经验决策论提出解释方案

戴维森认为，如果我们知道了一个说话者的持真态度是什么，并且如果我们能够固定信念和意义这副对子中的一个因素，我们便能确定说话者的信念或意义。戴维森通过与关于决策论的经验检验的类比，提出了关于信念与意义相联系这一问题的解释方案。在《信念和意义的基础》一文中，他明确地刻画了决策理论与解释理论的相似性，这种相似性成为他全面地利用决策论的思路来阐述他关于解释理论的思想的理论基础，因此值得我们在这里详细地加以考察。

决策理论或者合理的选择的理论，主要涉及对偏好或采纳一个或另一个可采纳的行动的合理性条件的考察。如果我们称在行动中显示出来的偏好为选择，那么人们的合理选择是由人们相信对他们是自由的选择之间的偏好决定的。人们的偏好反过来是由两个因素决定的：人们能自由采取的行动的结果的相对效用和人们相信每种选择结果出现的机会，也就是说，人们指派给每一个可能结果的主观概率。例如，设想某个人面临是否接受关于一场比赛的赢者的赌博的选择，也就是说，是为了获得一笔支付（如果他关于赢者的选择是正确的），是否同意支付相当一笔钱（如果他关于赢者的选择是不正确的）这样一种选择。在这种情形下，是否接受这场赌博的理性的选择将依赖于指派给赢得或失掉这场赌博的相对效用和对每种情况出现的概率的估计。假设某人在考虑一场巴西队赢得一场足球比赛的赌博，如果他赢得这场赌博，则他将得到双倍于他的赌注的钱；如果他输掉这场赌博，那他就要失去他的赌资。如果某人估计巴西队赢得这场比赛的机会是 0.8（因此不会赢得这场比赛的机会是 $1 - 0.8 = 0.2$，所有出现的情况的概率共计 1），那么他就可以通过将每一种可能会出现的结果的相对效益乘以其主观概率的方法得到各自的期望效用值，以此来决定他是否参与这场赌博。根据上述情况，我们可以计算出某个人参与和不参与这场赌博的期望效用值：

$$参加赌博的期望效用值 = 0.8 \times 2N + 0.2 \times (-N) = 1.4N$$
$$不参加赌博的期望效用值 = 0.8 \times 0 + 0.2 \times 0 = 0$$

其中的"N"代表赌注的数值。根据上述给定的相对效用和主观概率分别给出的参加和不参加这场赌博的期望效用值，合理的选择是参加赌博。然而，如果将主观概率颠倒过来，即如果某人估计巴西队赢得这场比赛的机会是0.2，参与赌博的期望效用值将会是 $-0.4N$，那么，合理的选择便是放弃赌博。

决策理论是规范性的。诸如上述的那些规定性的东西旨在表明在选择场合下什么是合理的选择行为。但是，它又不仅仅是规范性的，因为它的公理通常或多或少是由要成为一个当事人的条件所组成的——至少这是戴维森的主张。我们说"或多或少"，是因为可能存在从完全理性开始下降的变化程度，但又没有使我们对某个人作为一个当事人的图画处于一种完全混乱的状态。但是它是构成性的，因为太背离决策理论的合理性标准则完全威胁我们确定关于某人作为一个当事人的思想。因此，关于一个特定的当事人的偏好的理论结构，就像一种关于一个特定的说话者语言的塔尔斯基式的真理论的结构一样，可以在某种程度上先于其运用被设计出来。在一种塔尔斯基式的理论中，余下的未指明的东西是要将什么样的特殊的满足条件指派给对象语言中的什么样的特殊的表达式，而在一种决策理论中先于其经验性应用而余下未指明的东西是对主观概率和相对效用的指派。在决策理论的情形下，经验性应用从一个人所做出的实际选择出发确定他的偏好是什么，然后指派与这些偏好相一致的相对效用和主观概率。因为他的偏好是由他的相对效用和主观概率共同决定的，如果我们知道他的偏好是什么，并且或者知道他的相对效用或者知道他的主观概率，我们就能得知其中另一个。

然而，如果我们试图证实一种特殊的主观概率的指派和对一个当事人的选择次序（在没有预设我们知道两者中任一个的情况下），那么，我们必须试图发现一种对在解释一个当事人的实际选择方面的两个自由程度中的一个进行限制的办法。关于这个问题的解决方案首先是由拉姆塞

(Frank Ramsey) 提出来的。在假定偏好是效用和主观概率的合成物的情况下，我们需要发现的是在一个当事人的偏好（它足以确定两个独立的决定因素中的一个）之中的某些种类的范型。因此，我们考虑一个当事人对在一个事件 E 上进行的两种赌博方式的态度是中立的，即他对 E 本身是发生还是不发生的态度是中立的。我们假设这个当事人认为在共和党人和民主党人之间谁赢得选举没有任何区别，而现在讨论的事件 E 是关于一个共和党人赢得下届总统选举的事情。在第一种赌博方式中，如果 E 发生，他将得到一笔钱（如 100 美元），而他对这种方式的赋值是 v；如果 E 不发生，他也将得到一笔钱（如 200 美元），而他对这种方式的赋值是 v^*。第二种赌博方式则颠倒过来，即如果 E 发生，他将得到一笔钱（如 100 美元），而他对这种方式的赋值是 v^*；如果 E 不发生，他也将得到一笔钱（如 200 美元），而他对这种方式的赋值是 v。假设 "p" 代表他指派给 E 发生的概率，"v" 和 "v^*" 代表他指派的效用值。他对上述两种赌博方式的中立态度表明，他对这两种方式中的任何一种都会赋予相同的期望效用，即：

$$pv + (1-p) v^* = pv^* + (1-p)$$

因此得到：

$$p = \frac{1}{2}$$

所以，通过确定当事人偏好中的某一特殊范型，我们就可以仅仅通过使用最终以当事人的选择行为的形式呈现出来的信息来获得主观概率。在确定当事人指派给一种类型的事件的主观概率后，我们就可以在当事人指派给它们的相对效用的基础上反过来利用它来考察当事人的选择次序，并且利用这一信息反过来考察他指派的主观概率。因此，戴维森认为，"对于决策论来说，这种办法解决了如何把主观概率和主观效用分开的难题，因为，一旦找到了 E 这样的事件，就有可能估计其他的值，从而确定一切事件的主观概率"[1]。

戴维森认为，试图为一种说话者的语言证实一种真理论的彻底的解释者所面临的任务，与某种试图证实对一个当事人的关于相对效用和主观概

---

[1] D. Davidson, *Inquiries into Truth and Interpretation*, p. 146.

率的特殊指派的任务非常相似。"总而言之，我的论点是，我们应当把意义和信念看作同一理论的两个互相衔接的构成物，正如我们已经把主观值和概率看作决策论的两个互相衔接的构成物一样。"① 在他看来，作为决策论的证据基础的偏好相应于解释理论中人们的持真态度，决策论中实际选择相应于解释理论中的实际表达。彻底的解释者面临的问题类似于决策理论家面临的问题。前者必须从偏好出发确定一个对相对效用值和主观概率的指派；后者必须从持真语句出发确定一个对语句意义的指派和对信念内容的指派。正如决策论一样，我们可以期望持真语句中的某一特定范型将有助于揭示它们的意义。在持真语句中我们能够期望发现的那些范型应归于说话者认为存在的语句的真值之间的依赖关系，因为关于语句意义的信念（衍推关系、必然真理）或者关于自然定律的信念使说话者认为存在着这种关系。例如，如果说话者认为"单身汉"意谓"未结婚的男子"，那么他会认为"张三是一个单身汉"衍推"张三是未婚的"和"张三是一个男人"。如果他认为接近地面的无支撑的物体下落是一种自然定律，那么他会认为，如果"x 是一个接近地面的无支撑的物体"在时间 t 为真，那么"x 会下落"在时间 t 为真。这一点将为诸如逻辑形式和语义衍推关系这样的问题提供重要的线索。然而，关于大多数谓词的应用所需的经验性条件的探讨仍然未能找到一个有效的方法。为了取得突破性进展，我们需要探询的是，由一个说话者持真的语句的这种形式表达出来的证据如何能够与其他的证据结合起来，从而打破信念和意义的循环。正如戴维森指出的："为了把事情理顺，我们需要的是一种在保持一个因素固定的同时研究另一个因素的方法。"②

　　通过上面的考察，我们可以发现，由拉姆塞倡导的从已在赌博中的选择形式体现出来的证据提取概率和效用的方法预示着我们可以解释主体的言语，也就是说，我们已经能够确定说话者的态度内容，即他对赌博的态度，这通常可以通过为他提供赌博实验并询问他偏爱其中哪一种赌博方式加以确定。然而这不是彻底的解释者自身能随意利用到的信息。戴维森也明确看到了这一点。他说：

　　　　拉姆塞关于贝叶斯判定理论的说法从根本上利用了赌博或打赌，

---

① D. Davidson, *Inquiries into Truth and Interpretation*, p. 146.

② D. Davidson, *Inquiries into Truth and Interpretation*, p. 167.

而这为我们工作制造了困难。因为在我们还远没有进入解释一个人的语言的过程的时候，我们如何能够说明他把一个语句看作表达了一场赌博呢？一场赌博毕竟明确说明了一定事件的出现（一枚硬币下面朝上）和一种明确的结果（你赢得一匹马）之间的一种联系，也许是因果联系。即使假定我们能够说明一个人在什么时候接受这种联系，直接应用这个理论也要依赖于起原因作用的事件（这枚硬币下面朝上）本身没有任何价值，无论是正的还是负的。还必须假定这个人赋予这枚硬币正面朝上的概率不受赢得一匹马的思想的不良影响。在对判定理论的实验检验中，人们试图提供一些环境，在这些环境中，这些假定有机会成为真的。但是我们现在所考虑的一般应用是不能这样挑选的。①

为此，戴维森提出了建立一种意义和行动的统一理论的建议。这种理论"把语句之间的偏好（即认为一个语句而不是另一个语句为真的偏好）作为证据基础。因此，这种理论会通过把信念和值归于当事人，把意义归于这个当事人的话语来对这种个别偏好做出说明"②。也就是说，我们可以把说话者所持的语句之间的偏好用做同时解释该说话者的主观概率、相对效用和意义的证据基础。这种态度是某种简单的态度，即一个解释者在详细知道一个人的任何命题态度之前就能够从这个人身上认识到的态度。解释者不用知道说话者的那些语句的意思，说话者重视什么事态，或他相信什么东西就能够知道这一点。虽然这种态度带有意向性因素，但不是内涵性状态，而是一种将说话者和两个语句联系起来的外延关系。因为它不涉及内涵性概念，所以可以作为戴维森的彻底的解释理论的突破口。他说：

> 认为一个语句而不是另一个语句为真是一种使一个人与两个语句（和一个时间）联系起来的外延关系。因为无须知道这些语句是什么意思就能够觉察到这一点，所以，以它做基础的解释理论能够有希望从非命题的东西迈出至关重要的一步。③

---

① D. Davidson, *Truth, Language and History*, Oxford：Clarendon Press, 2005, p. 67.

② D. Davidson, *Inquiries into Truth and Interpretation*, p. 148.

③ D. Davidson, *Truth, Language and History*, p. 67.

　　确定了这个基本态度后，解释者所要继续做的工作，就是要说明世界上什么事情和情景引起一个人认为一个语句而不是另一个语句为真。不难发现，一个人认为一个语句而不是另一个语句为真，这是他认为这些语句所表达的意思的一种功能，是他赋予世界各种可能的或现实的状态的值，也是他根据相关语句的真而归于那些状态的概率。因此，从一个当事人在一些语句中的偏好模式能够抽象出他的所有这三种态度，并不是不可思议的。

　　戴维森采用了杰弗里（Richard Jeffrey）对判定定理的另一种解释，这种解释不直接使用赌博，而是处理优先选择的对象，赋予主观概率的对象，以及都作为命题而被赋予相对值的对象。在这种决策理论框架内，当事人被赋予了相应的命题态度——对命题是真的优先选择态度。杰弗里详细说明了如何从对命题是真的优先选择提取概率和值。然而在彻底的解释理论中我们不能随意使用命题这一概念。因为"命题是意义，或者是有意义的语句，如果我们知道一个当事人正在选择的那些命题，那么我们最初的问题，即解释语言和具有个体特色的命题态度，看来从一开始就已经解决了"①。也就是说，如果我们采用杰弗里这种命题态度，就从根本上动摇了戴维森外延性意义理论和彻底的解释理论的基础。按照戴维森的观点，作为彻底的解释理论的基础证据应该是不预设任何有关对象语言的语义信息的东西。他认为，如果我们是从未解释的语句的优先选择而不是从命题的优先选择出发，则既可以避免解释理论中可能面临的循环解释的困境，又可以期望得到拉姆塞－杰弗里式的结果。

　　然而，如果当事人优先选择 p 而不是 q，并且知道 s 意谓（that）p，s' 意谓（that）q，那么他将优先选择 s 而不是 s' 的真，在这种条件下，我们可以确信（在不预设我们了解其详细内容的情况下）一种获得优先选择中模式的信息来源。一般情况下，我们认为一个语句而不是另一个语句为真，是因为我们对一个语句而不是另一个语句表达的事实状态赋予更多的值。这也许是因为我们对每种事实状态附加的内在值，或者是因为我们对它们在那些表达它们的语句为真的事件中可能出现的结果所附加的值和我们对它们出现的可能性的估计。后一种情形在目前的讨论背景下具有特别重要的意义，因为在通常情况下，我们不是为了探讨具体的行动，而是为

①　D. Davidson, *Truth*, *Language and History*, p. 68.

了思考，即使在涉及复杂的方法的最难解的事情时我们也应该知道如何去做。在这些情形下，可以将优先选择 q 而不是 t 表达为在（1）中表达出来的一个计算结果，其中 n、m 是可能结果的数字，"p""q""r""t" 及其下标表示态度内容，"$des(x)$" 和 "$prob(x)$" 分别是从愿望和信念的内容到表达指派给这些内容的值和信念程度的数字的函数。"$prob(x/y)$" 表示在给定 y 的情况下 x 的概率，可以理解为，如果当事人接受了 y，在其他条件相同的情况下，该当事人会指派给 x 的信任度。

$$(1) \quad \sum_{i=0}^{n} des(p_i) \times prob(p_i/q) > \sum_{i=0}^{m} des(r_i) \times prob(r_i/t)$$

如果将其中的命题替换成语句，这里的当事人相信（或知道）s 表达了事态（that）q，s' 表达了事态（that）t，如此等等。这样，我们就得到：

$$(2) \quad \sum_{i=0}^{n} des(s_i) \times prob(s_i/s) > \sum_{i=0}^{m} des(s_i' \times prob(s_i'/s')$$

这样，从语句之间的优先选择这一不预设关于态度内容的详细信息的知识出发，运用适当的限制，我们便可望得到主观概率、主观效用和意义。[1] 因此，戴维森认为，如果我们对杰弗里的判定理论框架加以适当的限制，就可以把它作为彻底的解释的理论框架。他说：

> 杰弗里发现命题的主观概率和相对效用的方法只依赖于命题的真值函项结构——依赖于命题是如何由简单命题通过重复利用合取、析取、否定和能以它们定义的其他运算构成的。如果我们从语句而不是从命题出发，那么在能够识别真值函项联结词的条件下就会克服这个关键的困难。因为一旦识别了真值函项联结词，杰弗里就已经说明如何在理想的程度上固定所有语句的主观效用和概率；而我已经论证过，这足以产生一个解释语句的理论。知道一个当事人对被解释的语句的评价和认识态度（至少在这种方法的语境中），不会被认为与知道这个当事人的信念和愿望是不同的。[2]

用解释的语句代替命题后，我们就可以利用杰弗里的判定理论的表达

---

[1] 参见 E. Lepore and K. Ludwig, *Donald Davidson: Meaning, Truth, Language, and Reality*, pp. 251 – 252。

[2] D. Davidson, *Truth and Predication*, pp. 68 – 69.

方式作为我们的解释框架，这个框架由下述公理组成［其中"*prob*（*s*）"代表"*s* 为真的概率"，而"*des*（*s*）"代表"*s* 为真的效用"］。

Ⅰ. 概率公理

（a）*prob*（*s*）≥0；

（b）*prob*（*T*）=1（"*T*"代表一个重言式）；

（c）如果（*s*∧*t*）是必然假的，那么，*prob*（*s*∨*t*）= *prob*(*s*) + *prob*(*t*)

Ⅱ. 效用公理

（D）如果 *prob*（*s*∧*t*）=0并且 *prob*（*s*∨*t*）≠0，那么，

$$des(s \lor t) = \frac{prob(s)\,des(s) + prob(t)\,des(t)}{prob(s) + prob(t)}$$

解释程序有两个主要步骤。首先，我们识别对象语言中的逻辑常项；其次，我们用这些逻辑常项为主体的对象语言中的语句指派一个概率等级，然而反过来用这些东西确定它的效用。第二阶段中所利用的程序已经由杰弗里弄清楚了，戴维森的贡献在于要表明如何完全依靠语句之间的优先选择来识别对象语言中的逻辑常项。①

戴维森在《真之概念的内容》一文中利用上述公理详细讨论了这一问题。在他看来，通过联系优先选择和信念，（D）做了通常由赌博完成的那种工作；然而这种联系是不同的。在解释过程中使用的语句结果是要说明相关事件的发生，例如，"下一张扑克牌是一张梅花牌"。因此事件与语句联系起来了。事件和结果也是由语句表达的。例如"这个当事人赌了 1 美元"，"这个当事人赢了 5 美元"。赌博没有和语句建立直接的联系，但冒险的因素是显而易见的，因为选择一个语句为真通常要在什么东西会是伴随地真的这个问题上冒险。假设当事人不能选择一个逻辑上假的语句。因此，我们发现，如果当事人选择使语句"这个当事人赌了 1 美元"为真而不是为假，那么他正在这样一个结果上冒险，这个结果（例如）可以被认为要依赖于下一张扑克牌是不是一张梅花牌，那么，语句"当事人赌 1 美元"（为真）的效用将是各种环境下的效用，在这些环境下，这个语句为真，通常是以那些环境的概率的方式来衡量的。假设那个当事人相信，如果下一张扑克牌是一张梅花牌，那么他将赢得 5 美元，如果下一张扑克

---

① 参见 E. Lepore and K. Ludwig, *Donald Davidson*：*Meaning*，*Truth*，*Language*，*and Reality*, p. 253。

牌不是一张梅花牌，那么他将一无所获；那么他将会对"这个当事人赌了
1 美元"的真是否会和"下一张扑克牌是一张梅花牌"的真或假相匹配产
生特别的兴趣。假设这两个语句缩写为"s"和"t"，那么

$$des(s) = \frac{prob(s \wedge t)des(s \wedge t) + prob(s \wedge \sim t)des(s \wedge \sim t)}{prob(s)}$$

这当然有点像拉姆塞的赌博事例。然而，它又不同于拉姆塞的赌博事
例，因为这里不存在这样的假定，即可以认为要决定结果的"自然状态"
（用拉姆塞的术语说）是"道德上中立的"，也就是说，对结果的效用没
有任何影响。也不存在这样的假定，即结果的概率仅仅依赖于"自然状
态"的概率（当事人也许相信，即使下一张扑克牌不是一张梅花牌，他也
有机会赢得 5 美元，即使下一张扑克牌是一张梅花牌，他也有不会赢得 5
美元的可能）。

在杰弗里的系统里，效用公理（D）可被用来表明概率是怎样依赖于
效用的。拿一个特殊事例来说，这里的 $t = \sim s$，那么就会得到：

（1） $des\ (s \vee \sim s) = des(s)\ prob\ (s) + des(\sim s)\ prob\ (\sim s)$

因为 $prob\ (s) + prob(\sim s) = 1$，所以我们可以得到 $prob\ (s)$：

（2） $prob(s) = \frac{des(s \vee \sim s) - des(\sim s)}{des(s) - des(\sim s)}$

简要地说，一个命题的概率依赖于那个命题及其否定命题的效用。此
外，不难发现，如果一个语句 s 比任意一个逻辑真理（比如"$t \vee \sim t$"）更
值得想望，那么它的否定语句（"$\sim s$"）就不会比一个逻辑真理更值得想
望。假定（和杰弗里一道）我们对任意一个逻辑真理指派数字 0（因为一
个当事人对重言式的真不感兴趣，这在直觉上是合理的），那么，我们可
以将（2）改写为：

（3） $prob(s) = \frac{- des(\sim s)}{des(s) - des(\sim s)}$

在这里，我们必须假设 $des\ (s) \neq des\ (\sim s)$。那么，如果假设 $des\ (\sim s) \neq 0$，则（3）等值于：

（4） $prob(s) = \frac{1}{1 - \dfrac{des(s)}{des(\sim s)}}$

这个表达式的价值在于，它表明了，因为包括所有项目的概率必定为 0～1，如果我们对一重言式指派 0，那么对于任何非重言式语句来说，不可能出现这样的事情，即它和它的否定式两者都会比一个重言式更值得想望或两者都不如一个重言式值得想望。也就是说 des（s）和 des（$\sim s$）两者都大于或小于 0。这一点可以从（3）中看出，因为如果两者都小于 0，如果 des（s）＜des（$\sim s$），则比率会小于 0；如果 des（s）＞des（$\sim s$），则比率会大于 1。同样，如果两者都大于 0，如果 des（s）＞des（$\sim s$），则比率会小于 0；如果 des（s）＜des（$\sim s$），则比率会大于 1。这就告诉我们在一个语句的否定式和任何逻辑真理 T 之间会存在优先选择模式的问题，即：

（5）如果 des（s）＞des（T），那么 des（$\sim s$）≤des（T）；

　　　 如果 des（$\sim s$）＞des（T），那么 des（s）≤des（T）。

假设我们已确定了对象语言中的一个逻辑真理（假设它是 T），并且也假设我们已确定了其中的一位真值函项联结词"@"，如果我们发现了，对于我们主体来说，

（6）对于所有对象语言的语句 $\varPhi$，如果 des（$\varPhi$）＞des（T），那么 des（@$\varPhi$）≤des（T），并且如果 des（@$\varPhi$）＞des（T），那么 des（$\varPhi$）≤des（T）。

那么，我们就已经发现了一个确定"@"为否定符号的模式。

这种建议的困难在于，在对某些逻辑常项做出解释的情况下，我们不能确信我们能确定一个逻辑真理（不同于一个显而易见的真理）。那么，我们需要寻找在（6）的语境下保证它是一个逻辑真理的 T 中的一个结构。也就是说，我们需要发现在 T 和我们正在检验的那个语句中的一种真值函项联结词的模式，它将保证，如果（6）对所有以这种模式呈现出的语句有效，那么对所使用的逻辑常项会附加一个唯一的解释。如果我们在 T 中试图使用与我们用来构成这个语句的否定式相同的常项（对这些语句的效用我们用 T 的效用加以比较），那么这一点会明显地容易一些。我们在杰弗里的小竖线（stroke）即"｜"中得到了这种方法。（"｜"有两种解释：并非 p 并且 q；并非 p 或者 q。戴维森采用了前一种解释法。）一个语句 θ 的否定式可以表达为"θ｜θ"。对于逻辑真理，戴维森表示为

" $(\Psi|\theta) | [(\Psi|\theta) | (\Psi|\theta)]$ "。将这种解释代入 (6)，得到：

(7) 对于所有对象语言的语句 Φ, Ψ, θ，如果 des (Φ) $>des$ $((\Psi|\theta) | ((\Psi|\theta) | (\Psi|\theta)))$，那么 des ($\Phi|\Phi$) $\leq des$ $((\Psi|\theta) | ((\Psi|\theta) | (\Psi|\theta)))$，并且，如果 des ($\Phi|\Phi$) $>des$ $((\Psi|\theta) | ((\Psi|\theta) | (\Psi|\theta)))$，那么 des (Φ) $\leq des$ $((\Psi|\theta) | ((\Psi|\theta) | (\Psi|\theta)))$。

就目前的目的而言，(7) 的意义就在于此。如果我们假设"|"是某一个任意的真值函项算子（它由语句对构成语句），那么可以得到下述结论：如果 (T) 对所有的语句 Φ、Ψ、θ 为真，并且对于 Φ、Ψ 来说，des ($\Phi|\Phi$) $\neq des$ ($\Psi|\Psi$)，那么"|"必定是杰弗里的小竖线（它必定具有"并非两者都……"的逻辑性质），对它不可能有任何其他种类的解释。如果我们知道一个具有" $\Phi|\Phi$ "形式的语句不是一个逻辑真理（或谬误），那么我们可以确信"|"是杰弗里的小竖线。这是因为，如果一个具有" $\Phi|\Phi$ "形式的语句是一个逻辑真理或谬误，它的效用以及它的否定式的效用值则为 0，这就表明了上述两个条件句的前件对所有语句而言都会是假的。这就足以确定，存在着语句 Φ、Ψ，以至于 des ($\Phi|\Phi$) $\neq des$ ($\Psi|\Psi$)，如果我们假定（正如我们已经假定的），当事人对逻辑真理不感兴趣的话。

非常明显地可以看到，如果"|"是杰弗里的小竖线，那么对主体语言内的所有语句来说，(7) 都会是真的。其原因在于，如果我们知道"|"是一个真值函项联结词，并且" $\Phi|\Phi$ "不是一个重言式或者一个必然的假命题：在这种情况下，在 (7) 中显示的那种优先选择中的一种模式除非是在 (6) 中显示的那种模式，否则我们绝不会获得前一种模式。因此，仅涉及语句之间的优先选择（语句的意义还不为解释所知）的信息已经导致对一个语句联结词，即"|"的确认。由于所有逻辑等值的语句在效用上是相等的，现在有可能解释所有其他的真值函项语句联结词，因为所有这些联结词按照杰弗里的小竖线都是可以定义的。例如，如果我们发现对于所有的语句 Φ,

$$des \ (\Phi | \Phi) = des(\sim\Phi)$$

我们便可以得出这样的结论，即"~"是否定式的符号。一旦我们确定了逻辑联结词，在给定语句之间的优先选择的情况下，我们就能够利用杰弗里的公理衡量所有语句的效用和主观概率了，因为利用像（2）（3）（4）这样的公式要求仅仅确定真值函项语句联结词。因此，从（4）中我们可以清楚地看到，如果两个语句在效用上相等（并且优先于一个逻辑真理）并且它们的否定式在效用上也相等，这些语句必定具有相同的概率。同理，如果两个语句在效用上相等（并且优先于一个逻辑真理），但是一个语句的否定式优先于另一个语句的否定式，那么第一个语句的概率要小于第二个语句的概率。戴维森认为，如果我们对这一公理加上相应的存在公理，它就足以建立一个概率标度，这样就容易确定所有语句的相对效用了。[①]

通过上述大量的分析，不难发现，戴维森仿照决策理论给出了当事人持真态度的形式说明。这种态度是当事人的信念和当事人的言语的意义相结合的产物。在决策理论中，相对效用的高低直接决定了决策人的优先选择方案的次序，而相对效用是特定选择方案中的主观效用和主观概率的函数。根据贝叶斯判定定理，我们可以对被看作不可观察的信念度首先任意指派一个先验概率，然后根据一些容易观察的依次选择优先选中的内容，得出一个后验概率，再根据计算先验概率和后验概率之间的函数值，得到一个信念度的值，从而给出相对效用的解释。类似地，在解释理论中，解释者可从说话者对语句为真的优先选择行为得出他的信念内容和关于他的语句的意义。值得注意的是，戴维森意义理论的最终目的在于在确定说话者持语句为真（或语句为真的优先选择模式）的前提下通过固定说话者话语的意义解释。也就是说，要对这种解释理论附加一个限制条件，这个条件能保证解释者在观察到说话者的持真态度的前提下能有效地固定其中一个因素（即说话者的信念）而解决另一个因素（即说话者话语的意义）。同时，如何保证说话者在他所处环境下的持真语句在事实上是真语句，关系到说话者的持真态度能否作为以及在什么程度上作为解释理论的证据基础，进而能否为支撑一种真理论发展到一种解释性的真理论打下坚实的基础。也就是说，我们需要一个在持真语句和实真语句之间架起一座桥梁的关键条件。如果我们能够拥有满足上述两项要求的条件，我们一则可以奠定解释理论的证据基础，二则可以突破解释中遇到的循环怪圈。这个条件就是

---

① 参见 E. Lepore and K. Ludwig, *Donald Davidson: Meaning, Truth, Language, and Reality*, pp. 251 – 256; D. Davidson, *Truth and Predication*, pp. 69 – 73。

戴维森引进的宽容原则。那么，宽容原则在戴维森那里具有什么含义呢？戴维森又是如何认识到它所特有的认识论价值的呢？他又是如何阐述这一原则在解释理论中发挥的关键性作用的呢？这就是我们下面所要阐明的问题。

三 宽容原则及其解释性作用

按照戴维森的看法，我们进入被解释者语言的突破口是持真态度，这种态度将直接指向一个说话人根据他所处环境条件有时认为真，有时不认为真的那些语句。这些语句就是我们通常所说的场合句或通常带有语境敏感因素的指示性语句。不难发现，在解释场合句时，重要的事情在于我们如何能将持真态度和在说话者所处环境下正在发生的事态恰当地结合起来。值得注意的是，我们不仅要将场合句看作包含特殊词项的某种语句集，而且要将它们看作相对于说话者根据所处环境条件认为这些语句为真的意向的语句集。假定我们确定了说话者的持真态度，并且知道了说话者认为场合句为真所依赖的条件，那么我们就可以概括地建立以下关于持真态度作为证据基础的一般形式：

（L）对于所有的说话者 S，时间 t，S 在时间 t 持 s 为真当且仅当 p。

其中"S"包括对象语言团体的成员，"p"代表一个具体指定相对于时间（也许还有其他语境因素）的说话者赖以持该语句为真的条件的开语句，"s"代表一个场合句。我们称这样的语句为 L – 语句。

（L）表达了对场合句提供解释的证据形式，它将对解释说话者的语句产生最直接的影响。那么这种持语句为真的证据形式将如何能对证实一种真理论起作用呢？也就是说，我们能否将这一证据形式看作不仅是对一种语言共同体的成员赖以持语句为真的条件的一个陈述，而且要把它转变为那些语句赖以为真的一个陈述。然而 L – 语句显然不能直接衍推出陈述那些条件的语句。因为持语句为真与语句为真是两回事，因此我们要使前者通达后者，就必须为我们的解释理论附加一个条件，这个条件允许我们能够在二者之间架起一座桥梁。也就是说，通过这座桥梁，我们能够从 L – 语句推导出用来为某一对象语言产生一种解释性的真理论的如下形式的语句：

（TF）对于所有说话者 S，时间 t，s 是真的（S, t）当且仅当 p。

　　这种起桥梁作用的限制条件被戴维森（追随蒯因）称为"宽容原则"。这一原则保证了从行为到持真态度的证据形式的可靠性。

　　同时，戴维森引进宽容原则还有一个深层动机。前面我们已经分析，戴维森仿照决策论的思路提出了他的彻底的解释方案的设想。然而，在拉姆塞和杰弗里根据当事人的偏好态度（或优先选择态度）对打破效用和主观概率的循环问题所给出的答案中没有类似于宽容原则的东西（当然其中有数字体现出来的理性原则）。正如我们已经看到的，持真态度中的模型不足以固定两种决定持真态度的因素（即信念和意义）中的一个而解释另一个，而宽容原则的引进就是试图克服这一难题。

　　在讨论宽容原则所肩负的上述两大使命的可行性之前，我们有必要先来了解戴维森对该原则提出的一些重要见解，以便从整体上弄清楚宽容原则究竟是什么原则。由于戴维森多处提到这一原则，在不同的场合出于不同的理论目标他所阐述的内容也不尽相同，因此要给出这一原则的一般性定义也并非我们想象的那样容易。在这里我们只能围绕戴维森在上面遇到的两个根本性的解释问题来展开对这一原则的分析说明，以凸显他所说的这一原则在他那里起着比蒯因那里更具有实质性的作用。可以说，戴维森的宽容原则是直接从蒯因的宽容原则那里继承和发展而来的。他说：

　　　　从一开始我就采纳蒯因的这一想法，即我们要掌握对实指场合下基本谓词的解释；如果说话者持一种我们未知的语言，我们就要注意一些场合，在这种场合下说话者被引起同意或不同意一个具有"这是红的""这是一只狗"等形式的语句。几乎每个语言学家和哲学家都认为这是一个基本过程，无论是作为解释者还是作为第一语言的习得者，这对于他们学习相关谓词的意义是关键的。当相关的言语行为一样时，在设想意义或多或少是一样的这种意义上我称为某种形式的"宽容"。宽容的另一方面是就说话者方面而言的某种程度的合理性（一致性）的假定。①

　　从这段话中我们可以隐约地看出戴维森对宽容原则的两个方面内容的

①　D. Davidson, "Reply to Kirk Ludwig," in U. M. Żegleń, ed., *Donald Davidson: Truth, Meaning and Knowledge*, pp. 46 – 47.

理解：一是语句的意义要符合相应的言语行为；二是说话者本身要保持某种程度的合理性（或一致性）。这种观点在他的《真之概念的追求》一文中也有所体现：

> 翻译的证据是由信念和意义混合而成的信息构成的，因为对一个语句的赞同既依赖于一个说话者认为这个语句会意味着什么又依赖于他对世界相信什么。蒯因将意义和信念的作用分开到必要程度的方法，依赖于这样一个假设，即在语句逻辑方面，假设说话者和解释者信念不同是没有意义的。他还假设，在最普通的情形下，类似的刺激在说话者和解释者那里引起类似的信念。①

从上述戴维森从蒯因彻底的翻译理论中总结出来的宽容原则的主要精神来看，基本上可以看出我们将在下面具体分析的这一原则在戴维森那里得到继承和发展的痕迹。上面那段话强调的是解释者和说话者对逻辑法则和经验事实的反映应该是类似的。只有做出这一假设，才能迈出彻底的解释（或翻译）的第一步。至于理由，前面已经论及，无须赘述。在这个方面，戴维森与蒯因在大方向上是一致的，但他们在某些细节方面有所不同，主要体现在两个方面：

第一，戴维森与蒯因在关于解释者和说话者在逻辑法则上所要达成的一致性的程度认识不同。戴维森将蒯因的语句逻辑标准扩展到一阶量化（带等词的）理论。② 大家知道，戴维森的外延性意义理论的根本立场决定了他在对这种理论进行解释的过程中关注真理及其类似概念的基础性作用，这就必定使他强调解释者确定说话者语句中一致性的逻辑结构的重要性。由于他先在地承认一阶逻辑的合法性，因此，他认为，彻底的解释者要了解一种陌生语言的结构，首先就要预设在获得一种满足约定 T 的理论所要求的程度上，将我们普遍接受的逻辑附加在那种语言上。这就意味着我们要把一阶量化理论的逻辑结构（加上等词）纳入对那种语言的理解中。通过发现陌生语言的逻辑常项和模式，解释者就可以开始将那种语言纳入一种塔尔斯基式的解释理论的模式中了。可见，假定解释者与说话者

---

① D. Davidson, *Truth, Language and History*, p. 75.
② 参见 E. Lepore, ed., *Truth and Interpretation: Perspectives on Philosophy of Donald Davidson*, p. 316; D. Davidson, *Inquiries into Truth and Interpretation*, p. 148。

在逻辑方面的一致性对于解释工作至关重要。因为如果一个解释者能够固定一个单独的言语行为中显示出来的逻辑范型，那么他就能够期望从他对说话者的行为得来的信息中迅速地分离出一幅关于说话者语言的详细图画。同时，解释者也可以利用一阶逻辑的装置依靠他所获得的有限的观察证据建立起一种塔尔斯基式的解释理论形式。在这方面戴维森的解释理论与拉姆塞的决策论有着类似之处。戴维森是诉诸一致性原则，而拉姆塞是诉诸当事人一致性的行动以便使他实现其目的的可能性最大化。在这两种情形下，观察者都是利用从当事人简单的行为得来的证据来抽象出一幅关于当事人的思想体系或语言的详细图画，并且观察者都是通过对当事人的行为附加严格的规范性限制来达到这一目的：在决策中，当事人合理性地行动以便其获得他的愿望的可能性最大化，而在语义学中，当事人是按照逻辑法则进行推理的。同时，在这两种情形下，一个理论家应该将他的主体看作一个理性人，这一强有力的方法论限制是我们将那种形式理论（在决策论中的概率演算和在语言情形下的一种塔尔斯基式的解释理论）固定在主体的行为中的前提条件之一，同样也是对形式理论赋予经验内容的前提条件之一。在戴维森看来，在说话者语句中确定一个一致性的逻辑结构是非常重要的，因为除非我们将信念归属说话者，否则我们无从解释他们。而我们不可能将我们的信念归属他们的同时又假设他们赞同明显的逻辑谬误，例如，p 并且非 p。揭示说话者思想中一定程度的逻辑一致性是解释说话者行为的一个必要条件，因此也是所有解释赖以成立的合理性基础。[1]

　　第二，戴维森在研究引起说话者的信念和语句的意义的客观来源或基础上的观点与蒯因不同。"这种差别在于对支配解释的原因所做出的选择的性质。蒯因使解释依赖于感觉刺激的范型，而我则使之依赖于语句按照解释所论述的那些外部事件和外部对象。"[2] 这涉及二人是采用近端的（proximal）还是远端（distal）的因果埋论的问题。戴维森反对把诸如感觉或观察结果之类的中介手段或中介实体引入因果链条，因为这样做便是为怀疑论打开了方便之门。他提出了语义三角的理论，把说话者、听话者和他们共享的环境之间的三元关系作为引起相应信念和意义的决定性因素。根据蒯因的宽容原则的基本精神，戴维森多次阐发了他对这一原则的

---

① 参见 M. Joseph, *Donald Davidson*, pp. 63 – 66。

② E. Lepore, ed., *Truth and Interpretation: Perspectives of Philosophy of Donald Davidson*, p. 317.

理解和运用。下面这段话可集中代表他的思想。

> 把意义与意见（opinion）分开的过程求助于两个关键性的原则，如果说话者是可解释的，则必有这两个可用的原则：融贯性原则和符合性原则。融贯性原则促使解释者在说话者的思想中发现某种程度上的逻辑一致性；符合性原则促使解释者承认与他（解释者）在类似情况下反映出世界的同样的特征。这两个原则可以（且一直）被叫作宽容原则：一个原则赋予说话者一点点逻辑，另一个原则赋予他关于这个世界的一定程度的真信念。成功的解释必然要授予被解释者以基本的理性。由正确解释的本质可得出，一致性与符合事实的人际标准，既适用于说话者，也适用于说话者的解释者，同时还适用于他们的话语与信念。①

从这段话我们可以总结出他关于宽容原则的基本精神。

第一，关于真理的符合论原则。这一原则说的是导致说话者持一个语句为真的条件应大体上与该语句为真的条件相同。

第二，关于说话者的思想行为、知识和信念的一致性（或融贯性）原则。这种一致性不仅体现在说话者自身的一致性，而且体现在说话者与解释者之间整体上的一致性，因为这种一致性是按照解释者的标准归属于说话者的。

第三，宽容原则是解释理论赖以建立的先在条件和不可缺少的方法论原则。因为在彻底解释的情形下，除了首先诉诸这一原则，交流和解释活动无从开始。

现在回到前面提到的两个问题。第一个问题是：如何看待宽容原则在持真语句和实真语句之间所起的桥梁作用；第二个问题是：宽容原则是怎样在保持持真态度的前提下，假定真信念的同时在给出语句意义中发挥作用的。我们先来分析第一个问题。由于戴维森的根本目的是使塔尔斯基的约定 T 式的真理论成为一种解释性理论，正如前面所言，他经过分析得出在彻底的解释的情形下恰当的证据基础无外乎持语句为真的态度，那么，就需要在 L - 语句和 TF - 语句之间确定一种经验等值关系，即

（1）对于所有的说话者 S，时间 t，语句 s，S 在时间 t 持语句 s

---

① D. Davidson, *Subjective*, *Intersubjective*, *Objective*, p. 211.

为真，当且仅当 s 是真的 (S, t)。

上式说明了，对于每个语句 s，存在着这样的条件，即说话者 S 在时间 t 持 s 为真的同时 s 为真。戴维森宽容原则恰好能满足这一要求。一方面，这一原则是说，我们假设说话者持语句为真的条件与该语句为真的条件大体上是一回事，从而确保了持语句为真的态度能充当解释理论的证据基础，也就是说，通过 L – 语句和 TF – 语句能进入彻底的翻译的领域，最终建立以这种语句形式呈现出来的公理和定理的理论体系；另一方面，我们可以利用 L – 语句分析说话者的持真态度、信念和语句意义的关系，找到一种在保持说话者信念为真的情形下，利用已知持真态度给出语句意义的解释方式，从而利用这种等值关系说明 L – 语句和 TF – 语句是解释性的真语句，最终证明一种塔尔斯基式的真理论是一种解释性意义理论的表征形式。

然而，虽然通过（1）我们建立起了沟通 L – 语句和 TF – 语句之间关系的桥梁，但充其量只是说明了两种形式语句的真实性和它们之间的经验等值性，还没有涉及戴维森解释理论的最终目的，即通过引入宽容原则使我们能够保证在这一原则限制下的真理论具有解释性。也就是说，用以使我们从 L – 语句转变到 TF – 语句的这一原则必须保证 TF – 语句是解释性的。即

　　　（2）对于任何语句 s_1、s_2，大体上，如果 s_1 是一个归纳验证的 L – 语句，并且 s_2 是其相应的 TF – 语句，那么 s_2 是解释性的。

我们接着分析第二个问题。按照上述的符合性原则，一个说话者关于他的环境的信念的大多数是正确的。这与认为该说话者指向场合句的大多数持真态度是正确的不同，因为他的持真态度不是关于他的环境的信念，而是关于他的环境的语句的真的态度。因此，说话者的信念与他的持真态度是两回事。在戴维森看来，持真态度是两种因素即说话者的信念和他所说的语句的意义相互作用的结果。这种联系是通过这一假定建立起来的，即该说话者大体上知道他的语句的意义，并且从关于他语句的意义的知识和他的信念得出，那些表达他的信念的语句是真的。在这些因素的相互关系中，戴维森的解释策略是，在尽量保持说话者关于环境的信念恒定不变的真的情况下，来解决持真语句的意义问题。在场合句的情形下，引起说话者对这些语句的持真态度的因果链条起始于说话者所处环境中的某一事件或状况，这一环境使他形成一个信念，这个信念反过来导致他（在给定

他关于其语言中语句的意义的知识的情况下）认为那个时候表达那个信念的他的语言的那个语句（或那些语句）为真。给定关于一个说话者的持真态度的原因说明的这种假设，这种建议是按照说话者的持真态度和他所处环境下的条件，通过假定那些由他的环境引起的关于他的环境的信念（其信念的内容是由场合句表达的）是真的，我们就能够对一个说话者的语句达成一种解释。即

（3）对于任何说话者 S，时间 t，信念 b，b 是一个 S 在 t 关于并且由 S 的环境引起的信念，当且仅当 b 是真的。

由于 b 的范围很广，鉴于解释的需要，我们不仅要求一个说话者关于他的环境的信念是真的，而且还要求他的真信念以某种方式与引起这些信念的条件联系起来，以便保证对这些条件的任何陈述能确定说话者的信念的内容。如果没有任何这样的条件给出说话者信念的内容，这些条件就不能在那个基础上对他持真的那些语句提供相对于那种语境的解释。为了说明这一问题，考虑某一具体的说话者 S^* 和某一语句 s_0。假设我们知道（L_1）是一个相对于 S^*，s_0 的 L–语句，我们将（L_1）相对于某一特定时间 t^*。进行例示后可表达为（L_2）：

（L_1）对于所有时间 t，S^* 在时间 t 持语句 s_0 为真，当且仅当 p。
（L_2）S^* 在时间 t^* 持语句 s_0 为真，当且仅当 p^*。

其中 "p^*" 是对 p 相对于时间 t^* 进行例示得到的。我们现在所需要的是 "p^*" 应该告诉我们有关 s_0 相对于 S^* 和 t^* 的意义。因为只有这样，才能表明 p^* 真正提供了对 s_0 在 t^* 的解释。

按照戴维森的观点，我们可以推导出，S^* 在时间 t^* 具有某一信念，其内容是完全基于关于为什么 S^* 得以在 t^* 持 s_0 为真的假定在 t^* 由 S^* 说出的 s_0 表达的。因为我们知道，S^* 持语句 s_0 为真是因为他相信 s_0 意谓（that）q，并且知道如果 s_0 意谓（that）q，那么 s_0 是真的当且仅当 q。假定 s_0 表达了 S^* 在时间 t^* 的信念（that）q，那么可得出 s_0 是真的（S^*，t^*）当且仅当 S^* 的信念（that）q 是真的。根据宽容原则，这种由环境引起的 S^* 的信念（that）q 是真的，因此，我们可以推出，s_0 在事实上是真的（S^*，t^*），是因为它表达了这个真信念。即

（4）s_0是真的（S^*，t^*），当且仅当 q。

而（L_2）相应的 TF - 语句是：

（5）s_0是真的（S^*，t^*），当且仅当 p^*。

由（4）得知，s_0在 t^* 对 S^* 来说，它意谓（that）q，我们现在还不能说它意谓 p^*。这就要求我们将那些引起说话者信念的条件和该信念所涉及的条件统一起来，将它们合二为一。也就是说，给定了我们对一个说话者通常为什么持一个语句为真的解释，以及我们按照这一点了解到该说话者正好在他相信那个语句表达的内容的情况下持该语句为真，我们便能简单地从那些条件中挑选出对那个说话者在那个时间说出的话所意谓的东西。在这种情况下，戴维森认为，一个说话者的信念实际上涉及他的环境中的条件，这个条件也是引起该信念的条件。根据这一规定，我们得知

（6）如果我们用一个表达 S^* 的由环境引起的信念的内容的语句来替换 "S^* 相信（that）p^*" 中的 "p^*"，那么这个语句就表达了一个引起那个信念的 S^* 所在环境中的条件。

这一条件保证了，对于 S^* 的任一由环境引起的信念（that）p^* 来说，S^* 相信（that）p^*，当且仅当 p^*。也就是说，这保证了 p^* 和 q 是同一个条件，这个条件既是引起说话者信念的条件，也是说话者信念涉及的内容的条件。这样，我们就有了

（7）一个说话者 S^* 在时间 t^* 持 s_0 为真，是因为并且仅仅是因为他知道 s_0 意谓（S^*，t^*）（that）p^* 并且相信（that）p^*，并且知道 s_0 意谓（S^*，t^*）（that）p^*，那么 s_0 是真的（S^*，t^*），当且仅当 p^*。

以上（6）告诉我们，作为 S^* 在时间 t^* 持 s_0 为真的基础的那个信念涉及一个引起该信念的条件，这个条件正是由 p^* 表达的。（7）告诉我们，s_0 表达了那个相对于 S^*，t^* 的信念的内容。这样，我们就可以推出：

（8）S^* 在时间 t^* 持 s_0 为真，当且仅当 s_0 意谓（S^*，t^*）（that）p^*。

根据宽容原则得到

（9）s_0 是真的（S^*，t^*），当且仅当 s_0 意谓（S^*，t^*）（that）p^*。

结合（5），得到

（10）p^* 当且仅当 s_0 意谓（S^*，t^*）（that）p^*。

这样，（10）表明了 p^* 说出了有关 s_0 相对于 S^*，t^* 的意义，满足了 TF－语句中的右边对左边的解释性要求，从而从根本上说明了塔尔斯基式的真理语义论是一种解释性的意义理论，我们可以为一种自然语言的意义理论构造一种塔尔斯基式的形式表征系统。

至此，我们从行为证据到持真态度，然后引入宽容原则大致勾画出戴维森解释理论的行动方案。当然，根据某些证据形成的解释理论并不是固定不变的，它往往要随着新证据的发现和积累而不断地加以调整和修正。彻底的解释者必须能够确定说话者持语句为真的那些场合，戴维森的解决方法是建议我们通过假设信念（把我们自己的信念附加于被解释者），在此基础上建立一种尝试性的意义理论，然后用这样得出来的意义理论检验我们开始对信念的假设，这就会产生一种修正性的信念理论；再用这种理论来检验我们的意义理论，如此循环，直到得到一种可接受的理论。因此这种解释是在意义和信念之间的一种解释均衡，是一种动态均衡。在这种双向互动的过程中，被解释者持语句为真的态度扮演着一种固定器的角色，这使得被解释者的信念和说话者语句的意义相互联结起来，共同面向环境因素的检验。这样，通过引入宽容原则，一种塔尔斯基式的真理论即能充当解释性的意义理论的表征形式。

让我们总结一下戴维森解释理论得以建立的大致流程。

第一阶段，在行为证据的基础上，证实 L－语句。其中包括利用说话者的持真态度（或优先选择的模式）来确定真值函项联结词和逻辑真理。

第二阶段，利用宽容原则从 L－语句推导出 TF－语句以作为那种语言的一种解释性真理论的规范性定理。

第三阶段，利用一阶理论形成一个具有 TF－语句作为其规范性定理的真理论。

第四阶段，将未检验的 TF - 语句例示成具体的场合句，然后根据其相应的 L - 语句为真的断言来检验它们。根据行为证据的积累，不断地调整和修改解释者先前的假设，直到理论和观察结果相吻合。

其中，前三个阶段是理论的初创阶段，第四阶段是理论的调整和最后形成阶段。[①]

第三节　真——戴维森解释理论中的核心概念

通过前面的考察，不难发现，戴维森为了给一种自然语言提供一种解释性的真理语义论，其涉足范围已远远超出语言意义的范畴，呈现出一个涵盖真、意义、信念、愿望和行动等多重要素的整体性理论框架。我们有必要探讨在戴维森解释理论中起着某种核心作用的因素，以此窥见戴维森意义理论的精神实质。虽然戴维森本人没有明确表明在他的解释理论中起核心作用的因素究竟是什么，但是我们可以结合他的相关论述发现这个因素。笔者认为，这个因素就是"真"这一外延性概念。

一　以真代替翻译——提供了彻底解释的形式理论框架

为了捍卫外延主义意义理论的进路，戴维森选择了彻底的解释理论的视角，这种做法要求排除对内涵性语义信息的先在把握；因此对他所利用的塔尔斯基的约定 T 模式必须予以调整，因为其中是以翻译概念作为预设前提的，这显然不符合戴维森意义理论的本质要求。为此，他所采用的调整方法是用真之概念代替翻译概念，用真来说明翻译或解释，这种方法不仅捍卫了他的理论性质，而且为他打开彻底的解释之门创造了条件。他说：

> 我提出的建议是，把解释的方向颠倒过来：塔尔斯基是先假设翻译概念，然后便能以此定义真之概念；而现在的想法是把真之概念作为基本概念，并以此引出关于翻译或解释的说明……在不诉诸翻译概念的情况下重新表述约定 T 毫无困难：对于对象语言中的每一个语句 s，一个可接受的真理论必须衍推出一个如此形式的语句：s 是真的，

---

① 参见 E. Lepore and K. Ludwig, *Donald Davidson*: *Meaning*, *Truth*, *Language*, *and Reality*, pp. 182 - 197。

当且仅当 p，其中 "p" 为任何它自身为真当且仅当 s 为真的语句所替换。假定有了这种系统表述，真理论便可由 T-语句的确为真这种证据来检验；我们便放弃了这种看法，即我们还必须说出替换 "p" 语句是否对 s 做出了翻译。[①]

通过这种改写，真之概念在约定 T 中的基础和核心地位更加凸显出来，s 和 p 之间的关系完全由真来支配了。在戴维森看来，这种经过调整的真理论便是我们在彻底的解释理论中所需要的形式框架。在解释中要涉及诸如行为证据、意义、信念等解释性因素，其目的是建构和验证这种真理论。一种解释性的真理论说到底还是试图为传统意义上的真理论增添解释性质以便使之真正成为一种自然语言的意义理论的形式表征。如果我们能够确信一种修正性的塔尔斯基的真理论模式是自然语言的语义学的形式基础，那么，彻底的解释便是在某种实质意义上对这种真理论的建立和证明。戴维森彻底的解释理论从最终目的来说，就是一种对建立和证明真之理论所做出的有效尝试。他认为，在探讨解释理论的证据形式时，结构性的东西很重要，因为只有掌握了某种结构性的理论，才有可能（像决策论那样）由证据推导出意义和信念，从而提出一种类似决策论的解释方案。他说：

> 如果我们要从引起某人认为语句为真的那些事物的证据推出意义和信念，那仅仅是因为我们规定了一种结构（正如在决策论中）才有可能。在意义方面，一个合理结构是由塔尔斯基提出的那种，但以各种方式加以调整以适应自然语言的真理论所给出的。我一直主张，可以认为这样一种理论对于解释说话者的话语是足够的。[②]

在戴维森看来，经调整后的约定 T 式的 T-语句提供了将真理论与当事人的行为和态度加以联结的地方，从而为建立和验证某种可能的理论奠定了基础。他说：

> 一种塔尔斯基式的真理论提供了建立这种关系的明显的地方：T-语句。如果我们知道所有这些 T-语句都是真的，那么一种蕴含

---

① D. Davidson, *Inquiries into Truth and Interpretation*, p. 134.

② D. Davidson, *Problems of Rationality*, p. 156.

这些 T‑语句的理论将满足约定 T 的形式要求，并且会对每个语句给出真值条件。在实践中，我们应该设想，这种理论的建构者假设一些 T‑语句根据证据（无论是什么证据）为真，建立一种可信的理论，然后进一步检验 T‑语句，以确证这种理论，或者为修正这种理论提供依据。[①]

因此，以真替代翻译，使戴维森的约定 T 模式的真理论彻底摆脱了内涵性信息带来的困扰，为一种外延性意义理论提供了一种恰当的表征形式；同时也为彻底的解释理论指明了可以依凭的解释资源类型；还为行为证据与信念和意义相互联结提供了一个可靠的枢纽。简要地说，对塔尔斯基的约定 T 的这一修正性说明，既为彻底的解释提供了一个恰当的理论形式表征，也为开启彻底的解释的大门创造了有利条件。

二　以真为核心的解释三元组——提供了彻底的解释的经验理论框架

戴维森彻底的解释理论已将他原来的真与意义的关系扩展到真、信念和意义的三元关系组，他的解释理论的核心部分是围绕这个解释三元组展开的。从行为证据出发，通过考察说话者的持真态度或优先选择一个语句而不是另一个语句为真的态度，引入宽容原则固定说话者的信念最终给出语句意义的说明，是戴维森仿造决策论采用的解释思路。通过深入分析，我们就会发现真之概念在这种三元组中充当着核心作用。

在戴维森看来，一种意义理论应该被视为一种理解说话者的统一理论的一部分，这种理论应该包含说话者言语的和非言语的行为，还应包括他们的态度和环境条件等内容。这种理论应该通过对说话者的那些行动的刻画的恰当性加以检验。由于行动涉及人的信念、愿望等心理因素，因此，一种彻底的解释理论必然涵盖着意义、信念和行动理论，纯粹的意义理论难以自足。因此意义与信念在解释活动中被联系在一起。这就使得一种意义理论的建立和验证都要建立在这种包含意义和信念在内的整体论框架内。从行为证据出发，通过观察得来的说话者对语句的持真态度或优先选择一个语句而不是另一个语句为真的态度，在戴维森看来，正是意义和信念共同作用的结果。因此信念与真又联系起来了。至于真与意义的关系我

---

① D. Davidson, *Inquiries into Truth and Interpretation*, p. 222.

们已经详细讨论过。他将一种塔尔斯基式的真理论作为意义理论的形式表征，以语句的真值条件来说明语句的意义。正如蒯因所说，使我们深刻认识到真与意义密切关系的人不是别人，正是戴维森。而且戴维森的目的也一直是利用这种关系发展一种自然语言的意义理论。因此，真与意义之间的联系和真与信念之间的关系交错在一起。正是联结意义和信念的真使得我们能够利用我们自己的信念（我们的持真信念）以获得一个说话者的一种意义理论。实际上，戴维森诉诸的宽容原则所包含的符合性原则和一致性原则的宗旨是保持真对信念和意义的衔接作用。符合性原则是说一个说话者的信念和所说的话大体上是真的，一致性原则最终也是要使说话者和解释者在真的基础上达成一致，从而使彻底的解释活动成为可能。可见，戴维森强调的真在语言理解中的核心地位，在仿照决策论提出的彻底的解释理论中更加具体地体现出来了。

值得注意的是，真是一个外延性概念，语句为真、持语句为真都不会涉及相关的内涵性信息，符合彻底的解释的本质要求，成为理解意义与信念的突破口。因为，"我们有了这个概念，我们才可以说什么算作T–语句为真的证据"①。也正是有了真这个概念，才有了说话者对语句的持真态度，从而有可能提出一种决策论模式的经验性解释理论的框架。正是真这个概念将理论上的可靠性和经验上的可行性恰当地结合起来，这也是戴维森一直试图达到而又努力去实现的理想结果。从这种意义上说，正是真之概念奠定了戴维森彻底的解释的经验理论框架的基石。

三 拥有客观性的真之概念——我们理解和解释语言的先决条件

戴维森多次谈到我们理解和解释一种持陌生语言的人的行为和话语所必备的先决条件——拥有客观性的真之概念。戴维森认为，客观性的真之概念是一种最初始的、不可定义的真之概念，这种概念内在于人们的思想和语言之中，因此也内在于人们的实践活动和交往活动之中。简要地说，这一真之概念是我们成为有思想和语言的生物的先决条件，也是我们理解他人是不是具有思想的生物的先决条件。原因在于，真所反映的是使人们的思想和语言成为可能的客观性观念，是人们的信念态度都直接或间接地依赖于它的客观性观念。戴维森说：

---

① D. Davidson, *Inquiries into Truth and Interpretation*, p. 223.

在一个人有了客观的真之概念的条件下，语句才被理解。这一点对于语句用来表达不同的命题态度也适用。只有当一个人知道那个信念是可真或可假时，拥有一个信念才是可能的。我可以相信天正在下雨，但这是因为我知道天是否正在下雨并不依赖于我是否相信它，或者每个人都相信它，或者相信它是否有用；这件事情取决于自然，不取决于我、我的社会或整个人类的历史。取决于我们的是我们以我们的语词所表达的意义，但那是一个不同的问题。真以其他的方式进入其他的态度。我们期望某一确定的事态是真的，我们害怕、希望或怀疑事情是这样的或那样的……因为所有这些和更多的态度都有一个命题内容——那种可以用语句表达的内容——要拥有任何一个这类态度必然要知道，对于相应的语句（假定它在我们的语言中）要为真，这将是怎么一回事。没有对真之概念的把握，不仅语言，而且思想本身都是不可能的。①

戴维森还从评论真理观的理论派别的角度进一步阐明了真之概念的重要性：

那么，真是重要的，这不是因为它特别有价值或者特别有用（尽管它有时当然也可能有用），而是因为没有真这个概念我们就不会是有思想的生物，也就不会理解其他人是有思想的生物是怎么回事。试图定义真之概念或者用精辟的概括性短语来把握真的本质是一回事；探寻它同其他概念的联系是另一回事……符合作为一种定义是空洞的，但它确实抓住了真依赖于世界是怎样的这一思想，这就足以使大多数认识论的和实用主义的理论受到质疑。另一方面，认识论的和实用主义理论具有把真之概念联系到人类所关心的事情（比如说语言、信念、思想和意向行动）上去的优点，而正是这些联系使真成为心灵如何领会世界的关键。②

戴维森的上述论断从哲学认识论的高度说明客观性的真之概念是人类得以思维交流的先决条件。这一观点同样适用于戴维森的语义学和解释的

---

① D. Davidson, *Truth, Language and History*, p. 16.
② D. Davidson, *Truth, Language and History*, pp. 16 – 17.

方法论。在语义学领域，戴维森用以说明意义的语句的真值条件必然蕴含着对客观性真之概念的把握，因此，"我们对真值条件的理解对于我们理解每一个语句来说都是关键性的"①，也就意味着我们对真之概念的把握对于语义学来说是首要的条件。在戴维森看来，对所有类型语句的意义的理解都离不开对真之概念的把握。陈述句自不必说，对于非陈述句来说也是如此。例如，对隐喻句来说，我们只有在知道这种语句中的语词的通常意义，并且知道含有隐喻意图的语句在什么情况下才会为真，才有可能理解它。疑问句本身无真假可言，但是对它们的回答却有真假。用来表达一个命令或一个请求的祈使句，只有在某个人认识到如果遵从这些命令或请求，那么什么情况才是真的情况下，才能得以理解。具有空名的语句，例如"皮加索斯是一匹有羽翼的马"，按照弗雷格的观点，没有真值，但是只有当人们认识到对名称"皮加索斯"命名"一匹有羽翼的马"来说将会出现什么情况时才会理解这个语句。也就是说，即使对带有空名的语句的理解也离不开对真之概念的先在把握。

在彻底的解释情形下，这一思想在戴维森那里体现得更加全面和深入。在这种背景下，他试图完成塔尔斯基不可能涉猎的任务，即将塔尔斯基的真理论应用于某一自然语言，使之成为考察经验性问题的理论。"塔尔斯基为我们所做的工作是详细说明如何描述真（无论是在语言中还是在思想中）所必然呈现的那种模式。我们现在需要做的工作是，说明如何识别这样一种模式或结构在人们行为中的存在。"② 这种思想在彻底的解释中体现为按照解释者认为是真的标准，对说话者的信念和知识的归属达成广泛的一致意见，以便为认识争论和错误提供唯一可能的背景。因为要了解他人的话语和行为的意义，就要求解释者在这些话语和行为中发现大量的理由和真理。如果认为他人话语中有过多的荒唐和悖理，则只会破坏我们理解那些他们对之表示出如此不合理的看法的事物的能力。同时还表现为我们必须预设被解释者拥有与我们同样的真之观念、合理性态度，并且假设他们的行为大多数是理性行为，所说的话大多数是真话，所做出的反应大体上是恰当的反应，如此等等。这实际上涉及戴维森提到的宽容原则和合理性原则的主要内容。我们前面提到，宽容原则

---

① D. Davidson, *Truth, Language and History*, p. 15.

② D. Davidson, *Truth and Predication*, p. 28.

一方面说的是解释者和说话者之间所需要达成的最低程度的一致性（包括逻辑观方面的一致性），另一方面说的是赋予说话者关于他所处世界的一定程度的真信念。因此，从最终的意义上讲，真之概念是宽容原则所蕴含的先在概念。

至于合理性的问题，是一个难以给出准确定义的问题。戴维森在《非融贯和非理性》一文中着重从非理性的角度谈到了合理性原则是解释理论的一个必要条件。在他看来，合理性与非理性主要是就信念系统而言的，这种合理性与非理性的区别标准在于行为人的言行有没有内在的一致性，这种一致性的根本标准在于逻辑上的一致性，即不能违反矛盾律。他说：

> 我认为，我们不可能理解某个人接受一个平凡而明显的自相矛盾：没有人在知道一个具有形式 "p 并且非 p" 的命题的同时还相信它。如果我们把这样一个信念归属于某个人，那是作为解释者的我们犯了这个错误。但是如果某人具有不一致的信念或态度［正如我已断言的（客观性）的非理性要求］，那么他必定有时相信命题 p 并且也相信其否定命题。①

这种逻辑上的一致性也是真之概念的根本所在。要判明行为人的言行是不是合理行为，真之概念的有无自然成了必不可少的客观标准。进而言之，在解释活动中，只有在我们对行为人预设他们具有这种最起码的真之概念的条件下，我们才有可能对他们的思想进行归属，从而做出解释。也就是说，我们最起码要做的工作是以最基本的标准来判明行为人及其行为是不是合理的，而这个最基本的标准就是逻辑一致性或最本质意义的真之概念的标准。戴维森说：

> 我们不能以可理解的方式把一块冰正在融化这一思想归属于这样一个人，他并没有有关冰的本质的许多真信念，没有与水、冷、固态以及诸如此类的有关冰的物质性质的许多真信念。这样的一个归属依赖于更多的假设——无穷多的假设。而且，在我们设想一个人要拥有的信念中，如果任何信念要被我们所理解，则许多信念必

---

① D. Davidson, *Problems of Rationality*, p. 198.

须（按照我们的观点）是真的。因此，我们对态度、动机和信念的归属的清晰性和说服力与我们发现的他人的一致性和正确性的程度是相称的。我们经常地并且可被证明是正当地发现其他人是非理性的和错误的；但当存在最大多数的一致性时，这样的判断才有最坚实的基础。当我们认为某人是理性的、明智的，我们才最彻底地理解了他，而且正是这个理解才给了我们与他争论的利刃。①

可见，合理性原则与信念意义、宽容原则一样，在解释理论中最终依赖于真之概念，只不过这里的合理性主要考察的是信念系统的逻辑一致性。解释理论的这些主要因素和方法论原则归根到底都是建立在真之概念基础上的，其最终目的就是要在解释者和被解释者之间形成一种对真之概念大体上一致的原初理解，或者说在他们之间保持一个类似的真之概念，以此为基础形成彻底解释的理论框架，为理解和解释他人提供可靠的理论指导。可以说，真之概念在戴维森的意义理论和解释理论中无处不在地发挥着核心的作用。"我们在使他人成为可理解的过程中所遵循的策略不是别的，就是决定何者为真的过程。一个解释者所能想出的最好的解释，就是尽可能地在客观上正确的解释，尽管解释把解释者自己的信念及合理性标准理解为他人之心所必备的。"②

综上所述，戴维森从对塔尔斯基约定 T 式的真理论的调整，到解释的三元组理论框架的搭建，再到宽容和合理性原则等方法论原则的引入，都蕴含着一个实质性的因素，即真之概念。正是有真之概念的背后支撑才使得戴维森将他的约定 T 模式的真值条件语义学和蒯因的自然主义语义解释理论结合起来，形成了具有创新意义的语言解释理论，并由此带动了戴维森在行动理论和心灵理论方面的长足进展。由此可见，戴维森眼中的真之概念在他的意义理论体系乃至整个哲学体系中都起着一种无可替代的核心作用。所以，戴维森认为，"解释理论最后可被用来描述每一个解释者所具备的知识，即关于这种理论的真理的一个可详细说明的无穷子集"③，其原因至此已一清二楚。

---

① D. Davidson, *Problems of Rationality*, pp. 183 – 184.

② Davidson, "Judging Interpersonal Interests," in J. Elster and A. Hylland, eds., *Foundations of Social Choice Theory*, Cambridge: Cambridge University Press, 1986, p. 205.

③ D. Davidson, *Inquiries into Truth and Interpretation*, p. 142.

第四章 "绝对的真理论"——戴维森 意义理论的前理论基础

通过前面的考察,我们发现,戴维森的意义理论在最终的意义上讲是从一种真理论的视角建立起来的,因此我们要深入考察戴维森的意义理论,还必须考察他的真理论的重要思想,以发掘这些重要思想的主要精神及其对意义理论的影响。

戴维森在研究意义理论的同时也着力研究了有关真理论本身的一系列重要问题,撰写了《相对事实而真》(1969)、《信念和意义的基础》(1974)、《论概念图式这一概念》(1977)、《关于真理与知识的融贯论》(1983)、《〈关于真理与知识的融贯论〉补记》(1987)、《真之结构和内容》(1990)、《真之概念的追求》(1995)、《试图定义真是愚蠢的》(1996)和《复活的真理》(1997)等大量的专题性论文。在这些论文中他提出了许多具有开创性意义的重要思想。主要体现在:他拒斥概念相对主义引以为据的经验论的第三个教条——概念图式与经验内容的截然二分,提出绝对的真理论;否定指称、满足概念在构造真理论的基础作用,提出"无指称的实在"和"无对照的符合"等口号,认为"真"是不可定义的原初概念;反对传统意义上的"符合论"和"融贯论"、驳斥"冗余论",主张"融合导致符合"的真理检验标准,注重融贯语句集与融贯信念等之间的动态互动关系,等等。这些思想都在某种程度上对相应的传统思想构成"反叛",也许正是这些反叛成分对戴维森的意义理论的形成和发展起到某种潜在的思想影响。这些影响可归结为,有助于戴维森提出一种全面彻底的真理语义论——"绝对的真理论"。

第一节 "绝对的真理论"的提出

戴维森一反传统,继蒯因对经验论的两个教条做了批判后,又发起了对他所谓经验论的第三个教条——概念图式与经验内容的截然二分的批判,这种批判的直接理论结果是,概念相对主义和真理对于概念图式的相对性落空了，一种绝对的真理论成了戴维森追求的目标。随着戴维森"无指称的实在"口号的提出，"指称"在意义理论中的传统优先地位被"真"所替代，绝对的真理论成了意义理论的普遍形式。

一 对"概念图式－经验内容"二元论的批判

大家知道，蒯因在《经验论的两个教条》一文中批判了"分析陈述和综合陈述的截然二分"和"还原论"，使他最后走上了具有自然化色彩的整体论框架下的意义理论研究的道路。戴维森对蒯因的这一主张是完全赞同的，不过他的观点比蒯因还要激进，这就是他还要批判他所谓经验论的第三个教条——概念图式与经验内容的截然二分。

一般认为，概念图式是组织经验的方式，是对感觉材料赋予形式的范畴体系；它是个人、文化或时代不受具体时空场合的限制而得以延续的一些观点的体现。人们往往把概念图式这一观念与概念相对主义联系在一起。的确，概念相对主义以概念图式这一观念作为其基本理论预设，因为"实在本身是相对于一种概念图式而言的，这也就是说，在一种概念体系中算作实在的东西在另一种概念体系中可能并不是实在的"①。概念图式和概念相对主义有许多表现形式。例如，人类语言学家沃尔夫，他与另一位语言学家共同提出的"萨丕尔－沃尔夫假说"声称，语言形式决定着语言使用者对宇宙的看法；语言怎样描写世界，我们就怎样观察世界；世界的语言不同，各民族对世界的分析也不相同。② 库恩提出的科学革命的"范式说"指出科学革命意味着新旧范式的转换，新旧范式的科学共同体对同一个问题或同一个领域的看法可能是完全不同的，新旧范式之间不可通约。

戴维森在《论概念图式这一概念》一文中对概念图式的这种传统观念提出了挑战。他首先从揭示概念相对主义所暗含的一个悖论开始对概念图式提出质疑：

概念相对主义的主要隐喻（即关于不同观点的隐喻）似乎暴露出一个潜在的悖论：不同的观点仅当有一个可在上面描绘它们的共同坐

① D. Davidson, *Inquiries into Truth and Interpretation*, p.183.
② 参见张妮妮《意义、解释和真——戴维森语言哲学研究》，中国人民大学博士学位论文，2004，第79页。

标系时才是有意义的；而一种共同坐标系的存在又与那种关于显著的不可比性的断言不符。①

这就是说，我们要确定不同的观点，是由于不同的概念图式之间确实存在着明显的不可通约性，我们就需要一种各种不同概念图式都能接受的公共判别标准，即戴维森所说的"共同坐标系"，否则，我们无法理解它们，当然也就谈不上能理解它们之间的不同或差异了。然而，一旦承认在它们之间有一个可供利用的共同坐标系，那么也就等于承认它们之间是可通约和比较的了。这就明显地构成了一个逻辑悖论。这说明了一个事实，即并不存在不同的概念图式。

在戴维森看来，我们可以考虑为这种概念图式上的差别设定某些界限，以便于我们理解这一问题，他主张把语言和概念图式联系起来，"概念图式有什么不同，语言也就有什么不同"②。但是假定在不同的语言之间有一种翻译方式，那么讲不同语言的人就可以共有一种概念图式。这显然与不同概念图式之间的不可通约性构成矛盾。如果概念图式不以这种方式与语言发生联系，那么势必存在着两套组织经验的方式，一套是概念图式，另一套是语言。那么，这两者之中究竟哪一个起主宰作用呢？这个问题无从回答。因为在他看来，语言与心智是不可分离的；人能讲一种语言，并不是一种在丧失它的同时又能够保持思维能力的特性。因此谈论与语言无关的概念图式是毫无意义的。

由于把概念图式认同于语言，那么不同的概念图式相应于不同的语言，这些概念图式的不可通约性对应于这些语言的不可互译性。这样，戴维森便把是否有不同的概念图式归结为是否有不可互译的语言的问题。如果肯定或否定后者便是肯定或否定前者。他考虑了下述两种情况：一是语言之间完全不可互译；二是语言之间部分不可互译。

戴维森着重考察了第一种情形。在他看来，"要增进这种看法的可信性，就要思考语言与信念、愿望和意向这些态度归属之间的密切关系……能够翻译某人的语言与能够描述他的态度这两者之间的关系是非常紧密的"③。因为，一方面，言语显然需要众多加以细致区分的意向和信念，

---

① D. Davidson, *Inquiries into Truth and Interpretation*, p. 184.

② D. Davidson, *Inquiries into Truth and Interpretation*, p. 184.

③ D. Davidson, *Inquiries into Truth and Interpretation*, p. 186.

另一方面，除非我们能把说话者的话语翻译成我们的话语，否则我们似乎不能把复杂的态度清晰地归属于一个说话者。这就提出了这样一个问题，即我们的语言是否真正表达了我们用语言试图表达的这些态度。对两种不同语言之间的翻译问题，我们或许可以说，我们不可能用我们所熟知的语言去翻译另一种我们完全不了解的语言，因为我们无法理解那种语言。这就立刻面临着另一个问题，即我们是如何知道我们完全不了解那种语言的呢？如果按照完全不可译的论点，我们不仅在两种不同语言之间无法互译，而且在同一种语言中也无法完全翻译，因为我们不可能完全理解他人用我们熟知的语言所表达的内容。根据这种推论，我们的一切交流便无从进行。究其根本原因，就是相信我们的概念图式与经验内容是两个不同的东西，即承认二者之间的截然二分。①

戴维森着重考察了语言之间不可翻译的两种颇有影响的隐喻性说法，即库恩的科学范式的不可通约性的观点和斯特劳森的"不同的可能世界"的观点。斯特劳森的隐喻是说，我们可以使用一种确定的概念体系来想象非现实的可能世界，这实际上强调的是概念与内容在语言内的区分。库恩的隐喻是说，我们想象同一世界的观察者，他们用彼此不可比的概念体系来观察这个世界。这实际上是支持一种关于总括的图式（或语言）和未被解释的内容的二元论。虽然它们的内容不同，但都隐含着概念图式与经验内容这个二元论的基本前提。这两种二元论观点在戴维森看来是站不住脚的，因为它们都试图在理论和语言之间做出区分。

或许蒯因对分析陈述和经验陈述的截然二分的抛弃能对概念相对主义提供某种有力的论证。在蒯因看来，我们无法成功地利用定义、保真的相互可替换性和语义规则等方法将分析陈述和综合陈述截然分开。这样，分析陈述和经验陈述之间的界限无法划出来，一切语句（或命题）都具有经验内容，任何无经验内容的纯粹性的分析命题都是不存在的。戴维森认为，摒弃分析与综合的区别并没有被证明有助于人们了解概念相对主义的意义。因为摒弃分析与综合的区别的结果是摒弃分析这个概念而保留经验内容这一概念，这一结果并不等于排除了概念图式组织经验这一看法。也就是说，保留经验内容与承认概念图式的看法并不矛盾，反倒有利于说明概念图式存在的必要性。因为一切语句都具有经验内容，我们对它们的认

---

① 参见江怡主编《现代英美分析哲学》，凤凰出版社、江苏人民出版社，2005，第832页。

识是通过一定的概念图式去把握的。"因此，取代分析与综合的二元论，我们便得到概念图式与经验内容的二元论。"① 这是按照蒯因等人的看法所理解的第二种关于图式（即起组织作用的概念体系）和内容（即有待组织的事物）的二元论。戴维森对这种意义上的二元论持坚定的反对态度，认为它是经验主义的第三个教条，在他看来，这一教条是无法理解、无法辩护的。

这种二元论有许多不同的表现形式。例如沃尔夫认为，存在着具有组织力而与科学没有明显区别的语言和被组织的事物（如经验、感觉经验、物质证据等），并存在着某种外在于一切概念图式的中立的共同事物。费耶阿本德也认为，我们可以通过在概念体系或者语言之外选择一个视点来比较彼此有差别的概念图式，这个视点是独立于一切概念图式的。蒯因也持类似的看法，他认为，我们所谓知识或信念的整体是一种人造的结构组织，其边缘与经验紧密接触。戴维森把诸如此类的观点分为两组：一组是概念图式（语言）组织某物，第二组是概念图式（语言）适合某物。至于那些被组织的实体或概念图式必须适合的实体，要么是实在，要么是经验。接着他对这两种观点提出了批判。就单一实体对象而言，他说：

> 除非一个单一的对象被理解为包括或存在于其他对象，否则，我们便无法赋予组织该单一对象这个概念以清晰的意义。组织一个柜橱就是收拾其中的东西。倘若你被告知不要组织其中的鞋和衬衫，而是要组织柜橱本身，你便会大惑不解。你如何组织太平洋呢？这无非是清理海岸，或许还要重新确定其中的岛屿的位置或消灭其中的鱼。②

他认为组织这个概念仅仅适用于众多事物。组织同一个事物的任何两种语言至少必须具有某些相同的本体论以及一些使相同对象个体化的概念。因此，如果它们组织同样的实体，那么它们至少谈论相同的实体，可是这样一来，就出现了互译性，这样就破坏了对可替换性图式的归属。尽管一种语言的谓词和另一种语言的谓词不可能直截了当地一一对应，但是，在它们之间具有一种相同的本体论，并具有使之相对化的对象的概念。任何翻译的失败只能是部分的，因为没有一个翻译普遍成功的背景，

---

① D. Davidson, *Inquiries into Truth and Interpretation*, p. 189.

② D. Davidson, *Inquiries into Truth and Interpretation*, p. 192.

我们无法理解这样的翻译失败。

戴维森接着分析了第二种隐喻的情形。在他看来，当我们从讨论组织而转向讨论适合时，我们就把注意力从指称性的语言手段（如谓词、量词、变元和单称词项）转到整个语句上来了，因为正是语句（而不是词项）发挥着预测、处理事物、与证据进行对照等作用，也正是语句作为一个联合体面对经验法庭。问题在于，一个理论适合或承认可能的感觉经验的总体，这就意味着这个理论是真的。而适合经验总体这个概念就像适合事实（或对于事实而真）这个概念一样，并没有使真这个简单概念更易于了解。假定感觉经验的总体是存在的一切证据，而这些证据恰恰是使我们的语句或理论为真的东西，那么，我们想要的正是这种感觉经验总体。可是，我们说某一理论 T 的语句适合所有的感觉证据（真实的、可能的、现在的和将来的）只不过是说 T 在很大程度上是真的。如果这是对的，那么我们说 T_1 和 T_2 以不同的方式都适合这个证据就等于说 T_1 和 T_2 二者大体上是真的；如果它们包含了不同的图式，那么就可推定翻译失败（如果仅仅是部分的失败）。[①] 这样，一个不同于我们自己的概念图式的标准就变成：在很大程度上为真但不可转译。也就是说，概念图式的存在意味着存在独立于翻译概念而适用于语言的真之概念。在戴维森看来，我们根本无法独立地理解这种真之概念。他以塔尔斯基的约定 T 说明了这一点：

> 约定 T 却暗示出（尽管它不可能明说）为一切具体化了的真之概念所共有的一个重要特征。它之所以能够做到这一点是因为它必不可少地把翻译这个概念运用到了我们所知道的一种语言中。既然约定 T 体现出我们关于如何使用真之概念的最好的直觉，那么似乎便没有希望获得这样一种检验，即对一种概念图式是否根本不同于我们的概念图式的检验（倘若这种检验有赖于我们能使真之概念脱离于翻译概念这个假设）。[②]

在他看来，无论是一批业已确定的意义还是中立于理论的实在都无法提供在概念图式之间进行比较的根据。倘若这种根据是指某种被构想为种

---

① 参见 E. Lepore, ed., *Truth and Interpretation*：*Perspectives on the Philosophy of Donald David-son*, 1986, p. 402。

② D. Davidson, *Inquiries into Truth and Interpretation*, p. 195.

种不可通约的概念图式所共有的东西，那么进一步追寻这种根据便犯了一个错误。每个概念图式都在一个单一空间的范围内占有一个位置并提供一个观察点的设想是不可能的，这就从根本上否定了概念图式得以滋生的土壤。

戴维森还探讨了翻译部分失败的情形。他指出，这种情形基于这种可能性，即有可能在种种通过参照其共同部分且可理解的概念图式中做出转换和对比。这就需要一种不对有关共有的意义、概念或信念做出预设的解释或翻译理论。然而，解释的问题不仅仅涉及语句的意义，还涉及被解释者的信念。这两个因素是相互依赖的。在解释活动中，只有一个对说话者的信念有充分了解的人才能对说话者的言语做出解释，而不理解说话者的言语便不可能在说话者的信念之间做出细致区别，即无法对说话者的信念做出充分的了解。在这种情况下，我们所需要的是一种同时解释态度和言语而对这两者都不做出假设的理论。他仿照蒯因的赞同态度，采用说话者的"持……为真"的态度作为解释理论的基本证据形式，从被视为真的语句中构造一种关于信念和意义的实际理论。他认为，在彻底解释的情形下，我们不能假定我们具有关于说话者的信念和意向的充分知识，也不能假定他的语言就是我们的语言。要使解释成为可能，唯一的选择只能是假定我们和说话者持信念普遍一致的看法，"通过向一个说话者的语句指派仅在该说话者认为这些语句为真时（在我们自己看来）才实际成立的真值条件"①。那么，这种"宽容原则"的思想会把概念相对主义置于何种境地呢？他的问答是，我们必须对概念图式上的差别做出与对信念上的判别大致相同的说明，也就是说，我们通过扩大共有的（可翻译的）语言或共有的意见这一基础来增进宣称图式上或意见上存在差别的清晰度。可是问题在于，我们确实无法在图式上的差别与意见上的差别之间画出一道清楚的界线。因为，假如当他人以不同于我们的方式思维，一般原理或求助的证据都不能促使我们判定那种差别在于我们的信念而不在于我们的概念。因此，在他看来，试图给关于概念相对主义，从而概念图式的看法赋予一种可靠的意义，把这种企图建立在翻译部分失败的基础上，就如同建立在翻译全部失败的基础上一样是无法奏效的。最后，戴维森对他的论证理由做了小结：

---

① D. Davidson, *Inquiries into Truth and Interpretation*, p. 196.

　　用下述说法来进行概括是错误的，即认为我们已经表明：在具有不同概念图式的人们之间，以一种无需那种不存在的东西（中立基础或共同的坐标系）而发挥作用的方式，交流是如何可能的。因为我们没有发现任何能据以说明概念图式不同的可理解的根据。宣布下述很令人愉快的消息也同样是错误的，即一切人（至少是一切运用语言的说话者）都具有一种共同的概念图式和本体论。因为，如果我们不能可理解地说概念图式是不同的，我们也不能可理解地说它们是同一的。[①]

　　那么，放弃概念图式和概念相对主义会给我们的认识图景带来什么影响呢？在接受概念图式－经验内容这个二元论教条的情形下，我们就得承认概念的相对性和对于一个图式的真理。放弃了这个教条，这种相对性就会落空。但这并不意味着我们放弃了世界和客观真理，而是要重建与人们所熟悉的对象的没有中介的联系，这些对象出乎意料的呈现使我们的语句和意见为真或为假。

　　通过上述考察，我们不难发现，戴维森批判概念图式－经验内容这个二元论教条的最终目的在于排除一切不可靠的认识论中介，使我们的思想和语言直接面向客观世界，尽可能地避免怀疑论的挑战；同时，反对这一教条，也就排除了针对概念图式的相对化的真之概念和真理论，使真之概念和真理论在人们认识中的重要作用凸显出来，从而为戴维森绝对的真理论的提出埋下了伏笔。

二　"无指称的实在"——绝对真理论的提出

　　自弗雷格以来，指称理论在人们的心目中已成为意义理论乃至真理论的核心内容。一般认为，人们的信念或所说的话之所以可能是真的，就在于语言（或信念通过语言）可以与世界建立联系的主要方式是指称。也就是说，指称是联系语言与实在的中介，真是建立在指称基础上的。当然这里的"指称"是指专名和它们所命名的东西之间、在复合单称词项与它们所指称的东西之间以及在谓词与它们对之适用的那些实体之间的一种关系。戴维森在这个问题上挑战人们的传统观点，认为指称概念并不是人们想象的在解释语言与实在之间的关系中必不可少的概念，也不是建立真理

———————————

[①]　D. Davidson, *Inquiries into Truth and Interpretation*, pp. 197 – 198.

论的初始概念。真是一个不可定义的初始概念，是一个前分析的一般性概念，预设这种真之概念的真理论是一种绝对的真理论。

戴维森认为，意义理论领域存在一种关于指称问题的困境。一方面，人们认为一种不阐明指称概念，不以这个概念发挥主要作用的意义理论是没有成功希望的，因为"指称"是建立语言（或信念通过语言）与世界联系的主要方式；另一方面，又有一些很有力的理由假定，我们无法用更初始的词项或从行为的角度对指称做出解释。在他看来，人们之所以认为没有指称概念似乎就无法提出意义理论的原因在于，任何一种意义理论必须对真理做出解释，即陈述任一语句的真值条件；但意义理论不能采取下述做法来解释真理，即首先为有限数目的简单句解释真理，然后再在简单句的基础上为其他语句指派真值；而是要采取诉诸语句结构的办法，即首先把语句分析为成分，包括谓词、名称、联结词、量词、函子等，然后表明每个语句的真值是如何从这些成分的语义特征和它们在语句中的组成所表现出来的特征中推导出来的。因此，真显然依赖于语句成分（名称、谓词等）的语义特征，这些语义特征正是由指称关系来表征的。例如，"苏格拉底飞翔"这一语句，我们对它的真值条件的解释必定相当于说：它是真的当且仅当由"苏格拉底"指称的对象是由"飞翔"这个谓词所适用的对象之一。这样一来，我们又需要对这类指称关系做出解释。

根据以往求助于指称理论的真理论，每个语句的真值条件是在有限的基本词汇中的词项的语义特征之函项。但是人们经常认为，这种理论并没有对基本词汇的语义特征做出解释。我们会在这种真理论中发现人们所熟知的一些递归性条款，例如，它们规定：一个合取式为真当且仅当每个合取支为真；一个析取式为真，当且仅当至少有一个析取支为真，如此等等。实际上，这种理论还必须解释联结词是如何在开语句和闭语句中发挥作用的，因此，这种递归程序是直接应用于满足关系，而不是直接应用于真之概念。

我们下面考虑两种情形。第一种是最简单的情形。在这种情形下，基本词汇是有限的，包括有限数量的简单谓词和专名（即非构造性的单称词项，不包含变元）。我们现在要从这种理论中衍推出一个 T－语句。例如"雪是白的"当且仅当雪是白的。我们可以通过列举的方式做到这一点。具体做法是，把由一个专名和一个基本谓词组成的每个语句都列举出来。这样就能够把每个这样的语句作为一个公理而从一种真理论中衍推出每一个类似于（T）模式那样的语句，这种方法显然避免了求助于指称概念，并且也没有对它做出任何说明。

第二种是较复杂的情形。这种情形包括具有一定复杂度的谓词和单称词项。因此，靠简单列举的方法显然行不通。就谓词而言，塔尔斯基式的方法是求助于满足概念，即在谓词与该谓词对之适用的 n 元实体（实际上是 n 元实体序列）之间的一种关系。满足概念明显地类似于谓词的指称概念，因为我们也许会把一个谓词的指称对象定义为满足这个谓词的那类实体。问题在于一种绝对的真理论并没有真正对满足关系做出阐释。例如"x 飞翔"这个谓词，当这种理论说它表征满足时，它告诉我们的不过是：一个实体满足"x 飞翔"当且仅当那个实体飞翔。如果我们要求对这种关系做出进一步的分析，我们便会感到失望。正如我们在第一章中分析的那样，会出现对实体的无穷追问的倒退局面。

在戴维森看来，从上述情形中可以看出这样一个事实，即绝对的真之定义没有对指称概念做出分析，也就是说，倘若人们想象一个新谓词并把它增添到原来的那种语言中，那么，已做出的那种对真和满足的解释没有表明如何进一步处理这个新情况。以往我们一直按照弗雷格－戴德金（Dedekind）式的递归表征方式对满足下一个明确定义的，但这一事实不应当使我们以为我们已经把握了一个一般性概念。因为这个递归性定义是把满足概念的适用范围明确地限制在一系列确定的、数量有限的谓词上。因而倘若关于满足的一种理论（或定义）适用于某种特定的语言，然后又在这种语言中增添一个新的谓词，例如，"x 飞翔"，那么就会得出"x 飞翔"不为一个飞翔的对象所满足这一结论。类似的说法也适用于单称常项。例如，与一个名称 a 连用的"……的父亲"指称 a 所指称的那个人的父亲。的确，如果存在一些复杂单称词项，就有必要使用上述递归性条款来表征这种指称之类的关系。可是，对于潜在的专名来说，所出现的不过又是一个表列，这并没有对专名指称对象意味着什么做出分析。

通过上述大量的分析，戴维森得出结论说，绝对的真理论并没有清晰地阐明谓词和名称这些基本词汇的语义特征。人们常常把这种不满与另外一种不满联系在一起，即认为塔尔斯基的真理论并没有深刻地把握住真之概念。一些哲学家认为，塔尔斯基的真理论没有对指称概念做出解释或分析，这是一个严重的失败。例如，菲尔德（Hartry Field）就认为，由于这一原因，塔尔斯基式的真理论只是一种完全的理论中的一部分，除此之外，我们还必须为谓词和专名增添指称理论。帕森斯、普特南和贝纳塞拉夫等人也提出了相关的批评意见。在他们看来，我们必须接受指称概念，把它作为一个依据非语言学概念可对之做出独立分析或解释的概念，把它作为在语言理论与从非语言的角度加以描述的事件，作为行动或对象之间的直接联系的唯一的立足点（或至少是立足点之一）。总之，需要用指称概念来对真理做出完全的解释。

戴维森在这一问题上与这些哲学家发生了意见分歧。他承认，塔尔斯基的真理论既没有对前分析的真之概念，也没有对前分析的指称和满足概念做出分析或解释，它充其量是对某种带有确定的初始词汇的语言给出了真之概念的外延。但他认为，我们没有必要为一种真理论没有前分析的真之概念做出充分分析这一事实而担忧。他对此给出了自己的理由：

> 倘若我们接受下述这种看法，便不会造成什么损害，即认为在一种真理论中，"是真的"这个表达式（或任何代替它的其他表达式）被独立地理解。之所以可以把约定 T 接受为真理论的标准的理由在于：（1）T–语句显然是真的（前分析地为真）——是某种仅当我们已经（部分地）理解"是真的"这个谓词时才能识别的东西；（2）T–语句的全体唯一地确定真理谓词的外延。一种被视为关于一种自然语言的经验理论的真理论的重要性，并不在于告诉我们真一般地是什么，而在于它显示某种特定语言 L 中的每一个语句的真如何依赖于该语句的结构和成分。①

在他看来，"接受"指称概念是指把它当作一个根据非语言概念对之做出独立分析或解释的概念。如果我们能够发现一种这样的理论，即在它直接对专名和谓词的语义特征（指称概念）做出解释后，我们就能接着对复杂的单称词项和复杂谓词的指称做出解释，并能表征满足，最后表征真理，那么我们便能对指称概念做出所希望的那种分析。这种理论便是人们常说的堆积木式的理论。戴维森通过对采用这种思路建构理论的历史性考察，发现这种理论是没有希望的。历史发展的方向呈现出放弃那种堆积木式的处理方法而赞成一种使语句成为经验解释之焦点的理论趋向。这正是戴维森所期待的整体论意义理论研究的方向。他说：

---

① D. Davidson, *Inquiries into Truth and Interpretation*, p. 218.

而这正是我们应当期待的结果。语词除了在语句中发挥作用外别无选择，这也就是说，它们的语义特征是从语句的语义特征中抽象出来的，正像语句的语义特征是从语句在帮助人们达到目标或实现意向时所起的作用中抽象出来的一样。①

也就是说，这种整体论方法的研究起点（即语句）正是我们能有希望把语言与从非语言的角度描述的行为或意向加以连接的地方。可是，这种方法似乎不能对语句的组成部分的语义特征做出一种完全的解释，而没有这种解释，我们显然便无法解释真。这样，戴维森实际上在某种程度上陷入上述关于指称概念的两难困境。为了摆脱这一困境，他主张在真理论内部的解释和关于真理论的解释之间做出区别。在真理论内部，一个语句的真值条件是由诉诸所设定的结构以及像满足和指称这样的语义概念来确定的。而当要对作为一个整体的真理论做出解释时，必须与人的目的和活动联系在一起的正是被应用于闭语句的真之概念。在他看来，语词、语词意义、满足都是我们需要用来构成真理论的设定物。对这些设定物，无须为之提供独立的确证或经验的基础。他做了一个物理学研究的类比：我们可以假定一种未被观察到的微观结构来解释宏观现象。但物理学理论是在宏观层次上被检验的。虽然我们有时会很幸运地发现检验原先假定的那种结构的额外的（或更直接的）证据，但这对于物理学研究并不是必不可少的。

那么，如何能对一种绝对的真理论提供经验的解释呢？这就需要把这种真理论与使用并不特定于所涉及的那种语言或语言的术语来描述的行为和态度相联系。在他看来，塔尔斯基式的真理论提供建立这种关系的明显的地方，即 T-语句。这种理论没有直接向名称或谓词与对象之间指派经验内容，而是通过 T-语句赋予内容从而间接地向这些关系赋予内容。这种真理论预设了一个前分析的一般性真概念，这种一般性的概念无需指称概念而被独立地理解。正是因为有了这个概念，我们才能够说出什么东西才算作 T-语句之真实性的证据。倘若我们知道所有这些 T-语句都是真的，那么，一种可从中衍推出这些 T-语句的真理论就会满足约定 T 的形式条件，并且会对每一个语句提供真值条件。但是，这种理论却不能对满

---

① 　D. Davidson, *Inquiries into Truth and Interpretation*, p. 220.

足和指称这两个概念提出同样的要求。虽然这种理论会对满足和指称概念作递归处理，但是我们必须把它们看作理论构造，在构造一种适当的真理论时无需一般性的指称概念。他进一步认为，我们不仅不需要指称概念，而且不需要指称本身，无论是什么样的指称。因为，倘若存在一种向表达式指派实体的方式，即表征"满足"的方式，这种方式产生一些有关语句真值条件的可接受的结论，那么就会导致指派进程的无穷倒退。所以，我们没有理由把这些语义关系中的任何一种称为"满足"或"指称"。尽管戴维森主张这种真理论放弃作为语义学基础的指称概念，但他声言并没有因此放弃本体论。"因为，这种理论把每个单称词项与某个对象相联系，它告诉我们每个谓词为什么样的实体所满足。没有指称也行，这项对策根本不意味着没有语义学或本体论也行。"①

　　按照这种分析，戴维森提倡的那种真理论是一种绝对的真理论。它是一种不同于那些使真相对于一种解释、一个模型、一个可能世界或一个论域的真理论。在这种理论中，真是一个前分析的一般性概念，真理谓词被视为一个不可定义的初始表达式。也就是说，我们无法用类似指称、满足等语义学概念定义真。这与塔尔斯基通过指称、满足等语义学概念定义真之概念的思想完全相反。

　　一种绝对的真理论并没有向我们提供对诸如"意谓""含义与……相同""是……的翻译"等这样的短语下定义或进行分析的材料，可是它如何能对交流做出解释或被认为是一种意义理论呢？也就是说，某个知道语言 L 的真理论的人是否会有足够的知识来解释 L 的说话者所说的话语？这是戴维森关于真理论能充当意义理论的表征形式这一主张所必须回答的问题。当然，如果仅仅在使 T - 语句显示为真的情况下，这种 T - 语句不会自动地向相应的对象语句"提供意义"。在他看来，探讨这个问题的正确方式是反过来问，对一种真理论的形式限制和经验限制是否足以限制可接受理论的范围。他坚信，对关于 T - 语句的解释所施加的一些合理的经验限制（我们根据这些限制条件来判定 T - 语句为真）以及形式限制，会充分地在那些不同的真理论之间确定出不定因子，它容许我们断言：一种真理论把握了每个语句的本质作用。戴维森提供了一个与温度测量理论的类比。温度测量理论把作为温度衡量尺度的数字指派给测量对象。它对这些

---

① D. Davidson, *Inquiries into Truth and Interpretation*, p. 223.

指派施加一些形式上的限制，还从经验和性质上与可观察的现象相联系。虽然所指派的数字并非由这些限制条件唯一地确定，但是指派的范型是很重要的（华氏温度和摄氏温度互为对方的线性变换；这种数字指派唯一地符合线性变换）。他建议，以大致类似的方式，把意义作为可接受的不同真理论之间的不变因子，通过给一个语句在构成语言的语句范型中指派一个语义位置，便给出了这个语句的意义（或对它做出了解释）。不同的真理论可能会对同一语句指派不同的真值条件（这就是蒯因所说的翻译不确定性的类似物），而这些理论对语句在语言中的作用的看法大致上是一致的。他明显表示，对于堆积木的理论以及那些试图直接根据非语义的证据（行为或意向）赋予每个语句以丰富内容的理论来说，它们走得太远，步子也迈得太快，不大可能取得成功。我们倒不如采取蒯因式的整体论研究方法，即我们并非试图通过为语词的意义提供证据，而是通过为关于语句所属的那种语言的理论提供证据，来弥补关于个别语义的意义的证据的不足。这样一来，语词和把它们与对象相联系的某种方式（即指称和满足）便成了我们需要用来完成真理论的构成物，在解释活动中不再发挥必不可少的作用。他说：

> 关于如何研究意义理论的这番想法在本质上是蒯因的。我对蒯因的基本见解所补充的是这样一个建议，即意义理论应当采取绝对真理论的形式，如果它的确采取这种形式，我们就能把语句的结构恢复为由单称词项谓、连词和量词构成的，并带有通常的那种本体论含义的结构形式。然而，指称退出了舞台。它在解释语言与实在之间的关系中不再发挥必不可少的作用。[①]

我们从对戴维森上述思想的这番考察，不难发现戴维森的理论是建立在整体论基础上的。在这种背景下，语词（名称和谓词）的语义特征是在它所在的语言背景中体现出来的。由于直接面对实在世界的是语句而不是语词，因此研究关于语句的真就先在于研究关于语词的指称关系。我们建构一种真理论是一种从逻辑句法上的思维构造，也就是说，人们通常所说的那种诉诸指称或满足概念的递归构成程序是一种理论构造物，只是为了便于人们去理解和把握一种真理论的逻辑构造方法。在现实中，指称或满

---

① D. Davidson, *Inquiries into Truth and Interpretation*, p. 225.

足不可能是一种独立于语句及其真值条件的概念。同时，指称和满足作为真理论构造的手段，其本身也有指称成败和是否满足的问题，也就是说，本身也蕴含着对某种意义上的真之概念的把握。因此，指称和满足是建立在真之基础上的，这是由戴维森的语义整体论必然得出的结论。戴维森明确提到在真理论内部的解释和关于真理论的解释之间的区别问题。在真理论内部，指称或满足是作为完成一种真理论的设定物；当我们把一种真理论作为一个整体来理解时，与它相联系的不是指称或满足概念，而是与人的目标和活动联系在一起的正在被应用于闭语句的真之概念。这种观点说到底就是一反人们关于真理、意义、实在等概念的某些根深蒂固的观念，通过把真之概念视为语义理论中的初始概念，从而确立起一种适当的真理论在语义学研究中的首要地位。在这种整体论的框架内，语词的意义并不表现为人们通常认为的那种与实体的直接对应关系，而是体现于它在语句构成中的作用，甚至单个语句的使用的作用也不是直接表明它与相应事件或状态的符合，而是体现在它所在的那个整体语言系统或信念体系中所产生的融贯或一致的关系中。面对经验法庭的正是整个理论，因此单独地谈一个语词或一个语句的语义特征是无意义的。这是戴维森采用蒯因的整体论语言观得出的必然结论。不过，他的观点比蒯因的观点更为激进。通过我们前文的考察，戴维森反对概念图式的存在，这就使得蒯因的那种基于某一理论框架、某一语言系统的相对化的真之概念和相对化的本体论的观点，失去了存在的理由。由于概念图式的被取消，在整体论框架下研究的真理论必然是一种探究整个语言与实在的关系的，无须诉诸指称或满足概念而可以成立的绝对的真理论。

"无指称的实在"说的是一种整体论意义上的实在，是一种绝对真理论研究的实在。其中的"无指称"是就那种原子论或分子论意义上的指称概念而言的，这种意义上的指称概念是戴维森解释真理论时所不期望的。即使要承认指称概念，也只能是在整体论框架下从语言系统中或至少是从语言中抽象出来的指称。面对这种绝对性（整体论）的实在，我们的真理论只能采用绝对真理论的形式。国内有人认为戴维森否认指称概念就是从根本上否认语句的真，从而抽掉了真理论的经验根基，从根本上否认了真理论得以建立的可能性。因而这种看法是站不住脚的。① 笔者认为：这种

① 参见江怡《一种无根的实在论——评戴维森的绝对真理理论》，《哲学研究》1995 年第 7 期。

观点是不恰当的。如果我们在戴维森的整体主义语言观和反概念图式－经验内容的二元论教条这种背景下来分析戴维森的语言－实在观，便不会得出这样的结论。

一种绝对的真理论说明了真之概念在语义学研究中的核心地位。我们研究意义理论必须考察戴维森对真本身的研究，同时，戴维森也一直表明真之概念是我们建构一种恰当的意义理论的一种先在的不可定义的概念。这必然涉及他对真的认识。那么，他对真本身的考察提出了哪些有价值的见解呢？这些见解的提出与意义理论又有什么样的关系呢？这就是我们在第二节所要讨论的话题。

第二节　重建真之概念之重要地位——戴维森的真理论发展历程

戴维森在其意义理论和解释理论中都把塔尔斯基式的真理论作为基本的理论框架，这个框架蕴含着对真之概念的一种先在把握。因此，我们要深刻理解戴维森意义理论的表征形式框架，还须考察他对真之概念的理解。从前面的考察来看，戴维森多次提到真之概念并强调它的至关重要性，这必定是与真之概念和真理论在他心目中的理解和把握分不开的。

实际上，戴维森对真之概念和真理论的看法也有一个发展历程，并且每当论证他自己的观点时，大多伴随着对一些传统真理论的评说。同时，戴维森真理论最突出的特色在于，它不仅仅局限于对真之概念和真理论的逻辑定义和结论的探讨，而是将它们与意义、信念等因素联系起来进而从广阔的视野阐述真理论和真之概念的性质及其重要性。

总的说来，戴维森关于真理论的探索活动经过了"塔尔斯基式符合论—融贯性符合论—客观性实用论—不可定义论"这样一个发展历程。本节试图沿着他的这一思想发展轨迹揭示其理论的精神实质和重要影响。

一　塔尔斯基式符合论

戴维森在早期运用塔尔斯基的真理论说明他的意义理论，这表明他对塔尔斯基在某种意义上的符合论（即保持亚里士多德对真之概念把握的某种直觉）是持肯定态度的，他在《相对事实而真》一文中将塔尔斯基式符合论与传统意义上的事实符合论相对照，在某种意义上维护了塔尔斯基的真理论。

传统意义上的符合论是一种最古老、最常见的真理论，它说的是，真是命题和事实的符合。塔尔斯基的真之定义就是为了体现这种亚里士多德式真理观的直觉。但塔尔斯基是在一种形式语言中进行真之定义这项工作的，因此他不能诉诸具体的客观实在，而是采用数学语言中的抽象术语，具体说来，是采用语句和对象序列之间的满足关系来给真下定义的。这种做法得到了戴维森早期的肯定。

戴维森对传统的命题语句符合事实的真理观持明确的否定态度。首先，他认为，传统意义上的事实符合论是荒谬的。因为，外在的事件和对象只是原因不是命题或信念，与我们需要验证是否为真的东西不可能形成那种需要证明的符合关系。我们一般谈符合、相配、一致关系，都是在同一范畴的对象之间谈论的，而命题或信念与事实显然不在此范围内。同时，他认为这种与实在对照也是不可能的。因为，所谓对照，就是要么把某个人的某些信念逐个地与感官所传递的东西相对照，要么是把他的信念整体与经验法庭相对照。但这种对照是讲不通的，因为，我们根本无法跳出我们自身之外找出引起我们所意识到的那些内部事件的东西。

其次，戴维森从分析一个语句符合于哪一个具体事实这一问题出发，得出了事实符合论无解释力的结论。这一结论是建立在他得出的下述认识基础上的，即如果事实符合论正确的话，那么所有真语句都符合同一个事实。他对这一问题的论证是建立在弗雷格式的背景知识上的，即语句的指称是真值。如果按照弗雷格的这一说法，那么，所有的真语句就都具有相同的指称，即它们所指称的真值——真。戴维森认为，事实符合论的一般形式如下。

(1) 陈述 p 符合事实 q。

得到真的步骤是简单的：如果存在一个对应于某个陈述的事实，则该陈述为真。那么，(1) 在什么条件下为真？当然，当"p"和"q"用同一个语句替代时，(1) 肯定是真的。然而，按照这种方法，困难出现了。例如，陈述"北京远在广州的北面"符合北京远在广州的北面这一事实，但是，这一陈述也符合广州远在北京的南面这一事实（也许这些是同样的事实）。我们还能列举该陈述符合的许多事实，例如，中国的首都远在广东省省会的北面；广东省省会远在中国首都的南面；北京远在广州的北面，并且北京是明朝的京城，如此等等。因此，我们开始怀疑，如果一个陈述符合一个事实，它将符合所有的事实。戴维森指出：

> 的确，在我们的事例中不自觉地使用了这些原则，便易于证实这种怀疑。这些原则是：如果一个陈述符合由"事实 p"这种形式的表达式所描述的事实，那么它符合这样的事实，即这一事实是由"事实 q"所描述的事实，只要假定或者（1）替代"p"和"q"语句是逻辑等值的，或者（2）"p"和"q"的区别仅在于一个单称词项被另一个同外延的单称词项所替代。①

戴维森还利用我们在第一章中介绍过的"弹弓论证"来论证这一观点。假定"s"是某一真语句的缩写，那么，陈述 s 的确符合事实 s，但是，我们可以用逻辑等值式"$\hat{y}\,(y = y \cdot s) = \hat{y}(y = y)$"替换第二个"$s$"。利用我们可以替换同外延的单称词项的这个原则，我们在假定"t"是真的情况下，就可以用"t"替代上述等值式中的"s"。这样我们就可以得出这样的结论，即陈述 s 符合事实"t"，其中的"s"和"t"是任意的真语句。他说：

> 因为除了符合问题外，一直没有得以提倡的区分事实的方式，并且这种检验不能揭示一种简单的区别，我们把论证的结果理解为表明正好存在一种事实。像"尼泊尔有佛塔"这一事实这样的描述语，如果它们描述了什么，那么描述了同一件事情：整个宇宙（The Great Fact）。当在"符合"后面写上整个宇宙时，就不存在任何在其名称之间进行区别的问题了；我们也能勉强接受"符合整个宇宙"这一单一的短语。这一不可改变的谓词带有一点儿剩余的本体论，但除此之外，没有任何明显区别于"是真的"东西可言。②

再次，戴维森还认为，真之概念和事实是难以分开的，我们关于事实的谈论在某种意义上最终可归结为关于真的谈论，并非所有的陈述都具有它的事实，只有真陈述才有与它相应的事实。"在我们所考虑的语境中，

---

① D. Davidson, *Inquiries into Truth and Interpretation*, p. 42.

② D. Davidson, *Inquiries into Truth and Interpretation*, p. 42.

关于事实的谈论都可归属为对真的谓述。"① 这样一来，除非我们有一种另外的挑选出事实的办法，否则我们便不能期望诉诸这些事实来解释真之概念。也就是说，如果我们有办法不诉诸真之概念把事实分离出来，我们才能利用事实符合论来说明真。按照戴维森的看法，这是不可能做到的。

最后，戴维森认为，对事实符合论构成反驳的理由还有，这个理论没能提供真之载体。我们知道，关于真之载体是什么的问题，人们的分歧很大。塔尔斯基曾就此问题做过分析，他把真之载体做了三重划分："谓词'真的'有时用于某种心理现象，比如判断或信念，有时用于某种物理客体，即语言表达式，具体地说是语句，有时用于某种被称作'命题'的观念实体。"② 在戴维森看来，由于按照事实符合论，我们无法独立于真之概念将事实分离出来，也无法分辨出个体的事实，这就使我们必须放弃使真之载体为真的事实，这样做的结果，必然导致我们也同时必须放弃这些真之载体，因为二者互为对方存在的前提。他说：

> 对符合论……真正的反驳是说，这样的理论没能提供真之载体（无论我们把这些载体看作陈述、语句还是表达）能够被说成与之相符合的实体。如果这是对的，而我相信这是对的，那么我们也该询问下面这种流行的假设：语句，或说出语句的符号，或我们头脑中类似语句的实体或构造，可以被恰当地称为"表象"，因为没有什么让它表现的东西。如果我们放弃使语句为真的作为实体的事实，我们就应该放弃这些表象，因为它们各自的合法性都是相互依赖的。③

戴维森早期比较赞同和拥护塔尔斯基式的符合论。在他看来，塔尔斯基的真理论在某种意义上是符合论，即把满足关系说成某种意义上的符合。在他看来，由塔尔斯基提出的真之语义学概念应被称为一种符合论概念，因为满足概念在其中起了很大作用。正如我们前面所说的，塔尔斯基告诉我们一种定义真的巧妙方法，这种方法是由两个步骤来完成的：首先定义满足关系，然后利用满足关系来定义真。而被满足的实体是开语句和

---

① D. Davidson, *Inquiries into Truth and Interpretation*, p. 43.

② 涂纪亮主编《语言哲学名著选辑》（英美部分），第 246 页。

③ D. Davidson, *Truth and Predication*, p. 41.

闭语句,满足者是把对象语言中的变元映射到论域的实体的函项(在塔尔斯基那里是无穷对象序列)。一个特定的函项是否满足一个语句完全取决于它给那个语句的自由变元指派什么样的实体。因此,如果那个语句没有自由变元,也就是说它是一个闭语句或一个真正的语句,那么,它必定被任何一个函项所满足或者它不被任何函项所满足。那些被所有函项满足的闭语句是真语句,而那些不被任何一个函项所满足的语句是假语句。他认为,满足关系并没有真正体现所期望的那种符合论的直觉。满足语句的函项或序列看起来不太像事实。另外,它与传统符合论的不同之处还在于变元的一种特殊性质:正因为它们不指称任何特定个体,所以满足必须考虑对变元的任意实体的指派。如果我们反过来考虑一个专名,那么满足者正好可能是我们所说的有序对象——即 n 元有序对。因此,"a 爱 b"将被一个有序列 $<a,b>$ 所满足,假定 a 爱 b。他认为,$<a,b>$ 不是一个事实——这个证明"a 爱 b"的事实还应包括"爱"这一事实。因此,"s 被所有函项或序列所满足"并不真正意味着"s 符合那个事实",只不过这两个短语有两点共同之处:二者都表达了语言与世界之间的一种关系;二者都等值于"s 是真的[当 s 是一个(闭)语句时]"[①]。

正由于上述原因,戴维森把塔尔斯基的真理论看作一种有别于事实符合论的真理论。这也正是戴维森看中这一理论的原因之一。因为在他看来,事实符合论的确给我们谈论真带来了许多麻烦和困扰,而塔尔斯基的理论正好可以帮助我们摆脱这一困境。的确,在塔尔斯基的约定 T 的真之表征形式中没有出现"符合事实"这样的字样。约定 T 的形式为:

s 是真的当且仅当 p。

这里的 s 是一个语句的名字,p 是这个语句本身或它在元语言中的翻译。等值式的两边出现的是语句及其名称,右边的 p 就是其真被说明的那个语句本身,它在等式中只是被使用,并未被提及。这一等式用某一语句本身保证了该语句的真值条件,也就是说,T - 语句不过是求助于与一个语句本身所求助的一样平凡的东西来表达该语句的真值条件。它们诉诸的解释资源在外延上是相同的。塔尔斯基在谈论他真之定义的有关哲学问题时指出:

---

① D. Davidson, *Inquiries into Truth and Interpretation*, p. 48.

实际上，真理的语义学定义没有暗示任何可以作为像下述（1）这类语句得以断言的条件的东西：

（1）雪是白的。

它仅仅意谓着：无论什么时候我们断言或者反对这个语句，我们都必须准备断言或反对相关的语句（2）：

（2）语句"雪是白的"是真的。①

塔尔斯基说出这番话的本来目的在于，语义学概念对于所有有关哲学认识论态度的争论是完全中立的。但我们也可以从中看出，T－语句表明它用以解释一个语句的真值条件的东西绝不会超出与该语句本身相关的资源。关于这一点，戴维森也有过明确的表示：

> 有关T－语句的一个引人注目的情况是，无论必须采用什么样的方法来生成T－语句，无论运转什么样的本体论车轮，一个T－语句终归采用下述办法来表达一个语句的真值条件，即不过是求助于与那个语句本身一样平凡的东西，因为这两者所求助的东西是相同的。除非原初的语句提到可能世界、内涵实体、特性或命题，否则的话，对该语句的真值条件的陈述并不提及这些东西。②

也就是说，塔尔斯基的约定T式的真理论没有明显地提到有关"符合事实"这一问题，没有追究与具有某种性质的语句相符合的事实这一实体。"T－语句的形式已经暗示，一种真理论可以在不必找出具有真之性质的语句有差别地相符合的种种实体的情况下表征真这种性质。（我并不打算说，一种绝对的真理论并不是某种意义上的真理'符合论'。但是，这种理论所引出的那些实体是一些不同于事实或事态的序列。）"③

即使要把塔尔斯基的真之定义看作一种符合论，它也比事实符合论更具有说服力。戴维森就此对这两种符合论做了比较。他认为，塔尔斯基诉诸定义真之手段的满足提供了各语句为真的不同故事，因为对满足的定义首先是从开语句（语句函项）开始的，对开语句中的变元指派不同的值从而定义在不同开语句中的满足概念，而闭语句是开语句的一种特殊情形，

---

① 涂纪亮主编《语言哲学名著选辑》（英美部分），第274页。

② D. Davidson, *Inquiries into Truth and Interpretation*, p. 132.

③ D. Davidson, *Inquiries into Truth and Interpretation*, p. 70.

是建立在开语句的基础上的，因此从语句的真之定义的背后可以追溯到达到真的不同轨迹，而在事实策略中不可能做到这一点。他指出：

> 利用满足概念的符合论与依赖于符合事实的符合论之间的比较至多涉及没有自由变元的语句。如果我们接受弗雷格关于语句外延的论证，这一比较甚至可以延伸出这样的结论，即真语句不可能根据它们的符合论（事实、宇宙）或者根据它为其所满足者（所有函项、序列）不彼此加以区分。但塔尔斯基的策略能应付在最终产物上的这种共同性，而事实策略却不能，因为闭语句的满足是根据开语句和闭语句两者的满足来加以解释的，而按照传统看法只有闭语句才有符合事实这回事。因为对变项不同实体的指派满足不同的开语句，又因为闭语句是从开语句构造而来的，因此，对不同的语句来说，真是以语义学手段经由不同的途径而达到的。所有的真语句在同一个地方达到，但关于它们怎样到达那里却有不同的故事；对于一个特定的语句，一种真之语义学理论以通过适合于该语句的满足的递归性说明的步骤的办法来讲述了这个故事……而事实策略不能提供这样具有启发性的种类，因为所有的真语句与事实具有相同的关系，基于它和其他（闭）语句的关系的对一个语句的真的解释，如果它要坚持事实策略，那么它必定一旦开始便已结束。[①]

可见，戴维森早期并不是一概地反对符合论，而只是反对传统的事实符合论，而对一种塔尔斯基式的符合论持同情态度。在他看来，建立在满足基础上的真理论是具有指导性的，其中的原因之一是它对塞入语句符合的实体到底是什么东西不太感兴趣，这就在一定程度上避免了事实策略对本体论问题的纠缠不休而带来的麻烦。因为在那种理论中，那些实体只不过是那种语言变元论域内的对象和那些变元之间的任意派对。因此他认为，对诸如塔尔斯基的真理论不应持不信任态度。

但是，戴维森后来认为塔尔斯基的真之定义不可靠，并且从根本上没有给出一个一般性的真之概念。因此也就放弃了他先前对塔尔斯基真理论的同情态度。在他看来，满足策略面临类似于事实策略同样的难题。用满足概念来表征开语句的语义性质，结果出现了这样一种情况，即一个闭语

---

① D. Davidson, *Inquiries into Truth and Interpretation*, pp. 48 – 49.

句是真的，当且仅当它被某一个序列所满足。这也许意味着，我们在这里形成了一种符合论，但这种符合论会是一种弗雷格式的理论，因为任何一个序列满足任何一个真语句。尽管这也许不是塔尔斯基的本意，但他在这里间接地为弗雷格的"弹弓论证"提供了辩护。同时，塔尔斯基也没有指出能给出某一语言的真理论的那种简单的真之概念。当然，塔尔斯基没有试图去定义这种概念，尽管他的那篇著名论文的题目是"形式论语言中的真之概念"①。

二　融贯性符合论

通过对戴维森提出的"无指称的实在"的观点的考察，我们得出这样的结论，即语句的真不可能建立在指称实体的基础之上；而通过对他的事实符合观的考察，我们得知语句的真不可能建立在语句所面对的事实基础上。前者说明了指称实体不能独立于语言而存在；后者说明了个体事实不能独立于真而被分辨出来。在这两种情形下都蕴含着对一种一般性的真之概念的把握。那么，这种真之概念到底是什么呢？戴维森在《关于真理与知识的融贯论》一文中集中讨论了这一问题，并给出了他的答案：无对照的符合，融贯导致符合。

戴维森认为，由于我们无法在语句或信念与实在之间形成一种对照，以说明真之所在，因此，在语义整体论的框架下，我们唯一能求助的办法只能是求助于信念之间的融贯性。他在这里所说的信念是指带有意向、愿望和感觉器官的人的状态，是由持有信念者的身体之内和之外的事件所引起的状态，它可以表达为这样一个语句，即某个理解它们的人视之为真的语句。这样，信念之间的相容就表现为语句之间的相容。

在他看来，真是同事物的存在方式相符合，这可以通过据以表征真的满足概念间接地表达出来。因此，如果一种真之融贯论是可接受的，那么它必须与真之符合论（这里并非指事实符合论）相容。由于戴维森强烈拒斥概念图式和概念相对主义，所以他主张一种使我们能够了解真的知识理论，必须是一种非相对化的、非内在形式的实在论。但是仅仅有一个融贯一致的信念或语句系统还不能证明一个信念或语句是真的。怀疑论者可以对融贯论提出这样的疑问：为什么我们的全部信念不可能既融贯一致而又

① D. Davidson, *Truth, Language and History*, pp. 11 – 12.

对于现实世界全都是假的呢？可见，如果我们仅仅局限于信念系统内的融贯一致，那么，"无论我们的信念在实践中依然是多么坚定，我们都必须接受哲学上的怀疑论"①。这样，戴维森的融贯论似乎面临着两难境地：融贯论者不能允许从信念系统之外为真寻求保证，而在信念系统内又没有任何东西能为真提供支持，除非可以证明信念（最终或同时）依赖于可独立地加以信任的东西。在这一问题上戴维森和罗蒂二人的看法既有共同点又有不同点。共同点在于，他们都认为除非参照已接受的信念，否则，任何东西都不能充当辨明的理由；除了融贯性以外，无法在我们的信念和语言之外找到某种检验方法。不同点在于，他们对这样一个问题持不同的态度，即我们除了上述问题外，如何还能了解和谈论那个并非我们自己的构成物的公共客观世界。戴维森认为这个问题仍然存在，而罗蒂并不那么认为。

在戴维森看来，历史上有许多哲学家试图通过感官证据来给信念建立根据。蒯因就是持这种观念的典型代表。他认为，关于外部世界的唯一源泉是光线和分子对我们的感觉表层所施加的影响，表层刺激向我们提供了关于外部世界的全部线索；对人的感官刺激是任何人所具有的，旨在最终获得他关于世界的全部证据。但是，"一个感觉与一个信念之间的关系不可能是逻辑上的关系，因为感觉不是信念和其他命题态度……这种关系是因果关系。感觉造成某些信念，在这种语义上它们是这些信念的基础或根据。但是，对一个信念的因果解释并没有表明这个信念得以辨明的方式和原因"②。那么，我们如何辨别我们关于世界的信念是否为真或倾向于真呢？一般的思路是对照，即把信念与世界联系起来，或者是把某些信念逐个地与感官所传递的东西相对照，或者是把信念整体与经验法庭相对照。正如前面而言，这样的对照是讲不通的，因为，我们根本无法跳出我们自身之外找出我们所意识到的那些内部事件的东西。把诸如感觉或观察结果之类的中介手段或中介实体引入因果链条，这种做法只能使那个认识论难题更加明显。因为，如果那些中介仅仅是原因，它们并没有对它们所引起的信念做出辨明；如果它们起传递信息的作用，它们就可能传递得不准确。既然我们无法确保这些中介是真实的，因此，我们就不应当允许这些

---

① E. Lepore, ed., *Truth and Interpretation: Perspectives on Philosophy of Donald Davidson*, p. 309.

② E. Lepore, ed., *Truth and Interpretation: Perspectives on Philosophy of Donald Davidson*, p. 313.

中介插在信念与这个引起信念在世界中的对象之间。

戴维森认为，像蒯因和达米特这样的基础论者却赞同这样一个基本原理，即语句无论有什么样的意义，都必须以某种方式追溯到某种中介（经验、所予的东西、感觉刺激的范型）上，而这正是向怀疑论敞开了大门，因为，在这种情况下，我们必须承认，大量的在我们看来为真的语句可能实际上是假的。这就出现了具有讽刺性的局面：试图使意义成为通达的，结果却使真理成为不可通达的；而当意义按照这种认识论上的意义被看待时，真理和意义就必然分离。这对主张真理与意义相互依赖的戴维森来说是断然不能接受的。这样，戴维森似乎又面临一个两难境地："对意义或知识的经验基础的探究导致怀疑论，而融贯论又似乎不知如何对于一个人相信他的信念（如果这些信念是融贯的话）为真这一点提供理由。我们陷入要么对怀疑论者提出的问题做出错误的回答，要么无法做出回答这样一种进退两难的境地。"① 不过，在他看来，这并不是一个真正的困境，克服这一困难的关键是把注意力从融贯语句集合转向融贯信念（即人们视之为真的语句）集合。这一转变把我们对融贯语句集合的选择范围缩小了。然而，即使做这一转变，仍然无法避开同一性质的难题，即并非每个可能的相容信念集合中的信念都是真的。针对这一难题，戴维森主张融贯的信念集合总体中的大多数信念是真的。不过，他的这一观点本身需要辨明。即为了驳斥怀疑论者的诘难（我们的全部信念为什么不可能既和谐一致而又对于现实世界全都是假的呢），需要证明某个具有融贯的信念集合的人有理由断定他的信念大体上没有出错，也就是说，在不诉诸对照策略的前提下，必须为我们的大多数信念为真这一假定找到一个合适的辨明理由。

那么，如何给出这一理由呢？戴维森选择了人们可成功交流这一事实作为突破口。这一事实蕴含着主体间能正确地理解对方的言语、信念、愿望、意向等。也正是交流双方的可理解性说明了主体双方之间有着对谈论对象的大体上相同的信念。而只有在一个人的大多数信念必定为真的情况下才能做到这一点。这就使得一个人的任何一个信念如果与其余的大部分信念相融贯则是真的。这实际上是戴维森的"宽容原则"的基本精神。如前所述，就信念而言，宽容原则中的符合性原则要求一个人的信念大多是

---

① E. Lepore, ed., *Truth and Interpretation*: *Perspectives on Philosophy of Donald Davidson*, p. 314.

真信念，持真语句大体上是实真语句；一致性原则要求解释者和说话者各自的信念以及他们之间的信念大体上是一致的、融贯的。按照宽容原则，我们首先要承认，在一个说话者那里，信念以及诸如此类的命题态度是系统地、紧密地联系在一起的；作为解释者，我们在很大程度上依赖于相互关系的范型来力图把握整个命题态度系统。例如，信念和意义是相互依赖的，我们无法不通过了解其中一个而了解另一个。这样，如果我们要想阐明意义和信念的性质，就必须从某种不对这两者做出设定的东西入手。戴维森在本质上采用了蒯因的建议，把引起的赞同（即赞同一个语句与引起这种赞同的原因之间的因果关系）作为基本立足点。既然采取对照方式的想法是荒谬的，那么采用因果方式也许是一种有益的想法。在他看来，一个希望自己的话被他人理解的说话者不可能就他在什么场合赞同语句（即认为语句为真）这个问题系统地欺骗他的解释者。因此，在原则上，意义和信念都是易于被公共地确定的。可问题在于，假定解释者知道一个说话者对所说的语句持赞同态度的原因，而他又不知道意义和信念（赞同态度是它们的合成物），那么如何从这个赞同态度出发来同时获得意义和信念呢？在这种情况下，宽容原则起了关键性的作用。这一原则指导着解释者的解释活动，以便把他自己的某些真理标准纳入被说话者认为真的语句的范型的理解之中。在戴维森看来，在彻底的解释情形下，解释者可运用的唯一方法是把说话者的信念和解释者的逻辑标准统一起来，从而相信说话者有很明确的逻辑真理。做出这样的规定，目的只有一个，那就是使说话者及其信念能得以理解。从解释者的角度来看，他对说话者关于世界的信念归属不可能在很大程度上是错误的，因为他是根据在外部世界中的、把语句被看作真的事件和对象来解释被认为是真的语句的。

可是，这样一来又会出现一个新的问题："认为在一个当事人的思想和言语里含有很大程度的真理和相容性，这种看法是解释者对一个人的言语和态度做出的正确解释所产生的一种人为的结论。而这种真理和相容性是按照解释者的标准而言的。为什么不可能出现这样一种情况，即说话者和解释者根据他们所共有的错误信念而彼此理解呢？"① 也就是说，解释

---

① E. Lepore, ed., *Truth and Interpretation: Perspectives on Philosophy of Donald Davidson*, p.317.

者和说话者可不可能恰好同时对某一语句为真的条件产生错误的认识却又致使他们互相理解了呢？如果存在着这种可能，那么也就意味着，他们共同视之为真的语句未必是真的，语句未必能真实地反映实在，真也就无从辨明。戴维森承认有这种现象的出现，但这不可能是通例。因为，认为人们对于事物存在方式的看法都可能大部分是错误的这种观点不可能是正确的。

　　前面提到，戴维森极力反对对照式的真理辨明方法，而支持一种因果式的辨明方法。只不过在对支配解释的原因所做出的选择的性质上与蒯因的不同：蒯因使解释依赖于感觉刺激的范型，而他主张使之依赖于语句按照解释所论及的那些外部事件和外部对象。他认为，"感觉刺激的确是导致信念的那根因果的链条的一个环节，但是，不能（不造成混乱地）把感觉刺激看作对那些被刺激起来的信念的证据（或辨明的根据）"[1]。因为，即使在最简单的情形下，同一个原因，例如一只兔子匆匆跑过，显然可能会在说话者和观察者那里引起不同的信念，从而使对不可能受到同样解释的语句持赞同态度。这就导致了有关出错的难题，我们显然无法逐个语句地解决出错的难题。所能采取的最好办法是以整体的方式来对待错误。也就是说，假定给出一个当事人的行动、表述以及他在世界中所处的地位，我们做出的解释要使他尽可能地成为可理解的。我们会发现他在某些事情上的看法是错误的，但我们必然要付出的代价是，发现他在其他事情上的看法是正确的。也就是说，只有在假定当事人对世界的看法大体上正确的情况下，我们才可能发现他的个别看法的错误。

　　最后，戴维森对一切充当一个信念的证据或对该信念做出辨明的东西提出了融贯论的看法。在他看来，如果我们主张一个解释者要对一个说话者或当事人做出解释，必要的条件是假定那个说话者或当事人关于世界的看法在很大程度上是正确的，那么这种看法如何能对那种想知道他有什么样的理由来认为他的信念大部分为真的人本人提供帮助呢？或者说，他是如何能获知真实世界与他的那些使解释者没有把他解释成偏离正确轨道的信念之间的因果联系呢？在他看来，这种问题本身就包含了对它的回答。因为如果一个当事人对他的信念的起源表示怀疑，那就意味着他已知道信

---

[1]　E. Lepore, ed. , *Truth and Interpretation：Perspectives on Philosophy of Donald Davidson*, p. 317.

念是什么。这就把信念概念与客观真之概念联系起来了，因为信念是直接或间接地由它们的原因来识别的。使我们成为信念持有者并确定我们信念的内容的那种复杂的因果真理恰好是一个解释者理解我们所必备的知识。这就使当事人只须思考信念是什么就会懂得：他的大多数基本信念是真的；在他的信念当中，那些被最有把握地坚持的、与他的信念主体相融贯的信念是最有可能成为真的。因此，我如何知道我的信念一般来说是真的这一问题就包含着对其自身的回答，这不过是因为，一般来说，信念本来就是真的。[1]

戴维森认为，一切信念都在下述意义上被辨明，它们为众多的其他信念所支持，并且具有一个支持其为真的推定，与一个信念相融贯的信念总体越大、越重要，这个推定就越可靠。没有一个孤立的信念，也不存在对其不做出推定的信念。充当一个信念的一切证据或对该信念做出辨明的一切东西，都必须来自这个信念所属的同一个信念整体。

从上述内容来看，戴维森反对对照式的符合论，提倡一种融贯式的符合论，这种理论是以人们成功交际为突破口，引出宽容原则以确保信念集合总体上的正确性，并以一个信念与它所在信念集合中的其他信念的一致性来判定该信念的正确性。由于他坚信真理是同事物的存在方式相符合的，因此，如果真理融贯论是可接受的，那么它就必须与真理符合论相容，并且他声称为这一观点做出辩护的理由在于表明融贯性产生符合性。所以，我们可以把他的这种思想概括为"无对照的符合，融贯导致符合"。这种思想既与传统的事实符合论不同，又与纯粹的融贯论（仅强调一个信念系统内部的协调性和系统内元素的彼此相关性）有区别。它是一种别样的符合论。用他自己的话说是"一种谦逊的符合论"[2]。

三 客观性实用论

戴维森在发表《关于真理与知识的融贯论》一文后，他的融贯性符合论受到了一些哲学家的批评，其中最典型的也是对戴维森影响最深的要数罗蒂对他的评论和批评。罗蒂在《实用主义、戴维森与真理》一文中集中论述了这一问题。他赞同关于彻底解释的设想，但他认为，宽容原则以及

---

[1] 参见 E. Lepore, ed., *Truth and Interpretation: Perspectives on Philosophy of Donald Davidson*, p. 319。

[2] D. Davidson, *Inquiries into Truth and Interpretation*, p. xviii.

由之而来的关于信念的说明并不像戴维森所说的那样，是对怀疑论者的问题做出的一种回答，确切地说，它们倒是提供了拒斥那种关于信念与其对象之间的关系的描述的根据，正是这种描述使怀疑论的问题及其各种不同的回答成为可能。罗蒂认为，戴维森的那种通过满足关系的塔尔斯基式的真理论不足以回答怀疑论者的问题，原因很简单，戴维森拒斥事实策略的符合论。他说：

> 值得注意的是，戴维森认为"符合"不是像事实符合理论家们所相信的在一个语句和某种程度上与该语句同构的一种实体之间的一种关系……他同意斯特劳森这样的观点，即事实——世界中以语句刻画的东西——是不能满足怀疑论者需要的特殊构造物。他认为，重要的是由塔尔斯基的满足概念使得更复杂的符合概念能为人所理解，戴维森说，不要把语言——实在之间的符合看作由一个 T－语句的两边之间的关系来表征的，我们应该关注世界——世界而不是语言——之间的映射……①

罗蒂的主要意思是说，尽管戴维森式的解释者会试图将陌生语句中的语词和世界中的对象相匹配，但这种匹配是一种翻译的副产品而不是为它提供的一个基础。因此，这一事实似乎违背了戴维森的工作即作为对古典符合论的一个修正版的辩护的有效性。原因在于，我们也许能从这种符合论中得到的最重要的东西之一是知道我们的语言是否和以什么方式能够反映或描述世界。但是，如果戴维森的观点是正确的，那么，我们就不能要求我们能够精确地反映或描述世界，除非我们在拥有体现一种理论的语言以后才能做到。

罗蒂还将戴维森看作与詹姆斯（James）并列的实用主义者，并认为他们都信守下面四个论题。

（1）"真"没有任何说明性用途。

（2）当我们理解了信念和世界的因果关系时，我们在那里理解的所有东西就是要了解信念与世界的这种关系；我们关于如何应用诸如"关于"和"……真"这样的术语的知识是来自对言语行为的一种自然主义解释的产物。

---

① E. Lepore, ed., *Truth and Interpretation: Perspectives on Philosophy of Donald Davidson*, p. 343.

（3）在信念和世界之间不存在任何"使真"的关系。

（4）在实在论和反实在论之间不存在任何争议的问题，因为这样的争论预设了虚无和关于"使真"的信念的令人误导的观念。①

罗蒂的这篇文章的大部分内容是在论证戴维森的确坚持这四个论题。如果能把这四个论题归属戴维森，按照罗蒂对实用主义的理解，戴维森应属于一个实用主义者。根据论题（1）戴维森应是一位关于真的反本质主义者。根据论题（2）和（3）他会弃绝在事实和价值之间的认识论的和形而上学的区别。而根据论题（4）戴维森将会保证放弃除了谈话方面外的有关探讨的所有限制条件。如果戴维森坚持这四个论题，那么至少在罗蒂式的术语的含义上戴维森将是一个实用主义者。②

针对罗蒂对他的评论，戴维森做出了回应，主要集中在《〈关于真理与知识的融贯论〉补记》（1987）和《真之结构和内容》（1990）两篇文章中。他说：

> 罗蒂在他的那篇论文（无论是原本还是修改本）中极力主张两点：我的真理观既是对融贯论的拒斥又是对符合论的拒斥，应当把我的真理观恰当地归类于实用主义的传统；当我确实把怀疑论者打发走的时候，我不应当自称在回答怀疑论者的问题。在这两点上，我差不多与罗蒂的看法一致。③

戴维森认为，仅仅依据内部证据，不足以将他的观点称作符合论，因此，"融贯导致符合"的观点是不妥当的。戴维森在《相对事实而真》中就论证过，无法把任何东西以有益的和可理解的方式说成符合于语句的，他在《关于真理与知识的融贯论》中又重复了这一观点。他那时认为，在为一种语言表征真理时，有必要把语词纳入与对象的关系这一事实足以提供对符合论观念的某种把握。但他认为这是一个错误。这个错误在某种程度上仅仅是用语不当，但术语使用不当会引起概念混乱。真理符合论始终被看作对真理提供的一种解释或分析，而塔尔斯基式的真理论无疑没有提

---

① 参见 E. Lepore, ed., *Truth and Interpretation: Perspectives on Philosophy of Donald Davidson*, p. 335。

② 参见 J. P. Murphy, *Pragmatism: From Peirce to Davidson*, Oxford: Westview Press, 1990, pp. 112 – 113。

③ D. Davidson, *Subjective, Intersubjective, Objective*, p. 154.

供这种解释或分析。

他明确表示后悔把他的观点称作融贯论。他指出，他对融贯性的强调，严格地说来，是主张下述论点的一种方式，即所有算作对一个信念的证据或辨明的东西都必须来自这个所属的同一个信念整体。这种观点会明显地导致这种结论，即实在和真理是思想的构造物。出于这个理由，他认为自己不应当把他的观点称作融贯论。此外还有另一个不那么重要的理由使他不应当强调融贯性。因为融贯性不过是相容性。一组信念是相容的，这无疑对它们是有利的，但是，一个人的诸多信念不可能不趋向于自我相容。信念是内在地真实的，这与相容性没有什么关系，它只不过是下述主张的依据，即尽管真理不是一个认识性的概念，但也不可把真理与信念完全分离。因此，他认为他对融贯论的强调是强调错了地方，把他的观点称作一种理论，这是完全错误的。融贯性定义或"理论"具有它们的吸引力，但只是作为认识论理论，不是作为对真的解释。因为清楚的是，只有一个相容的信念集合能拥有所有真信念，但没有理由假设每一个相容的信念集合只包含真理。①

的确，在戴维森的眼里，真在某种程度上有着实用论的倾向。在他的意义理论和解释理论中，他说明真之概念的方式是探讨真之概念和其他概念，例如意义、信念、因果、行为和事件等概念之间的联系，对与这些概念的联系的探讨，实际上就是对真之概念本身的解释和说明。而这些概念又是与人的思想、行为、价值观念、命题态度等密切联系在一起的，因此，在这种意义上，真之概念并不是一个抽象的哲学范畴，而是一个具有一定程度的"人性化"的概念。"在我看来，实用主义者所说的问题——如何把真与人类的愿望、信念、意向和语言的使用联系起来的问题——恰恰是在思考真时所要集中考虑的问题。"②

戴维森曾提到，他对杜威关于真的两个结论持赞同态度：达到真不能是哲学的一种特殊的独有权；真必然与人类兴趣有本质的联系。他说："按照我的理解，杜威认为真一旦下降到尘世，关于它与人类态度的联系就有具有哲学重要性和教益的东西可说，在某种程度上，这种联系构成了真这个概念。这也是我的观点，尽管我不认为杜威正确地理解了这种联

---

① 参见 D. Davidson, *Truth, Language and History*, p. 8。

② D. Davidson, *Truth and Predication*, p. 9.

系。"① 正是在这种意义上，戴维森也对达米特和普特南处理真的那种态度表示同情，不过从整体上不赞同他们的认识论观点。他明确表示对有保证的可断定性这一观念表示尊重，这与他尊重密切相关的实用主义理论具有相同的原因，即它把真联系到诸如信念、意向和意愿这样的人类态度。并且他相信，对真的任何完全的说明都必须做到这一点。②

不过，值得注意的是，戴维森意义上的实用主义与典型的实用主义观之间存在两个原则性的分歧：首先，真有没有任何哲学上的意义可言的东西。其次，由于真与人类兴趣相关，真有无客观性可言。实用主义者一般认为，客观的真意味着信念或语句的真独立于它是否被辨明，是否被人们所相信，那么客观性就是一个需要放弃的观念。戴维森的立场恰恰相反。就第一个问题，罗蒂就表示出明显的否定性思想，他指出在一种实用主义的真理论中，真并不是那种人们应该期待对之有一种具有哲学兴趣的理论的东西，在这个领域没有任何具有这些兴趣的工作可做。戴维森比较赞同杜威的观点，即真至少具有与人类态度相关联的哲学重要性和教益的东西可以探讨。就第二个问题，戴维森认为，真既与人的思想、行为和命题态度相关，又是客观的。他在一篇与罗蒂的对话中说：

> 我断定我们最简单、最基本的信念的大部分是真的，罗蒂把这一断定解释为"任何人的大部分信念必定与我们的大部分信念相一致"……或者，"真所采取的模式就是判明对我们所采取的模式"……我赞同这些断定，但不赞同它们给出了承认我们大部分信念为真的理由。我在心中所想的信念是我们的感觉信念，这些信念直接被我们看到的、听到的以及通过其他方式感觉到的东西所引起。我认为这些信念在主体上为真，是因为它们的内容在事实上被典型地引起它们的东西所决定……关键在于，我相信日常的真之概念：正像我们认为其存在的那样存在着人、山岭、骆驼和远处的群星，并且，这些对象和事件通常具有我们认为我们感觉到它们具有的性质。我们的概念是我们的，但这并不意味着它没有真实地、有效地描述一个客观实在。③

---

① D. Davidson, *Truth and Predication*, p. 10.

② 参见 D. Davidson, *Truth, Language and History*, p. 8。

③ Davidson, "Is Truth a Goal of Inquiry?" in U. M. Żegleń, ed., *Donald Davidson: Truth, Meaning and Knowledge*, pp. 18 – 19.

四　不可定义论

戴维森后期一直强调真是一个不可定义的、原初的概念。当然，他的这一结论是通过考察哲学史上的各派真理论，特别是塔尔斯基的真理论得出来的。他说：

> 我们应该接受一个事实：使这些概念（最基本的概念——引者注）如此重要的东西一定也排除了为它们发现一种更深层次的基础的可能性。我们应该把这个明显的观察应用于真这个概念：我们不能希望以某种更透明或更容易把握的东西做它的基础。如同摩尔、罗素和弗雷格主张的，以及塔尔斯基证明的那样，真乃是一个不可定义的概念。①

我们知道，弗雷格就主张真不可定义的观点。"真不可能被定义；我们不可以说：一个观念是真的，如果它与实在一致。"② 他认为，符合论是错误的，因为实在与观念是完全不同的，它们之间不可能存在符合关系。对定义真的其他任何尝试也是要失败的。因为一个定义要陈述一定的特征，而且在应用到具体的情况时，总要考虑，这些特征合乎实际是不是真的。这样人们就会陷入循环。③ 也就是说，对真的定义依赖于真之概念本身。因此，"很明显，真是如此初始或简单的某种东西，以至于不可能把它再归原为更简单的东西"④。弗雷格的这种思想对许多哲学家和逻辑学家产生了重大影响，戴维森当然也在其中。

塔尔斯基的真理论主要是在一个形式系统内给出一种真的定义。他所做的尝试是为某些类型的形式系统给出真的语义学定义，与符合论、融贯论之类的哲学定义或理论有着很大的不同。他试图避开无谓的关于真的哲学问题的纷争，具有极大的包容性，这也正是戴维森非常看重它，并把它作为其自然语言语义学的基本框架的原因所在。实际上，塔尔斯基本身的这一工作也表明了一般性的真是无法定义的，真只有相对于一定层次的

---

① D. Davidson, *Truth*, *Language and History*, pp. 20 – 21.

② G. Frege , *Posthumous Writings*, p. 126.

③ 参见 G. Frege, "The Thought: A Logic Inquiry," in P. F. Strawson, ed. , *Philosophical Logic*, Oxford: Oxford University Press, 1967, p. 19。

④ G. Frege , *Posthumous Writings*, p. 129.

（形式）语言系统才能得以刻画和说明。戴维森承认了他早期在看待塔尔斯基的真之定义上所犯的错误，即认为我们既可以认为塔尔斯基的真之定义告诉了我们一切我们关于真所需要知道的东西，又可以用这个定义描述一种实际的语言。他认为，塔尔斯基没有给出一般性的真之定义，这一点在塔尔斯基的工作中已显示出来了。他说：

> 我清楚的是，塔尔斯基没有定义真这个概念，即使对应用于语句的真也是如此。塔尔斯基表明了对一些规范的语言各自如何定义真这个谓词，但他的定义当然没有告诉我们这些谓词共同的东西是什么。换一种稍微不同的方式表达：他定义了各种形如"s 在 L 中是真的"这样的谓词，每一个这种谓词都可应用于一个单一的语言，但是他没能为变元"L"定义形如"s 在 L 中是真的"这样的谓词……塔尔斯基当然从一开始就极其清楚地说明了这一点，因为它证明，给定了他关于真这一谓词的假定，任何这样单一的一个谓词都不能在一种一致的语言中被定义。有了这些限制，就绝不会有任何机会使他能够对真这个概念，即使是用于语句的真这个概念，给出一个一般的定义。①

正由于这一点，有不少哲学家和逻辑学家把塔尔斯基的真理论称作"冗余论"或"紧缩论"。这些观点尽管有不同的说法，其主要目的在于说明，真之概念在哲学上没有什么实质性的价值，是多余的、可以消除的语词。戴维森着重考察了拉姆塞、霍维奇和蒯因等人的类似观点。拉姆塞认为，真这一概念不能被认为是一个语句中能单独分离出来的、具有实质意义的语法成分。对于任何一个明确给定内容的命题而言，加上"……是真的"或"……是一个事实"这样的短语，并不会给原来的命题增添实质性的内容，因而是多余的。例如，"恺撒被谋杀了是真的"，其意思不过是说"恺撒被谋杀了"。我们使用这个短语只是为了强调，或为了语言修辞风格上的考虑。对于另一类较难处理的情形，即被描述的命题的情形。例如"他一贯正确"或"他说的每一件事情都是真的"，从表面上看，似乎没有办法直接从语句中消除"真的"这个词。但拉姆塞认为，这个困难并非不可克服。例如，我们可以把"他说的每一件事情都是真的"改写成：

---

① D. Davidson, *Truth and Predication*, p. 15.

对于所有 p 来说，若他断定 p，则 p 是真的。

这里的“p”是一个命题，而“p”与“p 是真的”等值，于是得到：

对于所有 p 来说，若他断定 p，则 p。

这样“是真的”便成功地消除了。在拉姆塞看来，我们在英语中加上“是真的”这个词以便给语句提供一个动词，而忘记了“p”已经包含一个动词。如果我们限于具有 aRb 形式的命题，这一点便会更清楚。我们可以把“他所说的每一件事情都是真的”表述为：

对于所有的 a、R、b，如果他说 aRb，那么 aRb。

如果涉及所有的命题形式，情况会变得更复杂，但他认为，这在本质上没有什么不同。

戴维森提到过多位冗余论者的观点，在这里不能一一列出。值得一提的是霍维奇的极小主义真理论（the minimal theory of truth，简记为 MT）。MT 的公理模式为：

（M）“p”是真的，当且仅当 p。

这里的“p”为一命题变元，以任一命题代入“p”可得到任一公理。因此 MT 的公理的构成规则为：

(x) $(x$ 是 MT 的一个公理 $\longleftrightarrow$ $(\exists y)$ $(x = $ M $(y)))$。

MT 的公理模式是符合上述语句模式和构成原则的无数公理。很明显，MT 的公理类似于塔尔斯基作为定理出现的 T – 语句；公理模式类似于塔尔斯基约定 T 模式。霍维奇的意思很明确：真理论就是一个由形如（M）的具体的所有语句为元素的无穷集合。“确实，关于真的第一个事实都可以自然地从这些双向条件句中推出。因此，它们应该构成我们的基本的真理论。”[①] 那么，为什么霍维奇主张 MT 必须是无穷的合取呢？这是因为概括遇到了困难。用命题变项未量词化的有穷陈述就无法概括 MT。他考虑

---

① P. Horwich, *Truth*, Oxford: Basil Blackwell, 1990, p.13.

到，不使用对命题变项代入量词化就没有办法做到这一点。而代入量词化的陈述不涉及"真"这个概念就不能理解。这对紧缩论者是一个难题，因为他们主张代入量词化可以允许我们不使用"是真的"这个概念。但这对霍维奇来说是不成问题的。因为他的主张正好相反："是真的"允许我们能做到不使用量词化。其理由是，无穷的合取是我们需要的全部理论：一个说话者不需要像∀p（如果奥斯卡想到p，那么p）这样的形式，只要知道，每当奥斯卡考虑命题p，在这个理论中就有一个合取支，它说"命题p是真的，当且仅当p"足以允许说话者使用"奥斯卡想的是真的"作为对p的选择。

按照霍维奇的理论，对于"'雪是白的'是真的"这类命题，就相当于说"雪是白的"，这里的真具有去引号的作用，就像通常讲冗余论时，具有去引号之功能是真之特征。与拉姆塞不同，霍维奇并不完全排除真这个谓词的作用。在他看来，真不是一种像"是红的""处于液态的"这类谓词所表达的复合的或自然的性质，而是某种另一类性质，即逻辑性质。真这个谓词的存在仅仅是为了某种逻辑需要。有时，我们希望对命题采取某种态度，例如我们相信它、断定它、假定它等，但当我们对一个命题确实是什么又不十分了解时，或者我们有在语言表达上列举所有这些命题的不便，或我们需要对某类命题做一个概括时，"真"这个概念就具有无法估量的价值。当人们把一种自然主义的性质归属于真时，人们对真的认识就神秘化了。因为，将真作为一种自然主义性质来看待，我们就须探讨真的实质性或实在的性质。于是就有了各种关于真之性质的实质性描述的理论，如符合论、融贯论、实用论等。在他看来，所有这些理论都误解了真之概念的属性。他全面考察了反对冗余论或者与冗余论相冲突的真理论的一些版本，认为其中的许多争论都与MT理论所说的真无关。比如实在论与反实在论之争便是如此。他认为，真理论的选择对于围绕实在论的争论来说是不相干的，因为它无论对这个问题的认识论要素还是语义学要素都不可能有明确的意蕴。他甚至认为，塔尔斯基也论证了此种无关性。不仅如此，他还认为，理解语句虽然通常伴有真值条件的明确知识，但理解并不有赖于真值条件的知识。这就进一步削弱了T-型等值式的语义学意义。如果霍维奇的观点成立，那么戴维森意义理论的起点就要受到质疑。①

戴维森对霍维奇的观点进行了深入的分析，他是把霍维奇的理论作为

———————————

① 参见叶闯《理解的条件——戴维森的解释理论》，第106～108页。

冗余论的一个实例来处理的。他一方面赞赏霍维奇反对符合论、融贯论、实用论和认识论的论证，另一方面又表示不能接受他的"极小主义"理论。他对该理论提出了两个根本性的问题，并认为如果其中任何一个问题不能得到解决（在他看来无法解决），则都直接成为拒绝霍维奇理论的理由。第一个问题是，戴维森不理解霍维奇的公理模式或它的个例情况。我们把霍维奇的公理模式与塔尔斯基的非形式模式进行比较：

"——"是真的当且仅当——。

对于这一模式，塔尔斯基的反对意见在于，除非量化到引号内的位置，否则就不能把这个模式变成一个定义。这种抱怨最终是对引语的清晰性有疑问：它们所指称的东西如何依赖于其成分的语义性质？有时候有人提议诉诸替代量化方案，而且人们可能难以理解为什么霍维奇不能通过采用替代量化方案来概括他的模式：

(p)（p 这个命题是真的当且仅当 p）。

霍维奇对此做了相当正确的解释：他之所以不能诉诸这一方案，是因为这一方案必须诉诸真来解释。尽管如此，为什么霍维奇不尝试通过对命题进行量化来概括他的模式呢？霍维奇可能回答，如果是这样的话，我们就必须把普遍的语句看作指称命题的单称词项，而不是把它们看作表达命题的语句。这里便引出了关键性的问题。我们如何理解"苏格拉底是聪明的这个命题"这样的短语呢？在对"苏格拉底是聪明的"这个语句的语义解释中，我们利用了"苏格拉底"这个名字所命名的对象，还选用了适合于"聪明的"这个谓词的实体。这样我们就给出了"苏格拉底是聪明的"这个命题的构造性语义说明。但是，我们如何能够利用"苏格拉底是聪明的"这个语句的语义特征来产生"苏格拉底是聪明的这个命题"的所指呢？霍维奇在这里没有给我们以任何指导性意见。进一步的建议有可能是修正这个模式的个例情况。将它读作：

"苏格拉底是聪明的"这个语句所表达的这个命题是真的当且仅当苏格拉底是聪明的。

可是按照这种思想便会要求使引用的语句相对于一种语言，而这正是霍维奇必须阻止发生的事情。戴维森说：

同一个语句在霍维奇模式的个例情况中出现两次，一次在"……这个命题"这些语词之前，它的语境要求的结果应该是一个单称词项，即一个谓词的主语，还有一次作为一个普通的语句而出现。我们无法消除这同一个语句的这种重复而不破坏一种理论的整个面貌。但是，除非我们能够看到如何利用这个重复的语句在它两次出现时的相同语义特征即利用它们来说明这个模式的个例情况的语义，否则我们就不能理解这种重复的结果。我看不到怎样才能做到这一点。①

戴维森认为，霍维奇理论的第二个困难在于，真这个概念如他所说的只是具有"一种特定的纯粹性"，没有任何语义作用和哲学意味。如果霍维奇要坚持这种观点，他必须说明我们能够独立于其他观念来说明真，而且能够独立于它来理解其他观念。可是他并没有说真之概念和其他概念没有关系，而只是说我们能够独立地理解这些概念。这在戴维森看来是不能接受的，因为我们不可能在没有真之概念的情况下理解意义和任何命题态度。既然霍维奇认为真是首先可以赋予命题的，那么，他就必须说明我们如何能够用真来谓述语句和言语表达。在不损害真的独立性的前提下，我们必须在不直接诉诸真之概念的条件下来理解语句和言语表达的意义。霍维奇的观点是，尽管如果我们理解了一个语句，那么就通常知道了它的真值条件，但是，理解一个语句并不在于知道它的真值条件。他坚持认为，理解一个语句就在于知道它的"可断定性条件"或"恰当性使用"，虽然这些条件可能包括语句或言语是真的。这种思想实际上在达米特、普特南和索姆斯那里也存在着。他们认为，对意义的说明依赖于一种可断定性或使用的观念，但这一观念并不反过来诉诸真之概念。戴维森对这种观点提出了他坚定的反对意见：

坦白地说，我看不出来，如果真乃是一种可断定性条件，而知道可断定性条件就是理解，那么我们如何能够在没有真这个概念的条件下理解一个语句。……我的希望是在相反的方向：我认为，这种与理解联系在一起的断定已经容纳了真这个概念：只要我们相信我们用来做出断定的语句是真的，我们便在要求的意义上断定它就是正当的；而且语言之所以最终与世界联系在一起，就是因为那种典型地引起我

① D. Davidson, *Truth*, *Language*, *and History*, pp. 32-33.

们认为语句为真的条件构成了语句的真值条件，因此也构成了语句的意义。①

戴维森认为，塔尔斯基并不是在试图定义真这个概念，而是利用它来说明特殊语言的语义结构的特征。塔尔斯基并没有表明我们一般怎样能把真这个概念还原为其他更基础的概念，也没有表明如何从所有语境中消除"是真的"这个谓词。约定 T 并非一种一般定义的粗略的替代物，它只是表明它的形式定义把我们的真这个单一的前理论概念应用于特定的语言。因此，紧缩论者不能仅仅因为塔尔斯基证明了如何处理个别语言的量化语义就把这种观点诉诸他。紧缩论者所没有认识到的是这样一个事实，即塔尔斯基解决了一个问题，同时也强调了另一个问题：给定了他所接受的制约，他没有并且也不能定义真或完全说明真之特征。

在他看来，真之紧缩论的前景是暗淡的，其他类似于霍维奇模式的试图给出真之定义的尝试也是徒劳的，他说：

> 自塔尔斯基以来，当我们思考不是相对于一种语言的真之概念的时候，我们对"定义"这个词非常当心，但是我们并没有放弃定义的强烈要求。这样，我认为霍维奇模式在这一点上与达米特的有正当性的可断定性概念、普特南的理想的有正当性的可断定性和符合论以及融贯论各种不同的表达方式是同等的。在我看来，所有这些如果不是试图做出严格意义的定义，也是试图形成定义的替代物。关于真，没有任何简要的替代物。②

戴维森对塔尔斯基的真之定义进行了客观公正的分析和评价。他认为，塔尔斯基的定义赋予他的真之谓词一些性质，这种性质保证真之谓词定义了一种语言中的真语句类。我们至少可以充分利用塔尔斯基的技术成就，而不把他的理论看作"空洞的"或"纯粹形式的"。以这种方式来看待塔尔斯基的理论就应该承认，他通过真这个谓词的外延定义了真语句类，但没有给出意义；在某种意义上说，他没有定义真这个概念，甚至没有为特定的语言定义真这个概念。但是我们可以肯定的是，他的真之定义

---

① D. Davidson, *Truth*, *Language*, *and History*, pp. 33 – 34.

② D. Davidson, *Truth*, *Language*, *and History*, p. 34.

至少体现了他一再声称的真之概念的那种直觉；他的真之定义体现了在特定语言中要保持的那种逻辑一致性。这种定义即使没有回答我们如何知道什么时候一个真之定义应用于一种既定语言的问题，但也说明了如何可以用真之概念对一种语言给出一种清晰的描述。约定 T 使我们对真之概念的把握与塔尔斯基的精巧方法结合起来，使我们相信这种方法的操作与我们认识的这个概念是一致的。因此，我们没有理由不利用塔尔斯基的真之定义中所包含的结构，相反，我们可以对塔尔斯基的形式系统不做任何改变地加以利用。

在戴维森看来，我们对真这个概念感兴趣，只是因为世界有一些要应用它的现实对象与状态，例如，言语表达、信念状态、感悟等。如果我们不理解这些实体是真的是什么意思，我们就不能说明这些状态、对象和事件的特征。因此，除了真之形式理论外，我们还必须指明真是如何用以表达这些经验性问题的。为避免因"定义"二字带来的疑惑，戴维森建议，"省略塔尔斯基定义的最后一步，即将他的公理化变为明确定义的那一步。这样我们就能充分有意识地称这个被阉割的定义为一种理论，并且接受真这个谓词为未定义的"①。省略这一步的意思很明显，即把真与满足这两个语义谓词当作初始谓词，以表明真不能被定义，而是被直觉地把握。

那么，我们应如何将真之概念用于说明人类的言语、信念和活动呢？戴维森认为就是给它们指派真值条件，而且通过评价这些活动和态度的真的相似性而对它们做出判断。可以说，戴维森的意义理论和解释理论就是在这一指导思想下产生的，以至于蒯因曾做出这样的评价：是戴维森首先让我们认识到了真值条件与意义、信念相关联的地方。从总体上说，我们在学习语言的过程中，实际上就是学习如何分配真值，学习真之条件。在这点上他对戴维森的观点明确表示赞同。正如本书前两章中所分析的，戴维森都是从以真之概念为基础的真值条件出发，来探讨说话者的信念和语言的意义，这些都是塔尔斯基真之定义所没有触及的领域。戴维森解释理论就是将塔尔斯基所描述的真之结构和模式纳入对人的思想和行为的分析中去的有益探索。戴维森的意义理论实际上就是一种容纳塔尔斯基的真之定义的形式框架的经验理论。其中的真之概念是作为未被定义的、原初的概念进入真值条件的表达和真理论本身的建构和证明之中的。至于说到诸

① D. Davidson, *Truth, Language, and History*, p. 36.

如指称和满足这类在塔尔斯基定义中充当组合性手段的概念，在戴维森看来，只不过是语义学构造上的一种理论假设，我们无须为这种理论性构造物寻找一种先验的或独立的说明。正如我们所看到的，塔尔斯基在诉诸约定 T 的时候假定预先把握了真这个概念，然后说明如何能够为某种特殊的语言详细补充这种直觉。这种补充要求引入指称和满足概念，这些概念是按照传统的方法说明语句的语义特征的手段。约定 T 确定了由理论说明其特征的真与真这个直觉概念有相同的外延，约定 T 在这个过程中的主要作用是使人们觉得，基础的、初始的东西是真，而不是指称和满足，我们并不存在诉诸这两个概念的预先把握。①

　　可以说，戴维森的整个自然语言的语义学都是建立在真之概念的基础上的，因此他的语义学又可称为真之语义学，不难看出，他在真理论方面的工作主要体现在两个方面：第一，通过全面而深入地考察有关真之概念的各派理论，使自己的思想经历了一个逐步发展的历程，最终得出真是一个不可定义的、原初性的概念。他认为任何对它给出一个具有说服力的定义的尝试都是徒劳的。我们的工作是要使真之概念成为我们在理解、批评、解释和预测思想和行动时都必然要采用的那种模式的一个本质部分。第二，极力反对不合理的对塔尔斯基真理论的解释或评价，客观公正地对塔尔斯基的真理论进行了分析和评价，并论证了这种理论对他的真值条件意义理论的可资利用的价值。

　　戴维森的真理论的发展历程始终是围绕真之概念能否被定义、如何被定义的问题展开的，虽然他在不同时期对此问题的态度不同，但以下几个问题是贯穿始终的：一是始终反对传统的事实符合论；二是坚持反对把真看作无任何实质性意义的东西这种冗余论的思想，认为真不是多余的、可消除的，在真之概念和其他概念之间存在着非常重要的关系；三是坚守真的客观性标准，认为真是由客观公共的东西确定的，反对将真归属为某种主观地可断定性的东西；四是始终认为真是与人的思想、行为和语言联系在一起的，真只有从人的思想和活动中才能获取丰富的经验内容，也只有这样，真才能充当体现其自身的价值，真理论才得以不断地丰富和发展。

　　我们从本章两个小节的考察中不难得出这样的结论：戴维森的真理论是一种绝对的真理论；绝对的真理论是戴维森意义理论的普遍形式。从第

---

① 参见 D. Davidson, *Truth, Language, and History*, p. 35。

一节的考察中我们发现，戴维森拒斥概念图式和概念相对主义，得出绝对的真理观；戴维森的"无指称的实在"观说明了真之概念的基础地位。从第二节的考察中我们最后得出真之概念是不可定义的、最初始的概念的结论；塔尔斯基的约定 T 是我们表征包括意义在内的其他概念的恰当模式或结构。这就使我们真正理解到，在真的背后没有任何更基础的东西可言，真无处不在，它可以超越不同的语言、信念，"真"体现在人类生活中，成为人类一切活动的一种必不可少的先在把握。这也从根本上说明了戴维森的意义理论得以建立起来的基础是完全可靠的，塔尔斯基的约定 T 这一意义理论的表征模式是完全可以接受的。这样，戴维森的真理论实际上起到了对其意义理论的一个坚实有力的理论基础的论证作用。

第五章　当代语义学领域内的一次
革命性思想实验

　　戴维森意义理论的诞生，在西方哲学界产生了强烈的反响，得到了高度的评价。波兰哲学家卢德维希和齐林对戴维森的这项工作给予这样的评价：自从《行动、理由和原因》（1963）和《真理与意义》（1967）问世以来，戴维森已成为当代英美最有影响力的哲学家之一。他在语义学方面的工作是革命性的。① K. 卢德维希还认为，戴维森在 20 世纪后期已成为以分析传统开展研究工作最有影响力的哲学家之一。他对包括意义理论在内的一系列广阔的研究主题做出了具有开创性的贡献。② 索姆斯认为，戴维森的工作最直接的意义是把两种不同的分析哲学家联系起来了，一种是那些相信意义问题是一切哲学的核心，但又缺乏对意义问题的系统思考框架的哲学家，另一种是那种以人工语言建构自然语言却又对这一工作的广泛哲学意义漠不关心的哲学家。③ M. 希杰夫（Marc Joseph）认为，戴维森是 20 世纪后半叶和 21 世纪初的最有影响力的哲学家之一。他受到了哲学的分析传统的良好训练，他某些最重要的和被广泛关注的工作是他对有关语言哲学的基本问题的方法论和实质性的争论所做出的贡献。④ 格洛克（H. - J. Glock）认为，蒯因和戴维森位居 20 世纪最重要的哲学家之列，他们对分析哲学的普遍影响无人能及。做出这一断定的理由不仅是许多当代哲学家接受他们的研究成果，最重要的是他们从根本上改变了分析哲学内部的争论条款。即使那些坚决反对他们观点的人在解释其观点时也要经常与他们进行对比，没有任何哲学家能忽视他们，并且在其他学科，特别是语言学和心理学中强烈地感觉到他们的巨大影响。⑤

---

① 参见 U. M. Żegleń, ed., *Donald Davidson：Truth, Meaning and Knowledge*, p. 1。
② 参见 K. Ludwig, ed., *Donald Davidson*, p. 1。
③ 参见 S. Soamas, *Philosophical Analysis in the Twentieth Century*, Vol. 2, *The Age of Meaning*, N. T.：Princeton University Press, 2003, p. 295。
④ 参见 M. Joseph, *Donald Davidson*, 2004, p. 1。
⑤ 参见 H. - J. Glock, *Quine and Davidson on Language, Thought and Reality*, p. 1。

　　大凡研究戴维森意义理论和真理论的专家、学者都可以达成这样一个共识，即戴维森理论的确有许多创新之处，并且涉及面广、系统性强，是当代语义学领域的一项最具影响力的思想成果，对意义理论乃至其他相关理论产生重要的影响。同时，也有不少人对戴维森意义理论持反对意见，认为该理论存在着许多难以克服的问题，因而是不可能实现的。本章试图对戴维森意义理论的理论特色、基本原则、重要地位和影响以及主要缺陷进行较全面的剖析，提出笔者的初步见解。

第一节　戴维森意义理论的理论特色

　　戴维森意义理论在当代语义学领域之所以能得到西方哲学界的高度重视和广泛关注，一个明显而重要的原因在于，戴维森研究意义问题的视角和手法独特，从而使得其意义理论呈现出鲜明的理论特色。分析其理论特色有助于我们准确把握该理论的主要内容、精神实质和重要影响。

一　借助和调整约定 T，使内涵问题外延化

　　借助约定 T 这一外延表征手段研究自然语言意义理论这一重大内涵性问题是戴维森的首创。自弗雷格以来，分析哲学家们大多热衷于对自然语言进行人工化的句法和语义改造工作，对能否为一种自然语言提供一种令人满意的意义理论的前景持消极态度。虽然他们意识到，陈述一个语句的真值条件便能给出这个语句的意义，但却一直未能找到体现这种思想的恰当表征形式。卡尔纳普的逻辑语义学可谓是当时的最新成果。他的那种外延和内涵方法，试图对语言表达式的内涵做仿照外延那样的定量处理。他首先借助于真与逻辑真定义等值和逻辑等值，然后以等值和逻辑等值为标准，将所有谓词划分为等价类。再把外延定义为等值的等价类所共有的东西，把内涵定义为逻辑等值的等价类所共有的东西，并区分了内涵相同和内涵同构（不仅在内涵上相同而且在结构形式上相同）两个概念。他利用这种方法对诸如同义性、信念句、分析悖论、综合句等问题做出了新的说明，提出了模态逻辑的新解释。所有这些都显示了外延和内涵

方法的活力。① 然而，在卡尔纳普的理论中，似乎内涵的定义不是作为目的出现而是作为解决某些哲学上的传统难题出现的；它注重的是逻辑上的推演关系，并不关心对有关自然语言意义的经验事实的说明，也没有对非陈述句和指示性语句的意义分析提供一种统一的外延性表征模式。因此，这一理论对说明自然语言的意义的作用是有限的。同时，他的容忍原则，即认为每个人可以自由选择他的语言规则，从而也可以按照他的意愿方式选择逻辑的看法，带有约定论的色彩。至于他的那种任何事物是否存在、是否具有真实性是相对于人们所选择的语言构架的观点也是值得商榷的。而当时大多数意义理论如含义论、意向论，都采用内涵性概念，如同义性、分析性、意谓、意向性等对意义进行解释，说到底还是用意义来说明意义，显然构成一种循环论证。"s 意谓 m" 无非是说 s 的意义等同于 m 的意义，这无形之中又增添了意义这个抽象实体，不符合理论的简单性原则。为了摆脱这种"难解的"内涵研究方法，受塔尔斯基形式真理语义学的启示，戴维森主张用约定 T 这一外延性表征手段来说明意义这一内涵性问题，期望借助于真理论来达到他所预期的意义理论的目标。用"s 是真的当且仅当 p"替代"s 意谓 m"回避了传统意义理论的那种内涵概念带来的困惑，首次找到了通过真理研究意义的恰当表征模式。正如他自己所说，这一点具有发现性质。也正是这一点，使得蒯因做出这样的评价："在罗素得以出名的研究成果发表的前后，意义和真在某种程度上密切相关这一点是显而易见的，但是直到戴维森才把塔尔斯基的真理论视为一种意义理论的真正结构。这一洞见是语义学上的一个重大进展。"②

　　当然，找到约定 T 这一表征模式，并不意味着可以照搬照抄。虽然戴维森想利用塔尔斯基的真理论来解释意义理论，但由于他们的理论目的不同，不能将二者混为一谈。塔尔斯基是为了给形式语言中的真之概念下一个内容上适当、形式上正确的定义，因此，他把"……是真的"看作一个尚待解释的谓词，而对象语言在元语言中得到的理解是先在的前提。而戴维森则试图通过真理论来说明意义理论，因此，对"……是真的"这一谓词的理解是必备的前提，而对对象语言的解释是意义理论要完成的任务。

---

① 参见戴月仙、朱水林《卡尔纳普》，张尚水编《当代西方著名哲学家评传·第五卷·逻辑哲学》，山东人民出版社，1996，第 176～177 页。

② W. V. O. Quine, *Theories and Things*, Cambridge, Mass.: The Belknap Press of Harvard University Press, 1981, p. 38.

简言之，塔尔斯基是用"意义"来说明"真"，而戴维森是用"真"来说明"意义"，他们的认识顺序恰好相反。戴维森说："我正好逐渐领会的一件事情是，当塔尔斯基意图借助在约定 T 中的意义概念（诉诸意义的同义性或者翻译）来分析真这个概念时，我在头脑中有一个相反的想法：我把真视为中心的原初概念，通过详细说明真之结构来了解意义。"① 这就决定了戴维森不能照搬塔尔斯基关于真之概念的表征形式约定 T，而要针对自然语言的实际对之进行修改和限制。在塔尔斯基的真理语义模型论那里，它只关心逻辑语言的有限的语法特征——变项、量词和真值函项算子——如何影响语句的意义，即真值条件，而戴维森纲领想要把握一种自然语言的所有语法特征，如副词、形容词、介词、代词、从句等，如何影响它们在其中出现的语句的意义（真值条件）。② 戴维森为此做出了极大的努力，正如我们前面提到的，主要表现在：对约定 T 提出了一种基于真的调整性说明，提出约定 T 式的公理理论的构想，为约定 T 增添索引图式，对间接引语、行动语句、非陈述句提出了归属于 T - 语句的逻辑形式分析等。他在《信念与意义的基础》一文中概述了对塔尔斯基理论的变动之处。他说："尽管采取的是塔尔斯基的真之形式，但做了一些变动以适应于解决目前的问题。第一，我们寻求的是一种真理论，而塔尔斯基感兴趣的是这种真理论中的明确的真之定义。第二，为了容纳自然语言中的指示因素，必须使这种真理论相对于时间和说话者（还可能相对于其他事物）。第三个变动重大，触及所讨论的问题的核心。……对于塔尔斯基所讨论的形式语言来说，可以根据 T - 语句的句法来了解这些语句……我们需要的是对 T - 语句的可接受性做出判断的方式，它没有利用翻译、意义或同义这些概念，而使得可接受的 T - 语句事实上会做出解释。"③ 因此，从某种意义上说，戴维森意义理论的形式框架是对塔尔斯基约定 T 模式的反用和扩充。不仅如此，面对早期一些哲学家对戴维森纲领提出的诘难，戴维森提出了彻底的解释的理论，这一设想实质上是对约定 T 模式的捍卫，在《彻底的解释》一文中，戴维森围绕真、意义和信念这个解释性三元组，从必要性、可行性和可靠性三个方面深刻地论证了约定 T 式的真理论完全可以充当自然语言意义理论的表征模式。这就从根本上奠定了约定 T 模式的意义理论的理论基

① D. Davidson, *Inquiries into Truth and Interpretation*, p. xiv.
② 参见 R. L. Kirkham, *Theories of Truth*, The MIT Press, 1995, p. 226。
③ D. Davidson, *Inquiries into Truth and Interpretation*, pp. 164 - 165.

础，进而强有力地捍卫了戴维森的意义理论外延化的原则立场。

用约定 T 模式表征意义理论，是戴维森意义理论的首要特色。它使我们探讨真与意义的关系找到了一个恰当的结合点，也为自弗雷格以来构造一种真值条件语义学的设想找到了一个恰当的表征方式。这一设想终于在戴维森这里变成了现实。这一思想具有严密的逻辑可靠性和鲜明简约的理论特点，被称为著名的"戴维森纲领"。

二　形式理论和经验理论的有机结合

戴维森意义理论的目的在于为自然语言的意义寻求一般形式化的理论，塔尔斯基的约定 T 就是其依托的形式模型。我们可以利用这一具有递归性质的真之定义刻画意义理论，从而使意义理论也具有递归性质，即从一组有穷的公理出发，根据标准逻辑，递归地生成一切具有"s 在 L 中是真的，当且仅当 p"这种形式的定理。而每一定理都断定了 L 中某一语句的真值条件，也就以某种方式给出了这一语句的意义解释，这样就能使人从有限的词汇和推理规则了解 L 中任一语句的意义，从而理解整个语言 L。但值得注意的是，戴维森并不是试图借此为自然语言的所有语句逐个地给出其具体的意义。他试图表明的是，如果一种理论被认为是对一种语言的真语句做出了刻画，那么它应该具备什么样的条件或拥有什么样的特征。由于他坚信，在日常语言背后存在着某种起支配作用的逻辑结构，这种结构又往往为人们所忽略，因此有必要向人们揭示这种隐藏在自然语言背后的深层结构或逻辑形式，这就有必要借助于形式语言对各种具体的语言事实做出一种概括性说明。同时也只有这样，我们才能对自然语言的语义学提供一个清晰的、可检验的标准。因此，戴维森关心的不是一种语言中的每个语句的真值条件或经验意义，而是某个说话者如何能够做到有效地确定任意表达式的意义这一问题。在他看来，通过逐个地给出语句的真值条件来说明一种语言的意义的做法是不现实的，因为我们的生命和对语言的理解能力是有限的，所以我们对语言的理解只能依赖于从无限的语言用法中抽象出来的句法模式和语义规则。一旦掌握了一种自然语言构造的恰当描述方式，我们就能够把它提炼成对这种语言的一种完整的意义理论，从而凭借这种理论清楚而简便地说明该语言中每个语句的意义。从这一思想出发，戴维森认为，一些包括塔尔斯基理论在内的形式理论可以作为我们探讨语言、心灵和实在的便利手段。戴维森选择约定 T 模式的真之形式理论作为自然语言意义理论的表征形式，在彻底的解释理论中仿照决策论的形式框架给出了包括真、意义和信念在内三元组的解释思路，就是这一指导思想的具体体现。

但自然语言的意义理论毕竟是经验理论，必须刻画时间、说话者、意向、信念等经验性要素，这就决定了 T - 等值式左右两边的关系不是实质等值关系，而是严格等值关系。也就是说，这种等值关系是含有事实因果联系的支配性因素的。面对这一情况，势必会在形式和经验之间发生一定程度的碰撞，使那些纯形式的理论缺乏解释经验事实和现象的能力。戴维森的做法是使形式理论迁就或适合经验理论的要求，通过对其中出现的经验性要素做逻辑变项处理的办法来对原来的形式理论的表征方式进行调整，从而将经验性要素容纳到新的形式框架内。这正如非经典逻辑出于处理超出数学语言而出现的一些经验要素要在经典逻辑的基础上进行调整而出现的情况一样，经验性的意义理论的表征模式在戴维森看来至少应涵盖对说话者、语句和时间的刻画形式，把塔尔斯基的约定 T 作为这种经验表征模式的基础；或者把约定 T 看作对自然语言中的非指示性语句的真值条件的表征，或者干脆把它视为自然语言中真之表征的一种特殊形式。

值得注意的是，如此形式的理论模式的目的不是要描述一个简单的事实，也不是用这个事实来说明 T - 语句的前半部分，即加引号的部分是真的，实际上是在说明，每个语句已知的真值条件与语句里的那些重新出现在其他语句的语词是意义相关的，并能在其他语句里被赋予相同的功用。也就是说，这种经验理论追求的不是对自然语言中每个实际的语句逐个给出真值条件，而是能够对自然语言中的意义问题给出某种结构性的说明，以便于人们从整体上理解自然语言并通过这种理解把握某种学习和使用语言的能力。"塔尔斯基式的真理论赋予一个语句的结构理应被称为该理论的逻辑形式。通过给出这样一种理论，我们便以一种有说服力的方式说明：尽管一种语言有无限多个语句，但它可被一个具有有限能力的人所领会。可以把真理论说成对每个有意思的表达式在其任何一次出现中的语义作用提出了一种有效的说明。……即说明这些语词是如何对它们所构成的语句的真值条件做出贡献的。这并不是向每个有意思的表达式指派一个'意义'，更不用说向它指派一个'所指'了。"①

---

①　D. Davidson, *Inquiries into Truth and Interpretation*, p. 94.

在这种指导思想下，我们便能在任一整体语言环境下，通过那种经某个语言共同体确认的事实因果关系确定 T‑语句左右两边的严格等值关系，从而确定其真值条件，给出该语句进而其成分即语词的意义。这样，人们便不难理解以具有这种获得的意义的语句或语词按照确定的组合性原则构成的任一新语句的意义。由此可见，戴维森意义理论是一种从经验基底出发，凭借整体论语义原则，以约定 T 为基础表征的模式的意义理论构想，这一构想出色地贯彻了真值条件意义理论的本质思想，做到了形式理论和经验理论的有机结合。

三 注重逻辑分析方法的运用

戴维森是一位受过系统的逻辑训练并善于利用逻辑分析方法探讨传统哲学问题的哲学家。戴维森哲学理论的一个显著特征就是注重逻辑分析方法在理论分析说明和论证中的作用，这在其意义理论和行动理论中体现得尤为明显。这种自觉意识体现了分析哲学的传统。弗雷格、罗素、维特根斯坦、卡尔纳普和蒯因等人都持语言与世界（实在）同构的思想。戴维森也认为，我们在共有一种语言时，也就共有一幅关于世界的图景，这幅图景就其大部分特征而言必须是真的。因此，我们在显示我的语言的大部分特征时，也就显示了实在的大部分特征。所以，研究形而上学的一种方式便是研究语言的一般结构。如果我们想要使世界的一般特征鲜明地显现出来，那么，我们就必须留意，语言中的语句是真的，这一般地意味着什么。如果把语句的真值条件置于一种详尽完整的理论的语境之中，那么，展现出来的语言结构就会反映实在的大部分特征。因此，为自然语言建构一种真理论，这种真理论能向我们表明，我们是如何把潜在无限多的语句中的每一个语句递归地构成，即借助于有限的初始词汇和构成规则构成。这一理论就显示了语句的语义结构和语句之间的语义关系，即显示了语言与实在的对应关系。由于自然语言的模糊性，弗雷格等人建立起来的人工语言（一阶语言）以替代自然语言的做法就是基于这种思想的产物。戴维森也比较欣赏这种形式语言，并把它作为解决分析哲学问题的先在手段接受下来。他还认为，如有必要，我们还可以考虑利用模态逻辑、可能世界语义学或者替代量化等研究语义学的手段来研究约定 T 这一表征形式。[1]

---

[1] 参见 D. Davidson, *Inquiries into Truth and Interpretation*, pp. xv – xvi。

与他们改造自然语言的主张不同，戴维森认为，我们的中心任务就是要描述和理解自然语言。既然逻辑语言简单明了，操作性强，我们完全可以把它们接受下来，并使之成为探究自然语言结构的手段。我们知道如何给出一种关于形式语言的真理论，如果我们还知道如何把一种自然语言里的语句系统地转换成形式语言里的语句，那么我们就会拥有一种关于自然语言的真理论。从这种观点来看，标准的形式语言便是协助我们把自然语言作为更复杂的形式语言来处理的中介手段。

可以说，戴维森在其意义理论中出色地贯彻了这一指导思想。这主要体现在：从逻辑的角度来分析和评价各种意义理论和真理论；对意义理论启用、论证、调整和扩充塔尔斯基的约定 T 真理论的形式表征；对自然语言中的直接引语、间接引语、行动语句、非陈述句、隐喻句、含有归属性形容词和副词的语句提出适应于约定 T 的形式结构分析；对照认识逻辑中的决策理论分析意义、真和信念的共生关系；等等。利用逻辑分析方法得出的哲学结论比较严谨、可靠，其结论形式简单、明了，可操作性强，便于人们把握和运用。这种语义上溯的分析哲学传统在戴维森意义理论中得到了充分的体现和发挥，这也可以说是戴维森意义理论的一大优势所在和成功之处。

四　一种全面、系统、深入的语义论

戴维森意义理论是一种针对自然语言的意义理论，它既要表明这种理论所应采取的结构形式，又要对其中的结构要素进行解释和说明。自然语言是人类一种丰富多彩的日常表达和交流工具，其意义是一种涉及语句表达、言语行动、认知态度、信念、意向等多种因素的聚合物。因此，要提出一种富有解释力的令人满意的意义理论，不仅要用形式化的句法理论和语义学知识给出其结构形式，还要对其中涉及的说话者的言语表达或行为及其语境因素、认知态度、信念和意向等做出哲学的、行动理论的、逻辑学的、认知科学等方面的合理解释和说明。戴维森意义理论的目标与卡尔纳普等人的纯粹的逻辑语义学不同，戴维森不满足于在给定的形式系统中固定语句之间的语义推导，他的理论是要回答：人们使用的语句或语词意谓它们所意谓的，这表明了什么问题？对这个问题做出回答的理论必须具备解释功能和可验证性功能，也就是说，这种理论必须不仅能够对一个或一群说话者实际说出的和可能说出的所有话语提供一种解释，而且在解释者不具备关于说话者详细的命题态度的知识的条件下，这种理论是可验证的。很明显，这种语义学已远远超出了逻辑语义学的范围。正如戴维森所说的，要彻底说明上述问题，除了通常意义上的逻辑语义学外，还至少要建构一种信念理论和一种行动理论。这样看来，要详细说明自然语言的意义问题，我们需要的是一种包括意义理论、行动理论和信念理论在内的广义上的语义理论（戴维森称之为一种统一理论）。为此，戴维森分析了指示语句、间接引语、隐喻句、行动语句、非陈述句的含义和逻辑形式，以显示其意义理论公理化特征对自然语言的普适性；他提出彻底的解释思想，探讨言语行为中的言语表达、说话者的信念或意向、持真态度的共生关系的模式，为其意义理论奠定坚实的经验基础。

　　同时，由于戴维森是用塔尔斯基的真理论来表征意义理论，这就需要戴维森对真之概念和真理论提出自己的独特看法，以显示真之概念和意义、信念的密切关系以及真理论在意义理论中应当呈现的恰当形式。特别是要对他所钟爱的塔尔斯基式的真之定义的价值做出客观公正的分析和评价，以便驳斥对这种定义的诸如冗余论那样做出的简单平凡的评价，进而从根本上捍卫他采用约定 T 式的意义理论表征形式的原则立场。简要地说，出于提出一种独特的意义理论的需要，戴维森还必须对作为这种意义理论之表征基础的真理论进行适合于他的意义理论的深刻反思。这是其独特的意义理论发展的需要，同时他提出的相关思想又成为他的意义理论的有机组成部分。例如，他排斥抽象的本体论立场，维护一阶逻辑语言的合法性，从而使其意义理论建立在一种确实可靠的本体论基础上；他批判概念相对主义引以为据的经验主义的第三个教条——概念图式与经验内容的截然二分，试图建立一种绝对的真理论以作为意义理论的普通表现形式；他批判传统的符合论、融贯论、反对认识论的真理观，主张"无对照的符合，融贯导致符合"的真之检验标准，注重融贯语句集合与融贯信念集合之间的动态互动关系；他排斥"指称""满足"在真之构造中的实质性基础作用，主张"真"是不可定义的、原初性的概念，在人们的语言理解和整个认识过程中发挥着无可替代的中心作用；他认为塔尔斯基的真之定义虽然没有也不可能给出真之概念的一般性定义，但它至少为我们提供了定义这一概念的限制性标准，给出了某一特定语言中所有真语句的外延和结构形式，表明了对它的某些形而上学和认识论的指责的不适当性。同时他还主张，塔尔斯基的真之定义一定还有许多没有触及的地方，其中如何在某一经验事实背景下，探讨真与信念、意义之间的关系，是塔尔斯基没有触及而戴维森试图研究的重要课题。

戴维森意义理论是一种系统性很强的意义理论。它是围绕如何为自然语言的意义理论给出一种恰当的表征形式而展开的。在他看来，这种表征形式应当是在整体论原则下的外延表征模式，而塔尔斯基的约定 T 正是将外延性概念"真"与"意义"概念之间的关系加以联结的恰当形式。因此，戴维森意义理论的主要内核就是，论证和解释一种塔尔斯基的真理论能充当意义理论的表征形式，以及这种理论的内在本质特征。可以说，戴维森对约定 T 意义表征模式的选定、解释、扩充和运用，初步说明了约定 T 这一表征真与意义关系的模式的必要性和可行性；戴维森从彻底的解释的角度出发，围绕真、意义和信念提出类似于决策论的经验性解释，并对约定 T 进行调整性说明，从必要性、可行性和可靠性三个方面论证了约定 T 式真理论作为自然语言意义理论之表征的合法性；戴维森从根本上论证了真之概念是意义理论中的最初始的、最核心的概念，绝对的真理论是表征意义理论的普遍形式。可见，戴维森意义理论的整个体系都是围绕着真与意义的关系这一主题而展开的，其目的是要说明一种经适当调整或修改后的约定 T 式的真理论便是表征意义理论的恰当形式。

值得注意的是，戴维森意义理论之所以享有盛誉，不仅因为它涵盖面广、工程庞大、系统性强，还在于戴维森以其天才般的头脑和寻根究底的求真态度，提出了一系列革命性的语义论思想。主要有：塔尔斯基的约定 T 模式就是一种自然语言意义理论的恰当的形式表征基础；排斥指称、满足概念在语义学中的初始地位，强调真之概念是意义理论中最初始的、最核心的概念；反对传统意义上的"符合论"和"融贯论"，驳斥对塔尔斯基的"冗余论"或"紧缩论"的评价，倡导"无对照的符合，融贯导致符合"的真理验证标准；坚持真之概念不可定义的真理观；认为真与语言及人们的语言实践活动有关，追求一种具有实质性内容的经验性真理论；仿照决策论提出了一种关于真、意义、信念的共生关系的解释模式；对自然语言中的复杂性语句，例如间接引语、行动语句、非陈述句等做出了适合于约定 T 式的真值条件意义理论表征形式，如此等等。这些创新性思想奠定了戴维森意义理论在当代哲学界的重要地位和影响。

第二节　戴维森意义理论的基本原则

所谓一种理论的基本原则，就是指那种在该理论中贯彻始终的，起着统领、引导或轴心作用的原则或规范。戴维森的意义理论虽然体系庞大、内容丰富，涉及面往往相互交错，但在其理论体系中有某种起着基本原则作用的东西。虽然戴维森几乎没有像达米特那样明确提到这些东西，但笔者认为，我们完全可以从戴维森提到的意义理论的目标、基本要求、表征方式、解释方法和验证标准中概括出三条基本原则，即整体论原则、语义组合性原则和以真为轴心的原则。

一　整体论原则

整体论的语义观早已有之，实际上至少在弗雷格那里就已产生，他在《算术基础》一书中曾四次提到语义整体论原则："一个语词只有在语句的语境中才具有意义"，"始终不要在孤立的语词中，而只能在命题的语境中去询问语词的意义"①。这一原则的提出，界定了当时原子论和分子论的意义观之间的原则性区别。其区别在于有意义地谈论语言的基本单位是语词还是语句的区别。用达米特的话说就是，如果一种理论把体现说话者能力的命题知识与每个支配一个个体词的公理相联系，它就是原子论的；如果一种理论把这种知识与有关全部语句的定理相联系，它就是分子论的。②

弗雷格的这种语句语境的整体论意义观得到了戴维森原则上的赞同，戴维森也正是排斥原子指称论而从语句的真值条件入手而开展他的意义理论研究工作的。但他认为弗雷格的这种整体论思想还不够彻底。因为弗雷格是在语句语境中谈论语词的意义，而我们是要谈论一种语言中所有语句的意义，按照弗雷格的这种思路，这就要求我们把谈论语句的语境的范围加以拓展，拓展到包含我们谈论的语句的整个语言环境。他说："弗雷格说，只有在语句语境中，一个语词才具有意义；他也许还会以同一口吻补充说，只有在语言语境中，一个语句（因而一个语词）才具有意义。"③

① 涂纪亮主编《语言哲学名著选辑》（英美部分），第 35、40 页。
② 参见 M. Dummett, *The Sea of Language*, Oxford: Clarendon Press, 1993, p. 38。
③ D. Davidson, *Inquiries into Truth and Interpretation*, p. 22.

按照这一原则，一旦我们获得了某种语言的意义理论，就能得到这种语言中任一语句或语词的意义，而不是反过来求助于语词的意义。

戴维森的意义理论的经验视角是彻底的解释，在这种背景下给意义理论注入经验内容，这必定使戴维森在坚守其外延性立场的同时去探讨真、意义和信念的共生关系。在这种解释框架下，持真态度这一单一性的外延态度成了研究意义和信念的关系的突破口。在蒯因那里导致的翻译的不确定性的原因是经验证据的不充分性。在蒯因那里的经验证据和相伴信息的不可分离性在戴维森这里转换成了经验证据和相伴信念的不可分离性。它们共同说明了这样一个事实，即意义的确定或解释与信念密切相关。这就要求那种表征意义理论的真理论不仅要在语言系统中说明语句的意义，还要说明意义与信念的这种密不可分的关系。这就使问题变得复杂起来。戴维森此时眼中的整体论便成了一种更宽泛意义上的整体论。信念等命题态度本身在性质上是整体论的，它们本身是一个有机整体，这也可以作为戴维森反过来论证大多数信念为真的理由；作为与某一命题内容相对应的信念的合法性也只有在它所属信念系统中才能得以确立。同时，由于语言、信念又与行动直接相关，因此，确定一个语句的意义不仅需要一种语言理论，还需要一种信念理论和一种行动理论，用戴维森的话说我们需要的是一种统一理论。这样，意义、信念与行动又联结在一起了。我们的理论系统，或者更确切地说我们的语言－信念－行动系统本身的性质是整体论的，这一系统中的要素本身以及它们之间的关系也是建立在整体论上的。这就使我们无法独立地确定其中任一要素的自主内容。正如戴维森所言：

> 统一理论完全彻底地是整体论的。它被设计要把内容同时赋予信念、话语和价值，因为这些基本态度是如此这般地相互依赖，以至于不可能一次确定其一个甚至两个。它对这些领域中的每一个元素的处理也是整体论的：语句根据它们与其他语句的关系来解释，信念根据它们与其他信念的关系来解释，如此等等。①

这样，一种自然语言的意义理论就其本身而言也就成了统一理论中的一部分，一个语句意义的确立必须置于统一理论的整体框架之中才有

---

① D. Davidson, *Problems of Rationality*, p. 130.

可能。按照这种观点，我们应该以整体论的态度看待说话者的语言和信念系统。戴维森曾举了这样一个例子来说明信念的整体论性质：当我说我相信一朵云在太阳下面飘过，我之所以相信它，仅仅是因为我相信有一个太阳；相信云是由水蒸气形成的；相信水能以液体或气态形式存在；如此等等。这说明对一个信念内容的把握离不开它所在的信念系统。

可见，戴维森的整体论意义观已远远超出了弗雷格意义上的整体论。主要体现在两个方面，一方面是扩展了弗雷格式的语言语境的整体论范围，由单个语句具有独立的意义转变为单个语句具有对它所在的语言系统而言的派生性意义。另一方面是开辟了解释的整体论语义原则。它使得对语句意义的确定必须参照我们共有的语言和信念系统才有可能。这是一种更基础、最深入的整体论，揭示了人类言语交流行为的一个本质性特征。也正因为把握了这一原则，戴维森意义理论才能应对一些严重的挑战，从总体上具有较强的说服力。

戴维森主张整体论的深层动机在于求真，以真达成意义。信念系统内和系统之间的一致性或融贯性在他看来是信念为真的必要条件；人是理性动物和人们共同面临客观世界是他断言信念本质上为真的最终依据。这也促使他在许多场合将整体论与"宽容原则"结合起来思考问题。这主要表现在两个方面。一方面，意义的解释不能求助于个别人的认知态度，而要求助于语言共同体的一致信念，以求得决定持真的 T-语句的确为真的证据。彻底解释的突破口是从持 T-语句为真开始的，这就出现了信念何以为真的问题，针对这一问题，戴维森诉诸整体论框架下的"宽容原则"。因为在他看来，只有在语言共同体意见大量一致的前提下，意见不一致才是可理解的；也只有与语言共同体相一致的信念才有可能是真的。这一原则架起了信念通达真的桥梁。另一方面，意义理论检验的基础必须贯彻整体论框架下的"宽容原则"。通过约定 T 表征的意义理论是一种能通过经验验证的意义理论。这种验证的恰当证据便是 T-语句是真的。限于戴维森外延性理论的性质，验证的背景只能是彻底的解释（仿照蒯因的"彻底的翻译"）。在这种场合下，我们只能将说陌生语言的人对所说语句持赞同态度时的条件当作该语句的真值条件；同时还必须假定他所赞同的大部分语句是真的，不赞同的大部分语句是假的。这种方法实质上是把成真的条件与说话者赞同时的经验条件联结起来的范式。这种赞同范式实际上预设了蒯因的"宽容原则"，即预设说话者及其所属语言共同体的大多数信念是正确的，他们所赞同的语句大多数是真的，不赞同的语句大多数是假的。戴维森的这种整体性原则在他的真理论中也得到了体现，一是排斥指称实在论，强调真之概念的原初性；二是反对概念图式－经验内容的截然二分和引以为据的概念相对主义，主张一种绝对的真理论；三是主张"融贯导致符合"的真理验证标准，注重融贯语句集合与融贯信念集合之间的动态互动关系。

总之，整体论原则是戴维森意义理论得以建立的基本原则和依托。没有这一原则，就不可能为意义理论找到恰当的表征形式——约定 T 模式，这一模式蕴含了语言整体论的意义观；没有这一原则，无法为意义理论构造出一种外延性的经验性解释模式——彻底的解释模式，这一模式蕴含了至少包括真、意义、信念、行动在内的整体论原则；没有这一原则，不可能为意义理论提出一种特殊意义上的真理论形式——绝对的真理论形式，这一形式同时体现了语言整体论和至少包括意义、信念和行动理论在内的整体论原则。

二　语义组合性原则

戴维森的意义理论的首要着眼点在于说明一种适当的意义理论应该采用一种什么样的形式，因此，它首先追求的是意义理论结构形式问题。在他看来，一些传统的意义理论有一个共同的弊端：没有为人们从有限的已掌握的简单初始词汇结合一定的形成规则学会和把握无限多的新语句这一事实提供一种令人满意的说明，因此这些理论对人们的言语行为没有一般性的指导意义。造成这种缺陷的原因之一在于它们没有认识到或没有重视自然语言本身具有一定的语法结构，没有针对这一事实提出一种组合性的意义理论。

那么，戴维森凭什么认为自然语言本身是组合性的呢？正如我们前面提到的，他为此提出了一个很著名的习得论证。这个论证的主要意思是说，正是因为自然语言是组合性的，我们才能体现通过有限时间和精力掌握那种理解和学习无限多语句的能力。针对这一事实，一种恰当的意义理论必须对一种语言的语句的意义提供一种构造性说明，这种意义理论我们称为组合性意义理论。实际上，组合性原则早在弗雷格那里就有清楚的含义，即语句的意义依赖于它的组成部分的意义和特定的组合规则。戴维森认为，正是弗雷格的这一说法使我们认识到了语言的形式结构对其意义的影响。稍后也有人试图按照这一思想提出一种适当的意义理论，例如乔姆斯基的生成语法就是其中至今还有影响的一种理论。按照乔姆斯基的观点，我们具有关于一种形成和派生规则的复杂系统的潜意识的知识。意义和理解一个语句涉及进行一种类似于数学演算的工作，这项工作远远超出了我们实际的甚至是潜意识的范围。戴维森早期也想从事类似于乔姆斯基的语义学工作，但他认为，一种意义理论是一种经验性理论，它不仅要告诉我们学习什么，而且要告诉我们如何去学到它。也就是说，它必须对一种自然语言的特征做出解释，并且至少对我们的言语行为的机制的设计提供微弱的洞见。虽然他不赞同乔姆斯基将语言意义仅限于语言的生成转换的做法，但他接受了"语言是一个形式系统"的基本观点。

由于当时受弗雷格、维特根斯坦、卡尔纳普及蒯因等人的构建真值条件语义学这一设想的影响，戴维森的工作就是要寻找一种能充分体现自然语言语义生成特征的真理论来表征这种语言的意义理论。为此他提出了有关自然语言的结构性特征及其在真理论中的应有体现的解释。首先，对言语的交流的一种组合性解释：日常的说话者和听话者必须从有限数量的语句组成部分的语义性质和语句的组合形式推定语句的语义性质。理解一个语句是从真理论的相关公理递归地得到其真值条件这样一件事情。其次，一种可习得的语言必须是可有限公理化的，因此在一种真理论的风格上是递归的。这实际上也就提到了对相关真理论的要求：这种真理论必须反映出一种语言的真语句的组合性（或递归性）的语义性质，即必须把语句分析成构成部分——谓词、名称、联结词、量词和函子——并表明每个语句的真值是如何从这些构成部分的特征和这些构成部分在语句中的组合性特征推导出来的。正如前面所分析的，塔尔斯基式的真之定义恰好满足或体现了这种要求，这种定义从提出一个内容上适当、形式上正确的真之定义出发，在给出对象语言的句法规则的基础上通过满足概念的递归生成最终给出真之定义——真是语句函项的自由变化为 0（即闭语句）的满足。因此，塔尔斯基的真理论提供了戴维森所期望的那种对自然语言意义理论的形式构造模式。

戴维森意义理论从某种意义上说是为了适应组合性意义理论的要求，建立并证明一种约定 T 式的形式表征。这主要表现在：对自然语言的语义学的组合性标准的规定；反用和扩充塔尔斯基约定 T 这一具有递归性质的意义理论的形式表征；对指示语句、间接引语、行动语句和非陈述句进行的适应于约定 T 的真值函项式的形式表征；在彻底的解释中依托约定 T 的表征形式，探讨解释理论的证据形式——T－语句为真，以持真态度作为突破口，仿照决策论提出了涉及真、意义和信念的三元组解释模式，从而有效地论证了约定 T 模式表征意义理论的形式结构的必要性、可行性和可靠性；在真理论方面，肯定塔尔斯基约定 T 对构造一种真理论的形式结构方面的价值，反对概念图式，主张真具有不可定义、原初性的性质，而作为表征意义理论形式的约定 T 式的真理论，从根本上说是一种绝对的真理论。

　　说到这里，有一个重要的问题值得澄清。也许有人认为，一方面戴维森肯定语言意义的组合性原则，按照这种思路，我们是在首先得知某一表达式的构成部分的语义特征的前提下根据一定的组合规则推导出该表达式的语义特征的。这就表明了表达式的构成部分在语义性质上优先于表达式，或者说，构成部分的语义性质是原初的，由它们按照句法规则形成的表达式的语义性质是派生的。另一方面，戴维森又主张语义的整体论原则，按照这一原则，某一语言表达式的意义只有在包含它的语言系统中才能得以确立，也就是说，语言系统中的任何语言单位的意义只具有派生性的意义，那种从句法规则得来的语义派生关系在整体论原则下已失效。简单地说，组合性规则和整体论原则发生了冲突。实际上，二者并不相冲突。如前面所说，戴维森的意义理论路线是整体论的，一个表达式的意义只有在它所属的统一理论的体系中才能得到确切的内容，也就是说，单个表达式没有意义上的自主性。组合性原则下的那种原始表达式或基本表达式的意义也概莫能外。一旦我们掌握了一种正确的统一理论，就能在这种理论的指导下确定任一表达式的意义。组合性原则能帮助我们认识统一理论中的内部结构形式和诸要素的相互关系。就语句而言，它说明了语句由语词构成的组合形式；就科学理论而言，它说明了这一理论由科学理论语句构成的组合形式；就统一理论来说，它说明了这种理论由诸要素理论构成的组合形式。由于戴维森排斥指称实体和内涵性实体的存在，他论证了传统指称论的困境，提出了解释的不确定性论题，认为指称对象和确定性的意义实体无法个体化，这就从根本上说明了语词等小于语句的语言单位不可能拥有独立的意义和指称。至于指称和满足等被视为表征语句意义和真值条件的基本概念，在他看来，只能是一种完成理论的构造物，不可能获得真正的本体论地位。此外，整体论原则和组合性原则在戴维森那里应是相互联系的。没有整体论原则，不可能有最广泛意义上的组合性原则，因为概念图式的消除导致绝对的真理论，组合性原则的适用范围便从有限变成了无限。通过这种意义上的组合性原则，人类就能对世界的看法持同一的看法，拥有同一的语言，因为"共同的看法造就共同的语言"①。反过来，没有组合性原则，整体意义上的理论体系也无从建立和证明，因为一般来说这样的理论体系内部本身是具有明显组合性特征的，其理论语句之间也必定存在着逻辑推演关系，这些语句的构成也蕴含着组合性规则，这也决定了检验这种理论的各种证据形式也必然带有组合性特征。因此，两个原则之间并非互相矛盾，而是相互促进的。

组合性原则是戴维森构造真值条件意义理论的内在原则和必然要求，也是分析哲学家们常用的方法论原则。戴维森的创新之处在于，将满足组合性原则要求的塔尔斯基约定 T 的真之定义作为其说明具有组合性特征的自然语言的意义理论的表征形式，使能满足组合性要求的自然语言的意义理论真正落到了实处，使真和意义在组合性的原则上真正联结起来。同时，在整体论的框架下，组合性原则必将为人们在最广泛的范围内达成对世界的共识发挥空前的作用。

三　以真为轴心的原则

以真通达意义，为自然语言提供一种令人满意的真值条件意义理论，始终是戴维森意义理论的主线。这就要求戴维森对真之性质、结构、内容及其表征形式做出论证和说明，以表明一种真理论充当自然语言意义理论的必要性、可行性和可靠性。从戴维森的意义理论的整体框架来看，整个理论体系是围绕着一种满足某些特定的限制条件的真理论能表征一种意义理论展开的，支撑这种真理论的真之概念是戴维森意义理论的轴心。

戴维森和蒯因一样，对语义学中的外延性概念比较感兴趣，他们认为包括真在内的这类概念简洁明了，容易操作和把握。因此，在他们看来，对内涵问题进行外延化处理不失为一种理想的研究方法。选择真理论表征意义理论，必须对真之概念有一个先在的把握。戴维森比较赞赏亚里士多德式的真理论，因为它充分体现了人们关于真之概念的那种自觉意识。他

---

① D. Davidson, *Inquiries into Truth and Interpretation*, p. 132.

经过研究发现，塔尔斯基的真之定义恰好体现了亚里士多德式的风格，这一定义为了回避自然语言中的语义悖论等难题援用语言层次理论给出了确定某一对象语言中真语句的外延的方式，因而也从某种意义上揭示了自然语言的结构形式特征。这一点正符合戴维森组合性意义理论的原则要求。鉴于这两点主要特征，戴维森毅然选定约定 T 作为他所期望的那种意义理论的形式表征。因为，正是从这两点上讲，"一种塔尔斯基式的真之定义提供了我们迄今对意义理论所要求的全部东西"①。戴维森也清醒地认识到，仅有逻辑形式上的真还不足以通达意义，对这种真理论的检验与普通的经验理论没什么两样，因此他主张，这一理论的语句，即 T - 语句，应是有关说话者的一些经验性概括，因而这种语句就不仅必定是真的，而且还像法则一样，能够支持反事实条件的检验。或者说，除了逻辑上的真外，还需要在说话者同意的那个被断定其真值条件的语句与关于那个语句的指示性描述之间具有因果联系。也就是说，T - 语句所表达的等值关系，不仅是一种实质等值关系，而且还是一种严格等值关系。真在 T - 语句中同时蕴含了形式的和内容的解释成分。戴维森为了明确说明真在约定 T 中的经验性成分，在指示语句中对真做出相对于话语、说话者和时间的解释。形式成分和经验成分通过扩充性的约定 T 注入了对真的全新的解释。

在固守外延性研究道路的前提下，给出一种经适当调整或修改后的约定 T 真理论中能充当经验性意义理论的论证性说明，是戴维森纲领的必然延伸。戴维森的彻底的解释理论便是对戴维森纲领的原则性立场的捍卫和进一步拓展。在这一理论中，真之概念的轴心作用发挥得淋漓尽致。首先，戴维森确定了约定 T 理论的证据形式：T - 语句为真。证实某些 T - 语句为真，便足以证明一种真理论在经验上是正确的。因此，约定 T 理论是建立在真之概念的基础之上的。其次，为显示其解释的外延性立场，以真替代翻译，诉诸真之概念重新表述约定 T：对于对象语言的每个语句，一种可接受的真理论必须衍推出一个形如这样的语句：s 是真的当且仅当 p，其中 "p" 为任何一个这样的语句所替换，即这个语句为真当且仅当 s 为真。通过这种表述，使表征意义理论的约定 T 理论不仅从内容上而且在形式解释上都依赖于真之概念了。最后，由于彻底的解释背景也是一个特殊言语交流背景，在这种背景下，解释者要在不拥有任何关于说话者及其

---

①　D. Davidson, *Inquiries into Truth and Interpretation*, p. 24.

话语的任何语义信息的条件下仅凭说话者的言语行为证据对说话者的话语做出解释。这种解释必然涉及真、意义和信念之间的相互关系。戴维森仿照决策论关于选择行为、相对效用和主观概率的三元组解释模式，提出了关于真、意义和信念的三元组解释模式。在这个三元组模式中，真起着轴心作用。主要表现在：首先，选择持语句为真这一单一的外延性态度作为解释的恰当起点，将真与信念、意义联结了起来，因为持语句为真的态度本身就是一种信念，这种态度是说话者所说的语句所表达的意思和说话者的某种信念（相信、希望、接受等）相结合的产物。其次，诉诸宽容原则，预设解释者和说话者在信念方面最大限度上的一致性（其中的基础部分是逻辑真之观念上的一致性，即反对矛盾律）和说话者的语句大体上为真，从而又使真与信念联结起来，为真信念与真语句之间搭起了一座通达的桥梁，从而为最终给出语句的意义提供了可能性。其主要思路是，由说话者的言语行为证据，即他对某一语句的赞同态度推知他对该语句的持真态度，再诉诸宽容原则，假定说话者的信念与我们的信念具有最大限度上的一致性并且大体上是正确的，从而仿照决策论的解释模式，最后推导出说话者持真的那个语句的意义。这种思路明显地体现了真在其中的轴心作用。没有真，交流无法进行；没有真，持真态度这一解释的突破口无法确定；没有真，信念和意义无法联结和剥离。可见，无论是意义理论的外延性解释模式的确立，还是证据形式的确立或是三元组解释模式的运行，归根到底都是围绕着真这个轴心展开的。或者更简要地说，戴维森风格的约定 T 理论的建立和证明都是建立在真之概念的基础上的。

　　戴维森的真理论主要是一种面向自然语言的经验性理论，它主张把普遍接受的形式真理论作为解释或刻画形而上学问题的便利手段或方法论原则。在戴维森看来，真是与人类使用语言的实践活动、人们的信念和价值取向等因素联系在一起的，因此从戴维森的真理观的整个发展历程来看，意义和信念问题在他的真理论中也得到了某种程度的阐发。这主要体现在：排斥指称、满足的基础性地位，论证真在意义理论中的基始性或原初性地位；考察各派流行的真理论得出真不可定义的结论，从而从理论上确证真在意义理论中的基始地位；反对概念图式－经验内容的二元论和经验相对主义，主张一种意义理论的普遍形式——绝对的真理论等。这些创见也从根本上说明了真在戴维森意义理论中的轴心地位的理论合法性和可靠性。

第三节　戴维森意义理论对当代哲学的主要贡献和影响

正如前面所言，戴维森意义理论博大精深，在许多方面具有明显的创新性，被誉为当代语义学领域的一项革命性理论成果。那么，这项伟大的理论成果对当代哲学的发展做出了哪些贡献？它还必将对当代哲学的发展产生什么样的影响？这是我们研究戴维森意义理论所要探讨的一个实质性话题。笔者试图对此问题展开自己的初步论证和说明。

一　诞生了意义理论的一种新派别——自然语言的真值条件意义理论

20 世纪以来，西方哲学在现代逻辑的背景下进入语言哲学的时代，意义理论的研究便成了这个哲学时代的核心话题。但限于自然语言的复杂性和模糊性，分析哲学家们对其意义理论的研究呈现出两种截然不同的态度：一是形式语言学派完全排斥自然语言的作用，认为自然语言意义理论的研究工作没有前途，他们认为哲学家的全部任务就是对自然语言的改造工作；二是日常语言学派坚持日常语言的重要性，探讨日常语言的意义问题，但关于探讨意义问题的方式难以达成共识，并且都存在着这样或那样的缺陷。究其根本原因在于，他们对一种令人满意的自然语言意义理论必备的条件和满足这些条件的意义理论所应采取的表达方式没有一个明确的一般性认识。

戴维森针对自然语言自身的组合性特征和自然语言反映的经验事实，提出了一种意义理论所应满足的形式条件和经验条件。一种理论要具备一般的指导意义，必须具备一个富有概括性解释力的理论表征模式。以往的意义理论就是缺少这种表征模式，它们大多数是用某些内涵性或指称实体的概念来直接说明意义，没有一种对某种自然语言的每一个语句提出意义解释或给出意义的理论表征形式。因此这些意义理论或者是循环论证的，或者是作用有限的，不能算是一种成功的意义理论。戴维森认为，一种恰当的意义理论可以由真理论进行表征，这是因为二者之间有着相似之处。真和意义相对应的基本单位都是语句，我们在探讨语言是怎样成为有意义的这个问题时所应当考察的是，每个语句的意义是怎样取决于其构成部分以及与别的语句的直接和间接的关系的。如果一个人懂得了一种语言，这就表明他了解这种语言中的任何一个语句与其他语句之间存在的直接或间接的联系，也了解一个语句的构成部分是怎样决定这个语句的意义的。一个人有了这种知识，他就能说明一个语句在什么情况下是真的。因此，从某种意义上说，意义理论就是一种真理论，一种语言的意义理论隐约地说就是这种语言的真之定义。就真理论而言，它所使用的语言是一种其语句关系和语句结构都清楚明白的语言，并且反映了对象语言的语句关系和语句结构。一个掌握了真理论的人，能够从公理中推出定理，这也表明了他懂得"'……'是真的"这个概念。如果这个人理解某种真理论反映的元语言的语句关系和语法结构，他就有能力认识元语言，进而掌握对象语言。因此，真理论为我们提供了一种意义理论所需要说明的知识，二者对在语言结构形式方面的要求是一致的。一旦我们借助于真理论，就能从形式上表征我们所需要的那种具有普遍解释力的意义理论。只要我们将真理论的形式表达稍加改动就能使之成为意义理论所要说明的主题。改动的方法是：把"s是真的当且仅当p"改为"s的意思是（that）p"。这实际上就是戴维森真值条件意义理论的主要精神。实际上，这种真理语义论的思想早已有之，但从语句的结构形式上论述真和意义的相通性并不多见。也正是从这一视角出发，使戴维森发现了塔尔斯基的约定T的真理论的形式正是他所寻求的那种表征意义理论的恰当形式。这种真之定义的确给出了戴维森意义理论所需要的东西，即人们如何能够根据一种语言中已被把握的有限数量的初始词汇按照一定的组合规则来理解和把握无限多的新语句，或者解释人们是如何学会和使用这种语言的。找到约定T作为自然语言意义理论形式表征，使真与意义以明确的形式联结在一起，这一点无疑是戴维森天才般的发现。这种做法至少有三个好处：一是，如果我们理解这一理论，我们就能够基于表明语句构成部分如何对该语句所表达的意义起作用的结构和规则来解释这种语言的语句表达。它无须诉诸像意义、属性或指派给语词和语句的其他抽象实体就能做到这一点。这符合戴维森意义理论的构成性要求和外延性要求。二是，通过对一种语言中的每个语词或结构指派一种角色（这种语言决定着对在其中使用的任一语句的真值条件起系统的分担作用），这种理论为我们考察自然语言的逻辑或语义形式提供了一个框架。我们可以利用这种理论提供的形式系统给出一种自然语言的意义理论的形式构造系统。三是，如果我们掌握了这一理论，便可由有限的公理合乎逻辑地衍推出某种自然语言中无限多个T-语句，每个T-语句都表征相应对象语句的真值条件，并且通过经验性证据检验这些

T-语句是否为真从而证明这种理论的可靠性。一句话，约定 T 式的真理论能够满足戴维森意义理论的全部必备条件。

当然，戴维森的真值条件语义论所做的工作不仅限于为意义理论找到一种恰当的表征形式，而是全面深入地展开对这一课题的研究，取得了令人瞩目的一系列成果。首先，为坚守外延性解释立场，明确区分他与塔尔斯基的理论目标和出发点，对约定 T 做出基于真的调整性解释；其次，面对自然语言的经验性要素，对指示语句、间接引语、行动语句、非陈述句等提出适应于约定 T 的分析模式，以实际行动显示了约定 T 理论的普适性；再次，从捍卫外延性立场出发，将真理论和意义理论纳入一种纯粹经验性的解释背景即彻底的解释背景下，诉诸宽容原则，仿照决策论解释模式，给出了基于行为证据的有关真、意义和信念的三元组解释模式，从而从经验基底上论证了由真通达意义的可行性和可靠性；最后，通过真理论的考察，得出真在意义理论中的原初地位、真不可定义以及绝对的真理论是意义理论的普遍形式等结论，从而进一步奠定了建立一种真值条件语义学的理论基础。

戴维森的真值条件意义理论具有理论基础牢固、涵盖面广、内容丰富而深刻、简洁明了、易于把握和应用等特点，与达米特的可证实性意义理论以及格莱斯、斯特劳森的交流－意向说这两派较有影响的当代意义理论相比具有明显的说服力。达米特的可证实性意义理论是在以直觉主义逻辑观取代二值逻辑观的思想支配下提出来的，这种逻辑是数学哲学中直觉主义流派构造数学时所用的逻辑。它强调数学对象的构造性，认为一个命题为真必须证明它为真，一个命题为假必须证明它为假，主张数学领域中的一切对象必须可构造才能算是存在的，数学存在等于可构造。按照直觉主义的这种观点，数学命题是由数学家构造的证明而成为真的或假的，在经典逻辑中起核心作用的二值原则已不再有效，因为对任一数学命题而言，我们无法担保必定存在着该语句为真或为假的一个证明。就一个数学陈述而言，直觉主义认为，我们对其意义的把握在于认识到某个数学构造是否构成这个陈述的证明的能力；对一个数学陈述的断定，不应该被解释为宣称它是真的，而应该被解释成宣称存在着它的证明或可以构造它的证明。对于任何数学表达式的理解，就在于这种知识，即它以什么方式帮助人们确定：什么可算作对任何含有这些表达式的陈述的一种证明。因此，"证明"成了数学语义论中的核心概念。达米特认为，"这样一种意义理论很容易推广到非数学的情况"①。首先用"证实"概念代替"证明"概念我们就能够获得一种关于一般性陈述的意义理论。以"证实"为核心概念的意义理论主张，对一个陈述的理解，就在于有能力认识到任何可算作证实了它的东西，即任何最终确立为真的东西。故此，达米特的可证实性意义论是从一种数学哲学观演变而来的，但数学语言与自然语言毕竟是两种性质不同的语言，前者是形式化语言，后者是经验性语言，采用这种转嫁的方法是否有效，至少是值得讨论的。他自己也明确表示，这种做法是可以怀疑的。② 其次，"证实"与"证明"最终都依赖于"真"，归根到底还是在说由真通达意义的问题。证实论充其量只能看作对真理语义论的一个证明或验证或显示部分。最后，将"证实"或"辨明"等同于"意义"也缺乏说服力。例如，我们对某些深奥的科学定理，如哥德巴赫猜想："一个大偶数可以表示为两个素数之和"，虽然知道其意义，但不一定能对这一定理提供一个证明或辨明什么东西构成对它的一种证明。关于数学公理的陈述往往无法为之提供一个证明，当然也就无从谈论对它的证明的辨认，但这并不表明我们无法理解它们的意义。

谈到交流－意向说，它确实在解释人们的言语交流行为时有一定的说服力。其核心主张是："语词或语句的特定意义在很大程度上是一个关于规则和约定的问题，但是只能参照交流－意向这个概念才能最终理解这类规则和约定的一般性质。"③ 这种观点和戴维森理论一样，都认识到一种语言中的语句的意义在很大程度上是由那种语言中的句法规则和语义规则确定的。但它认为这些规则的确定只能依赖于交流－意向这个概念。然而交流－意向往往与语句的意义是纠缠不清的，因为说话者往往要用语句来表达他特定的交流－意向，这就涉及他对语句的选择，而这种选择又预设了对语句意义的先在把握。于是就出现了说明中难解的循环现象。戴维森也承认信念、意向等心理因素在语言交流行为中的作用，但他不主张把它们作为意义理论的初始概念，而是巧妙地使用持语句为真这一单一的命题态度将真、意义和信念等因素联结在一起，从而避免了论证循环的难题，

① M. Dummett, *The Sea of Language*, p. 71.
② 参见任晓明、李旭燕《达米特的语义反实在论》，《科学技术与辩证法》2004年第5期。
③ 〔英〕P. F. 斯特劳森：《意义与真理》，载〔美〕A. P. 马蒂尼奇编《语言哲学》，牟博等译，商务印书馆，1998，第184页。

捍卫了其外延主义道路的原则立场。

二　开辟了一条探索意义理论的新途径——彻底的解释

一种充当令人满意的意义理论的表征形式——约定 T 式的真理论不仅要能对自然语言的语言结构形式做出递归性说明，从而能确定有意义的真语句的外延范围，还要能表明这种真理论具有解释性功能，即 T - 语句的右边部分在没有翻译概念帮助的情况下能对左边部分的意义做出解释。或者说能证明 T - 语句实际上会起到 M - 语句的作用。戴维森早期提出的那种建议，即对于一种语言来说，一种仅仅外延上适当的真理论实际上会是解释性的观点，是不正确的。显然，塔尔斯基的约定 T 模式不可能直接用于这一目的。首先，约定 T 模式在塔尔斯基那里本身是用以翻译概念为预设前提来确定一种真语句的外延的，意义的理解已成为预设的前提条件。其次，约定 T 在塔尔斯基那里仅适应于人工语言，而不适应于自然语言，它本来就是为避免自然语言中的语义悖论等难题而建构的形式表征。因此，戴维森要使约定 T 成为其意义理论的恰当表征形式，至少有两件事要做：一是调整对约定 T 的解释顺序，由翻译来说明真变成由真通达意义；二是在坚持外延性立场的前提下，立足于言语交流者的行为证据，在不诉诸任何有关说话者话语的意义的知识和他的命题态度的详细知识的情况下，利用约定 T 模式对说话者的话语意义做出解释。

受蒯因彻底的翻译理论的直接启发，戴维森提出了针对约定 T 表征模式的彻底的解释的构想，这一构想是围绕我们为能解释说话者的言语表达所必须具备什么样的知识以及我们如何能够在不预设关于说话者表达的任何知识、说话者的详细信念知识的基础上得以了解那种知识这两个问题展开的。这种知识就是具有解释性的真理知识。因此，彻底的解释理论所要探讨的主题就是发现和证明一种具有解释功能的真理论。戴维森意识到，仅有 T - 语句为真还不足以说明蕴含这些语句的理论是解释性的，他希望能够通过对作为一个整体的真理论施加一些恰当的形式限制和经验限制，使 T - 语句事实上都会起到一种做出解释的作用。戴维森确信，他所给出的我们前面提到的限制条件，会使这种理论成为解释性理论。由于语言现象的解释要依附于非语言现象，因此，一种真理论要成为解释理论，必须对非语言现象做出解释。在彻底的翻译情形下，只能通过语言使用者的外部可观察行为，为探讨解释理论中必然涉及的真理、意义和信念的相互关系找到一个可依赖的经验证据。从外延性立场出发，找到一种说话者的简单命题态度将三者联系起来是理想的突破口，通过这个突破口再联系可公共观察的行为证据，便有可能对语句的意义给出一种解释的方式。戴维森在选定说话者的持真态度这一理想的突破口的同时参照经验决策论对当事人的选择行为的解释思路，提出了语言意义解释的总体方案，即这种理论以当事人对语句之间的优先选择行为作为证据基础，从而通过把信念和值归于当事人，把意义归于当事人的话语来对这一优先选择行为做出解释。在解释过程中，整体论原则和宽容原则发挥着重要作用。整体论表明，一种解释理论是一种至少包括语言理论、真理论、行动理论和信念理论在内的统一理论。其中每个要素理论相互联系、不可分割。因此，言语的意义的解释活动必须置于这种宏观背景下。整体论原则也有助于我们对个别语句做出解释。因为一旦我们知道一种关于某个语句所在的语言的真理论，按照整体论的观点，我们就不仅知道了关于这个有待解释的语句的 T - 语句，而且也知道关于其他一切语句的 T - 语句，从而知道了一切相关证据。我们还会知道这个语句在作为整体的语言中的地位，知道这个语句的每个有意义的组成部分所起的作用以及这个语句与其他语句的逻辑关系和语义关系。在这种情况下，我们能容易地给出这个语句的语义解释。宽容原则的主要作用在于：一方面，通过一致性原则，奠定了开启言语交流从而彻底的解释的大门的理论的可行性，为我们对持一种陌生语言的说话者的话语及其行为的可解释性提供了理论支撑；另一方面，通过符合性原则，使我们在假定说话人的信念大体上正确和他们的话语大体上为真的条件下，能打破信念和意义在解释过程中的那种解释的循环圈，通过当事人的优先选择行为（认为一个语句而不是另一个语句为真的态度）和当事人的信念大体上为真的假定而推导出语句的意义。也就是说，能给出说话者持真语句的意义，由 L - 语句进入（或通达）M - 语句。同时，诉诸宽容原则，在 L - 语句和 T - 语句之间架起了一座沟通的桥梁，由 L - 语句为真进到 T - 语句为真，最终为解释理论提供了可靠的证据。

　　总之，彻底的解释理论在整体论和宽容原则的支配下，从外延性角度出发，对约定 T 模式提出了适当的形式和经验限制条件，参照决策论提出了三元组解释模式，从而构造和证明了一种解释性的真理论。这一理论是对戴维森纲领的阐发和扩展，从而捍卫了戴维森纲领的原则性立场——一种经适当调整后的约定 T 式的真理论能表征意义理论。正如他自己所说的："对塔尔斯基的约定 T 做出一些调整，并非要放弃它，而是以新的方式理解它。"①

通过对基本概念的相互关系做出解释以说明一个重大的哲学问题是哲学家们常用的方法。在彻底的解释理论中，戴维森结合人的愿望、信念、意图和语言的使用来解释真，用决策论来说明真在意义理论中的作用，以帮助人们理解意义和真的关系问题。但这种解释是在不预设任何有关话语意义的知识和说话者的详细信念的知识的条件下仅诉诸行为证据做出的解释，是对一种研究意义理论的外延主义道路的解释或证明。它并不是那种在把握某些有关语义信息的情况时做出的释义工作。正如前面戴维森提出反对的几种解释理论，它们或者求助于意义实体，缺乏解释力；或者求助于意向、愿望、信念等内涵性实体，违反外延性原则，面临着这些实体无法获得独立归属的地位以及无法处理语言结构上的递归性特征等难题。戴维森的解释理论的优势在于：以真为核心概念，以约定 T 模式和类似决策论解释模式为形式框架，对说话者的话语意义和信念不做预设而又对它们都做出解释。这种理论讲求形式结构和经验内容的有机结合，是将塔尔斯基真理论和蒯因的自然主义语义论完美结合的产物，具有一定的创新性和理论价值，为我们开启了一条崭新的意义理论研究道路。

三 引领了当代意义理论发展的一条主线——实在论与反实在论之争

西方学界普遍认为，实在论与反实在论之争已成为当代英美哲学特别是语言哲学一条极具活力的发展主线，戴维森和达米特分别为这两大阵营的主帅。因此，可以说，正是他们二人引导了当代西方意义理论的发展方向和潮流。

实在论和反实在论之争在本质上是关于形而上学问题的争论。当然，这里的形而上学是指那种以研究超验之物为目的的传统哲学。二者争论的焦点在于对实在的不同认识和理解。具体说来，实在或者我们的认识对象是否依赖于我们对它们的认识，实在是独立于我们对它的描述或解释还是依据我们的描述而产生的构造物，是实在论和反实在论分歧的主要焦点。这种分歧在哲学史上由来已久。这里所谈的实在论和反实在论之争可以被看作传统哲学的唯物论和唯心论之争，是中世纪经院哲学的唯名论和实在

① D. Davidson, *Inquiries into Truth and Interpretation*, p. 173.

论之争的继续。所不同的是，这种争论的主题在现代英美哲学中披上了语言分析的外衣：由对象是否独立存在转变成关于对象陈述的意义的说明是否合理，用达米特的话说，由"对象的争论类"转向了"陈述的争论类"。或者说，这场争论集中表现为这一问题上的分歧，即一种描述实在的语言的意义理论应该具备什么样的条件或呈现出什么样的形式才算是一种合适的意义理论。因此，实在论和反实在论之争是在意义理论的基础上展开的，实质上是一场意义理论之争。二者争论的焦点集中体现为：

（1）以真之概念作为意义理论的核心概念是否恰当？或者说，语句的真值条件是否可以表征语句的意义？

（2）一种恰当的意义理论是否必须承认客观事实的独立存在？或者说，真理符合论是否能够成立？

（3）一种恰当的意义理论是否必须承认语句真值的独立存在？或者说，排中律或二值原则是否普遍有效？①

一般认为，实在论对上述三个问题都给出了肯定的答案，反实在论却给出了否定的答案。

自弗雷格以来，真值条件意义理论的思想一直在西方哲学界占主导地位，戴维森就是秉承这一思想建立了这一理论。在他看来，真值条件就是用逻辑语言表达的使语句为真的事实。这种事实是超越我们的思想和能力而客观存在的，我们只能描述或刻画它们，而不能凭我们的思想和意愿去构造它们。他说："我们在所有的方面都可以是实在论者。我们把客观的真值条件看作意义概念的核心，并且坚持认为知识是一个独立于思想和语言的客观的世界。"② 对语句的意义分析，戴维森采取的策略是把所谓内部问题转换成外部问题，或者把内涵问题转换成外延问题。用"……是真的当且仅当……"这一外延表达式替代"……意谓……"这一内涵表达式，从形式上彻底摆脱了心理主义的纠缠，也表明了语句为真的事实依据，并以此说明我们语言的意义理论是一种适当反映和描述独立于我们的言外事实的理论。

在戴维森看来，一种自然语言的意义理论是一种经验理论，它要求对

---

① 参见张志林《意义的分析：实在论与反实在论的争论》，《中山大学学报》（社会科学版）1996 年第 1 期。

② E. Lepore, ed., *Truth and Interpretation: Perspectives on Philosophy of Donald Davidson*, p. 307.

被判定为真的语句都能提供与这种真相对应的真值条件，进而从这种理论本身生成无限多这样的语句，其中每个语句都能给出相应对象语句的真值条件。这样，我们既可以使语言结构反映实在的结构，又可以为这种理论找到一个验证标准，以检验被这种理论断言为真的语句的真值条件的东西是否存在。可见，戴维森意义上的实在论是一种关于意义和真的实在论，是一种语义实在论。其目的不在于通过对语言结构的研究得到某种形而上学的结论，而在于考察语言的结构何以被看作反映了实在的结构，或者说，如果一种语言的结构反映了实在的结构，那么，这种语言的意义理论应该采取什么样的形式或具备什么样的条件。

按照实在论的观点，客观世界具有独立于任何关于它的知识或经验的特性。从语义学的角度说，在一给定的语句集合中的任意语句的真值条件可以超越我们关于这些真值条件是否成立的识别能力而存在。因此，不论我们能否获知事物在世界中的存在方式，从而不论我们能否获知有关世界的语句的真假，那些语句都根据事物在世界中的存在方式而以确定的方式要么为真、要么为假。这种实在论观点表明了它与二值原则和排中律之间的密切关系。排中律说的是 $A \vee \neg A$ 这种形式的每一语句是逻辑的真。二值原则的基本含义是，一个语句确定地要么是真的要么是假的。从这种意义上说，实在论蕴含了经典逻辑观，因为经典逻辑是以二值原则为其基本的语义规则的。

以达米特为代表的反实在论者对上述三个问题都做出了否定的回答。首先，达米特认为，正确理解和使用语言所需要的事实并不是独立自在的，相反，这样的事实是需要人们去发现、研究甚至创造的。实在论的错误就在于它预设了一个超越人们认识活动和能力的实在者，而实际情况是，我们只有在语言实践活动中才能判定实在及其状况，因此，意义理论中所采用的真之概念并非一个超验的概念，真值条件意义理论的思想显然是行不通的。在他看来，意义理论能告诉我们的知识，必须是一种语言的说话者在他们知道或理解他们语言的情况下所知道的东西；而当意义理论把说话者所具备的这种知识告诉我们时，它必须表明，这种知识是如何使说话者从任何支配那些语句的意义的条件中推知语句被使用的各种情况。如果真之概念被当作意义理论中的核心概念，那么，这种意义理论就必须对关于真值条件的知识与实际语言使用相联系的方式做出解释。遗憾的是，实在论恰恰没有也不可能对知识和使用之间的这种关系做出解释。因为，按实在论的解释，真值条件是语句的一种可超越人们识别能力的特性，这样，对于那些我们不能确定其真值条件的语句（即其真值条件是超验的语句）来说，我们无法说出如何能够显示关于这些语句的真值条件的知识，从而无法说明在这种意义理论中，语句的意义与语句的使用是如何相联系的。因此，任何一种类似于真值条件意义理论的那种以超验概念为核心的理论都是不恰当的意义理论。

首先，真之概念在意义理论中并非毫无益处，只不过需要对它重新加以解释。达米特从语句真值的可判定性出发，把它理解为一种"辨明"（justification），而从实在论者转变为反实在论者的普特南则干脆把真说成是"理想的辨明"（ideal justification）。达米特主张，被如此赋予新义的真之概念在一种适当的意义理论中仍值得保留，因为，在他看来，真之概念对于一种恰当的意义理论的建立有两点重要作用：一是有助于间接证实所需演绎推理的保真性的解释；二是有助于解释语句的含义（sense）、语力（force）和寓意（point）之间的区别，以便于说明人们对语言中断定性话语的意义的理解。这里的"含义"主要是指语句的真值条件，"语力"指的是语句的特定使用，如断定、祈使、询问等，"寓意"指的是语句使用者的意向或目的。① 格雷林则对真值条件意义理论采取了彻底否定的态度。他认为，真之概念在一种恰当的意义理论中是可消除的，我们可代之以"正当理由"（warrant）这一概念，以它作为意义理论的中心概念具有明显的优越性。在他看来，间接证实是陈述之间的一种演绎推断关系，被演绎出的那个陈述或者是其他那些陈述的一个推断，或者是在整体上通过其他那些陈述而得到证实。这就表明，我们可以在不涉及真之概念的情况下做出这番表征。这里只需对演绎推理做出"保值"而不是"保真"的推理的解释，譬如，如果推理的前提都具有正当理由，并且，断定那些前提的合取与断定结论的否定相矛盾，那么，这个推理就是保值有效的。显然，正当理由及其否定不同于真与假，反倒相当于直觉主义逻辑中的可证性及其否定。同样，我们在说明语句的含义、语力和寓意之间的区别时也无需真之概念：了解一个语句的含义就是了解在什么情况下有正当理由使用它；了解一个语句的语力就是了解在某个特定场合有正当理由保证使用

---

① 参见张志林《意义的分析：实在论与反实在论的争论》，《中山大学学报》（社会科学版）1996 年第 1 期。

该语句进行断定、祈使、询问等活动；了解一个语句的寓意就是了解说话者在特定的场合下有正当理由使他说出的话语正好能实现他的意图或目的。此外，在意义理论中避免使用真之概念可避免人们对它做出不同甚至互相对立的解释而带来的混乱；正当理由这一概念至少是一个直截了当的证实论的概念，人们不可能对使用它所意指的东西产生怀疑。真之概念是超验的，而正当理由则是接近于表层的（在解剖学的含义上）。因此，格雷林认为，建立一种以正当理由为核心概念的意义理论才是恰当的选择。①

其次，达米特否定实在论关于真之符合论的观点。他认为，任何形式的真之符合论都必须基于这条原则，即如果一个陈述为真，那么必须有使其为真的依据。然而，这条原则在实在论那里无法得到满足。因为自然语言中充满了不能能行地加以判定的语句，对于这些语句，我们没有能行的程序可以确定其真值条件是否得到满足，例如，在无限的或不可观察的领域量化的应用；虚拟条件句的应用，或仅用它才可解释的表达式的应用；谈论我们原则上无法接近的时间－空间的可能性；等等。当然，对于任何一个不可判定的语句，我们或许会发现我们能够认识它为真的条件是否得到了满足。但是，对于这样的语句，我们不能把有能力认识到它为真的条件是否得到满足等同于认识那种条件是什么。这是因为，情况往往是这样：要么语句为真的条件可能获得了但我们却无法认识到这个事实；要么这种条件可能没有获得而我们同样无法认识到这个事实；要么两种情况兼而有之。因此，尽管可以要求每当认识事物的状态时我们要有能力认识这样或那样的状态，但是却不能把这种能力彻底解释为关于那种条件是否成立的知识。正因为实在论的真理符合论的解释行不通，所以，以这种真之概念为核心概念的意义理论也是行不通的。

最后，达米特对真值条件意义理论赖以建立的二值逻辑原则提出了挑战。在他看来，坚持还是拒斥二值原则是实在论与反实在论在逻辑观上的分水岭。"实在论学说的一个共同特征是坚持二值原则——主张每一个命题都是确定地真的或假的。"② 因此，他对真值条件意义理论所信奉的这条逻辑原则提出了异议。他认为，由于我们无法判定自然语言中某些语句的真假，如反事实条件句等，同时，对于某些有意义的语句我们也一般不谈论它

---

① 参见〔英〕格雷林《哲学逻辑引论》，第 428～429 页。

② M. Dummett, *The Logical Basis of Metaphysics*, Cambridge：Harvard University Press, 1991, p. 9.

们的真假，如伦理语句等，因此，二值原则显然不适用于解释这一现象。

为了揭示二值原则或排中律的局限性，达米特采取了把数学直觉主义的观点推广到自然语言的策略。直觉主义学派的代表人物布劳维尔（L. E. J. Brouwer）对数学基础研究提出了三条基本原则：一是潜无穷观，即认为不存在实际的无穷总体（实无穷），无穷只是一种变化或生成着的东西（潜无穷）；二是排斥经典逻辑中的排中律，认为排中律只适用于有穷集，而不适用于无穷集；三是"存在就是被构造"。他认为，无穷只是一种无限增长的可能，是一个永无休止的创造过程。如，自然数列1，2，3……只能处于不断地被构造的延伸状态之中，而不能以一个完备的整体出现。经典逻辑是从有穷集合中抽象出来的，作为经典逻辑规律的排中律对有穷集有效，但对无穷集不适用。因为承认排中律实际上就等于承认对每个数学命题都能证明其为真或证明其为假，这就说明了不存在"不可解"（既不可证实也不可证伪）的数学命题。布劳维尔否认排中律在数学中的普遍有效性，也就是说，他认为存在某一时期不可解的数学命题。达米特将这种观点引入对自然语言的分析中来。在他看来，自然语言涉及的对象也是潜在无穷的，以其为真或为假来判定其存在的理由显然是行不通的，关键在于具体给出构造它们的方法（证实）。

所谓可构造性是指能具体给出某一对象或能给出某一对象的计算方法。当我们把能证实"一个 x 满足性质 F"的证明称为构造性时，我们只能从这个证明中具体地给出满足性质 F 的一个 x；或者能从此证明中得到一个机械的方法，使其经有限步骤即能确定一个满足性质 F 的 x。达米特将这种观点移植到对语句意义的解释。他区分出对语句 $A \lor B$ 的典范证明与非典范证明，前者是说，对 $A \lor B$ 的证明是由 A 的一个证明或 B 的一个证明组成的证明；后者是说，它能向我们提供找到典范证明的能行方法。按照这种思想，达米特给出了逻辑常项的直觉主义解释。显然，达米特的反实在论是以直觉主义逻辑观作为论证的逻辑基础的。①

在此基础上，达米特提出了反实在论性质的意义理论的思想。在他看来，"一种语言的意义理论的任务就是要给出那种语言如何工作的说明，即该语言的说话者如何用它来进行交流的说明……意义理论是一种理解理论，即意义理论必须说明，当某人知道一种语言时，当他知道该语言的表

---

① 参见任晓明、李旭燕《达米特的语义反实在论》，《科学技术与辩证法》2004 年第 5 期。

达式和语句的意义时，他所知道的是什么"①。由于语言是一种社会现象，语言交流是一种社会行为，语言交流者要在交流中了解对方的目的和动机，必须推测对方可能具有的语言知识，因此，一种恰当的意义理论必须有助于交流者理解和把握有关交流语言的知识，从而能使交流者知道和使用这种语言。也就是说，一种语言意义的说明必须是对这种语言理解的说明，即对意义知识的说明。

那么，一种意义理论如何表明一个说话者理解了一种语言呢？对此，达米特提出了意义理论的显示性原则。按照这一原则，意义理论必须说明，一种语言的说话者必须将他知道这种语言时所理解的语言知识公开地显示出来。因为，在交流中，你只有将所使用的语言知识显示给别人，别人才有可能理解你的话语意义，进而把握你的目的或意图，保证交流顺利进行。在他看来，如果真值条件意义理论要成为一种恰当的意义理论，就必须遵循显示性原则，即要求掌握这种意义理论的说话者显示所说语句的真值条件的知识。这种显示是对说话者特定能力的显示，即他对任意对象语句来说，若其为真则可知其真，若其为假则可知其假的能力的显示。那么，在这种理论中有这种显示的可能性吗？如果对象语句是能行可判定的，那么对它的真值条件的知识的显示至少原则上是可能的。但是，如果对象语句不是能行可判定的，问题就出来了，例如，语句"两百万年之前，在本杰明·富兰克林生日那天，有偶数数目的鸟栖宿在圣海伦山上"就不是能行可判定的，在此情况下，我们没有能力知道其真值，因而无法显示有关该语句的真值条件的知识。这也就从事实上表明了以二值原则为其基本逻辑原则的意义理论缺乏显示的普遍有效性，因此，它根本不是一种恰当的意义理论。②

和戴维森一样，达米特也认为，选择一个什么样的概念作为意义理论的核心概念，对于该理论的建立与恰当性至关重要。与戴维森不同的是，他反对选用"真"概念作为核心概念，主张用"证实"作为意义理论的核心概念。在他看来，对逻辑常项的直觉主义解释为一种不以真和假为核心概念的意义理论提供了一个原型。其基本思想是，对一个数学陈述的意义的把握，并不在于知道必然是什么情况时这个陈述才能为真，而在于有

① M. Dummett, *The Sea of Language*, p. 3.
② 参见任晓明、李旭燕《达米特的语义反实在论》，《科学技术与辩证法》2004 年第 5 期。

能力认识到，对任何一个数学构造来说，它是否构成了这个陈述的一种证明；断定这样一个陈述不应被解释成宣称它是真的，而应该被解释成宣称存在着它的证明或可以构造它的证明。对于任何数学表达式的理解，就在于这样一种知识，即它以什么方式帮助人们确定：什么可算作对任何含有这些表达式的陈述的证明。这样就保证，对一个数学陈述或表达式的意义的把握，会在对数学语言的用法中充分显示出来，因为它与那种实践直接联系在一起。这种数学语言的意义理论，丝毫也不要求每一个可理解的陈述都是可有效判定的。他认为，这种意义理论很容易推广到非数学领域。他主张用"证实"概念代替数学中的"证明"概念来作为意义理论的一般概念。"按照这种说明，对一个陈述的理解，就在于有能力认识到任何可算作证实了它的东西，即任何最终确立它为真的东西。"① 证实主义意义理论把关于一个陈述的意义的说明与说话者实际理解和使用语言的知识和能力联系在一起，体现了他所倡导的显示性原则。

鉴于人们易于混淆证实主义和逻辑实证主义，达米特对二者进行了区分。他认为，逻辑实证主义的基本思想是，一个语句的意义在于它的证实的方法。如果我们无法证实某个语句，则该语句就没有意义。但这里的证实是纯粹的经验证实，不存在任何推理成分，这就排除了对某种语言中语句之间关系的理解，把语句的意义看作一种孤立的经验性意义，这显然是不正确的。在他看来，蒯因在对经验主义两个教条的批判中提出的整体论的语义观便克服了逻辑实证主义的这一缺陷。不过他不赞成蒯因大范围意义上的整体论，而主张小范围内的整体论，即分子论的语义观。因此，从某种意义上说，证实主义意义理论的基本构想是在吸取逻辑实证主义和整体论语义观的思想养料的基础上提出来的。

通过对上述有关达米特的反实在论思想的简要说明，我们不难发现，达米特从语言实践出发，对实在论的真之概念和真值条件意义理论提出了批判，认为建立在超验的真之概念基础上的意义理论是行不通的；受直觉主义思想的启发，他提出关于自然语言的证实主义的基本构想，以遵循他提出的显示性意义理论原则。可见，实在论与反实在论之争集中体现为意义理论之争。这涉及一种恰当的意义理论的基本任务、主要原则、核心概念和逻辑观念等重大问题上的分歧。因此，要准确把握和深入研究当代西

---

① M. Dummett, *The Sea of Language*, p. 70.

方意义理论发展的主导潮流，必须高度关注这场仍在继续的重大论战。

那么，戴维森是不是我们通常所理解的那种典型的实在论者？达米特的反实在论与实在论相比是不是具有较强的说服力？这是我们评价他们二人论战时必须清醒认识的两大问题。前者将决定达米特的批判有没有针对性，或者说，是不是找准了抨击目标；后者将决定它们之间是谁较有优势赢得这场论战。下面，我们就围绕这两大问题展开分析。

首先，我们分析第一个问题。我们从第四章对戴维森的真理观的发展历程的考察中已得出了这样一条结论，即他始终反对传统意义上的真理符合论，即事实符合策略。但这并不意味着他一概反对符合论和实在论，他提出"无对照的符合，融贯导致符合"的思想，表明了他想用人们信念之间的一致性来弥补传统符合论的不足，将真、实在、信念、语句放在一起加以讨论。由此可见，戴维森眼中的真之概念绝非达米特所说的那种与人类思想和行为毫无联系的超验性概念。他始终认为，真是与人的思想、行为和语言联系在一起的，真只有从人的思想和活动中才能获取丰富的经验内容，也只有这样，真才能体现自身的价值，真理论才可能不断地丰富和发展。在其解释理论中，戴维森将真、信念、意义和行动等因素放在一起讨论，充分体现了这一思想。他坚守真的客观性标准，认为真是由客观公共的东西确定的，反对将真归属为某种主观的可断定性的东西。这或许就是他被称作实在论者的主要原因。但这种意义上的实在论并非达米特所抨击的那种实在论，即认为真之概念是与人类毫无联系的实在论。达米特本人也反对数学陈述的意义是私人的、不可交流的直觉主义观点，认为一个陈述的意义本质上是可公开交流的。这也说明达米特也承认意义和真的客观性或主体间性。从这种意义上讲，达米特是把戴维森的实在论错当成典型的实在论加以批判了，因此，上述批判的说服力肯定会大打折扣。

戴维森在《真之结构和内容》一文中将形形色色的真理论贴上了实在论与反实在论（认识论）的标签。在他看来，当代大多数真理论可归为两大阵营：一个是认识论阵营或人性化阵营；另一个是符合论阵营。前者认为，真是一个认识性概念，表明真对能够被有限的理性动物以某种方式所证实的东西的依赖。他把达米特、赖特（C. Wright）、皮尔士、普特南、（甚至有时）蒯因、古德曼都归于这一阵营。后者一般主张，真完全不依赖于我们的信念和态度，我们的信念可能就是如此，而现实以及关于现实的真可能是非常不同的。用普特南的话讲，真是"彻底地非认识的"，用达米特的话讲，真是"超验证据的"。戴维森明确表示，他不属于这两大阵营中的任何一方。他说：

> 我勾画出对真这一概念的一种态度，它对这两种关于真的观点全部予以拒绝……我发现认识论观点是站不住脚的，实在论的观点最终是令人不明白的。这两种观点都招致怀疑论……认识论的理论如同唯心论或现象论那样是怀疑论的。它们是怀疑论的，不是因为它们使现实成为不可知的，而是因为它们把现实化简为远远不及我们相信存在的现实。而实在论的理论，似乎不仅怀疑我们关于什么是"超验证据"的东西的知识，而且怀疑所有其他我们认为我们知道的东西，因为这样的理论否认是真的东西与我们所相信的东西之间有某种概念上的联系。①

那么，戴维森的理论到底属于什么性质的理论呢？我们通过讨论发现，上述两大阵营对立的实质在于不同的真理观，即是什么东西使语句或信念为真，是客观世界还是主观信念上的对立。在第四章，我们提到过，戴维森对经验论的第三个教条，即概念图式－经验内容的截然二分发起了抨击。从他的论证中我们至少可以得出两个结论：一是排除一切不可靠的认识论中介，使我们的思想和语言直接面向客观世界，尽可能地避免怀疑论的挑战；二是反对这一教条，也就排除了针对概念图式的相对化的真之概念和真理论，使真之概念和真理论在人们认识中的重要作用凸显出来，从而为戴维森绝对的真理论的提出埋下了伏笔。通过对戴维森提出的"无指称的实在"的观点的考察，我们得出了这样的结论，即语句的真不可能建立在指称实体的基础之上；而通过对他的事实符合观的考察，我们得知语句的真不可能独立地建立在语句所面对的事实的基础上。前者说明了指称实体不能独立于语言而存在；后者说明了个体事实不能独立于真而被分辨出来。因此，戴维森反对对照式的符合论，提倡一种融贯式的符合论，这种理论是以人们成功交际为突破口，引出宽容原则以确保信念集合总体上的正确性，并以一个信念与它所在信念集合中的其他信念的一致性来判定该信念的正确性。但他相信，如果真理融贯论是可接受的，那么它就必须与真理符合论相容，并且他声称为这一观点做出辩护的理由在于表明融贯性产生符合性。所以，我们可以把他的这种思想概括为"无对照的符

---

① D. Davidson, *Truth and Predication*, p. 34.

合，融贯导致符合"。这种思想既与传统的事实符合论不同，又与纯粹的融贯论（仅强调一个信念系统内部的协调性和系统内元素的彼此相关性）有区别。它是一种别样的符合论。用他自己的话说是一种谦逊的符合论。由于这些原因，罗蒂将戴维森的这种观点做出了实用主义的解释。他说：

> 戴维森说过，他的真理论"并不提供任何与语句比较的实体"，因此只是一种"谦逊意义上的""符合"论。他的《关于真理与知识的融贯论》一文以"无对照的符合"为口号，这一口号与他对他所谓"图式与内容的二元论"（一种像"心灵"或"语言"这样的东西可以与世界具有像"适合"或"组织"这样的关系的看法）的拒斥是一致的。这样的学说使人们想起了实用主义这个专门驳斥二元论、专门消解由这些二元论产生的传统问题的运动。戴维森工作与蒯因工作的亲缘关系，以及蒯因工作与杜威工作的亲缘关系，使我们把戴维森看作属于美国实用主义传统的观点变得很有吸引力。①

罗蒂对戴维森的观点做出实用主义的解释，主要是抓住他在解释的真理论中提出的真、意义和信念之间的不可分离的关系。在戴维森看来，在信念和世界之间不存在"被造成为真的关系"。因为"真"不是以某种还原论的方式来说明语句的，它不能把表示信念的语句还原成某种"造成"它的东西。在彻底的解释情形下，关于信念与实在的联系，除了从行为人与其环境的因果作用的经验研究所能了解的以外，我们一无所知。我们根本不可能进一步去发现某种与信念相符合的东西。罗蒂认为，这种观点正是实用主义者一天到晚在告诉怀疑论者的东西。按照戴维森的观点，语言意义中表达的信念与实在都不能成为独立于语言意义的东西，所谓二元对立根本就不成立，因此，实在论与反实在论之争也就无从谈起。正是在这种意义上，罗蒂认为戴维森既不是实在论者，也不是反实在论者，而是实用主义者。在他看来，在20世纪初，取代唯物论与唯心论之争的是实用主义者（他们想取消旧的形而上学问题）与反实用主义者（他们仍然认为有第一级的东西需要争论）之间的元哲学之争。这一争论超越了实在论与反实在论之争。

---

① E. Lepore, ed., *Truth and Interpretation: Perspectives on Philosophy of Donald Davidson*, p. 333.

笔者认为，罗蒂的上述分析大体上是正确的。戴维森的确不是也不可能是达米特理解的那种实在论者，虽然他和达米特都谈"符合"，但是二者谈论的范围不一样。戴维森通过批判图式－内容这一经验论教条，使概念相对主义得到了清理，提出了绝对的真理论，这种真指的是信念或语言集合整体与实在整体的符合关系，有别于达米特等人的相对真理论中指的单独信念或语句与个别实在之间的符合关系。戴维森的意义理论也是建立在整体论基础上的。在这种背景下，语词（名称和谓词）的语义特征是由它所在的语句的语义作用或位置中体现出来的，语句的语义特征是在它所在的语言背景中体现出来的。这与达米特的分子论主张的单独语句具有自主意义的观点是不同的。可见，如果达米特要批驳戴维森的实在论观点（假设他是实在论者），还得从根本上批驳他依据整体论和拒斥二元论教条而形成的绝对的真理观。我想，很可能是达米特误解了戴维森的意思导致他批错了地方。倒是戴维森绝对的真理论排除一切不可靠的认识中介的主张给达米特的证实主义意义理论敲了一下警钟，因为他与蒯因一样是认同感觉刺激等认识中介作用的。当然，戴维森也不会同意罗蒂将他完全与典型的实用主义者相提并论的做法，虽然他认为"真"与人类利益、兴趣有关，但它仍然是一种客观性的东西，而罗蒂却不那么认为。如果真要把他归类为罗蒂所说的那场元哲学之争，那么他也应该属于反实用主义阵营。

其次，我们讨论第二个问题，即实在论与反实在论在这场争论中谁的胜算更大？很清楚，这场争论有一个共同的基础，即都承认有某种东西使得我们的信念或语句为真。二者的分歧在于，这种使真的东西到底是什么？实在论主张是客观外在世界，反实在论主张是人类的断定和识别能力。正是从这种思想出发，实在论者认为"真"是超验的，而反实在论者认为"真"是受制于人类的认知能力的，因而是一种人化的东西。前者的真理论是对照性的，后者的真理论是断定性的。因此，前者主张一种以二值原则为逻辑基础的真值条件式的意义理论，后者主张一种以直觉主义为逻辑基础的断定性条件式的意义理论。

戴维森对这种典型的实在论与反实在论的思想提出了批判。他承认，他先前选择"实在论"和"符合"这些术语是有毛病的。这种选择使人们联想到他的立场就是与反实在论相对立的实在论立场。在他看来，如果关于真的实在论观点有任何内容，那么它一定是基于符合论的思想，即应用于语句或信念或表达（具有命题特征的实体）的那种符合。而这种符合是不能使人明白的。因此，他为他过去说塔尔斯基式的真理论是一种符合论而感到遗憾。当然，这并不是说，他把这种理论当作了一种传统上的符合论，而是出于当时一个不成熟的想法，即实在论的真之概念中蕴含着某种重要的思想：真和现实是独立于任何人相信或能够认识的东西的，因此将他的观点贴上了一种实在论的标签。戴维森认为，他的错误只是假定，实在论和反实在论的立场是唯一可能的立场。他称自己的立场是一种实在论，唯一合法的理由是拒绝了达米特式的反实在论立场。在他看来，拒绝现实或真直接依赖于我们的认识能力这种观点是有意义的，而拒绝或接受它们"独立于我们的信念"却是无意义的。因为这一口号是从符合论的观点得出来的，而符合论本身就是一个没有内容的观念。拒绝现实和真独立于我们的信念，并不是要拒绝这一话题，即相信某种东西一般并不使它成为真的。也就是说，这并不使我们要说在信念和真之间没有任何联系。如果我们能把表达的真与表达的运用联系起来，那么就一定有某种联系，关键在于，我们如何看待这种关系？

戴维森认为，普特南一度对达米特的批评是中肯的：如果真只依赖于被证明有道理的可断定性，那么就可能"失去"真。因为，一个语句可以对一个人此时是真的，而以后证实条件发生变化而变成假的。而达米特说，他同意不能失去真。但他没能清楚地说明，有保证的可断定性如何能够既是一种固定的性质，又是一种依赖于说话者得以认识到满足一定条件的实际能力。实际能力有大有小，在不同的人那里能力也不同，但真不是这样。因此，将真等同于这种能力显然是缺乏说服力的。这样的结果必然会使达米特原本想保留"真"的愿望化为泡影。戴维森进而指出，如果达米特的观点是正确的，那么就会有两种强烈的直觉不得不牺牲。一种直觉是真与意义的联系。按照达米特的观点，我们可以理解一个像"这块地方将绝不会建立一座城市"这样的语句，但完全不必知道，对于这个语句来说，是真的将会是什么。因为在他看来，对这个超时空的语句而言，我们现在无法判定其真假。另一种直觉是真与信念的联系。根据达米特的观点，我们能够理解并相信在这块地方将绝不建立一座城市，但是我们的信念将没有真值。也就是说，拥有一个以给定的语句表达的信念似乎并不必然要求我们相信这个语句是真的。这对强调真与意义、信念之间的密切联系的戴维森来说，是断然不可接受的。批判了实在论和反实在论，戴维森得出了这样的否定性结论：

　　我发现［超验实在论］是不可理解的，同时我发现达米特的观点不过是假的。但是我看不出有任何理由以为，以关于真的彻底的非认识性特征或彻底的认识性特征所说明的实在论与反实在论是唯一使一个真理论或意义理论具有实际意义的方法。……我们不应该说真是符合、融贯、有保证的可断定性，理想地被证明有道理的可断定性，正常人谈话中所接受的东西，科学将最终坚持的东西，说明了在科学中单个理论上所融合的东西，或我们普通信念的成功。实在论与反实在论依赖于以上这样那样的真之观点，在这种程度上，我们应该拒绝赞同它们中的任何一种观点。①

　　笔者认为，戴维森拒绝达米特意义上的实在论和反实在论，并不是拒绝谈论真，而是试图找到一种看待这一问题的新方法。这种方法就是，通过批判概念图式－经验内容这一概念相对主义引以为据的经验论教条，得出一种超越相对性证据的绝对的真理论，通过经验证据确定命题的不充分性原则，排除存在独立地造成真的东西或与真相对照的东西，通过整体论原则，将真置于说话者、解释者和共同世界这一解释三元组的整体语境中，使真既具有客观性，又充分体现它与理性动物的态度、信念及其主体间相互理解和交流的密切联系。这种思想既拒斥了怀疑论的诘难，又克服了实在论与反实在论的困境，因此，具有明显的理论优势和说服力。罗蒂称这一思想是当代分析哲学发展的最高成就，必将对未来的哲学发展起到巨大的影响作用。②

四　展示了意义理论研究的一种新风格——逻辑实用主义

　　戴维森意义理论的研究手法呈现出一种新的风格——逻辑实用主义。一方面，它利用形式逻辑和逻辑实证主义的研究手段；另一方面，又提出含有实用主义意味的哲学话题，也就是说，它是将逻辑实证主义所遗留下来的问题和方法与重要的实用主义主题结合起来的一种风格。应该说，这种哲学研究风格是蒯因对经验主义两个教条批判的直接结果。蒯因对被逻辑实证主义视为其理论基石的分析陈述－经验陈述的截然二分这一教条，从定义、相互可替代性、语义规则等方面进行了分析，认为所有这些论证

---

① D. Davidson, *Truth and Predication*, pp. 47 – 48.
② 参见〔美〕R. 罗蒂《后哲学文化》，黄勇编译，上海译文出版社，2004，第 6~8 页。

这一教条的尝试都是不成功的，一直被视为理所当然的分析陈述和经验陈述的界限实际上一直没有被划分出来。一切陈述（包括分析陈述）都具有经验内容，没有经验内容的纯粹的分析陈述是不存在的。同时对另一个经验主义的教条——还原论，蒯因则用他的整体论以及经验决定理论的不充分性学说进行了批判，认为还原论试图把整个科学分解成一个个孤立的陈述，又把陈述还原为关于直接经验的报道来考察其经验意义的做法是行不通的。整体论告诉我们，我们关于外界的陈述不是个别的，而仅仅是作为一个整体来面对感觉经验的法庭的。经验决定理论的不充分性表明，单个确定的理论陈述难以实现个体经验化。因此，还原论是根本错误的。这样，对还原论这一由分析陈述－经验陈述截然二分引以为据的教条的批判也就直接动摇了后者的基础，从而使经验论的非经验的形而上学信条得到了清理。蒯因对这两个教条的批判的一个直接后果是导致逻辑实证主义自20世纪60年代后期的逐渐衰落，走向了与美国的实用主义传统相结合的道路——逻辑实用主义，蒯因就是这一学派的杰出代表人物。从蒯因的理论学说来看，他一方面坚持从逻辑和语言的角度来分析问题的风格，另一方面其理论观点又呈现出明显的实用主义色彩。例如，他主张，我们在评价与选择理论框架时，不应考虑它是否与实在相一致，而应以是否方便和有用为标准；他的本体论观点具有明确的约定论和工具主义色彩；他甚至一度把科学的概念系统也视为根据过去经验来预测未来经验的工具或设定物。[①]

　　作为蒯因的高徒，戴维森在哲学理论风格上与蒯因基本相同。和蒯因一样，戴维森在其哲学分析方法上追随逻辑实证主义风格，始终把形式逻辑方法作为他分析哲学问题的视角，经常用一些逻辑术语来阐述哲学上的难题。但在这一点上，他与蒯因又有所不同。蒯因追随弗雷格、罗素、塔尔斯基和逻辑实证主义者，是一个理想语言学派的支持者，也就是说，他主张至少为了哲学和科学研究的需要，对具有逻辑方面缺陷（如模糊性、含混性、指称失效、范畴混淆等问题）的自然语言用一种被解释为逻辑演算的理想语言来替代。而戴维森则相反，他一直是一种自然语言意义理论的最杰出的提倡者和捍卫者。虽然真值条件意义理论的理论根源来自弗雷格、罗素、维特根斯坦和卡尔纳普等人，但与这些人不同的是，戴维森的兴趣在于描述自然语言而不是改造自然语言。因此，客观地说，他不是一

---

① 参见陈波《奎因哲学研究——从逻辑和语言的观点看》，第321～352页。

个理想语言哲学家，也不是一个日常语言哲学家，而是一个利用人工语言分析自然语言意义问题的哲学家。与蒯因一个明显的区别是，他试图揭示自然语言中暗含的形而上学问题，而不是把形而上学附属于规范的形式语言。形式逻辑之所以重要，在他看来，是因为它能够帮助我们揭示自然语言的深层结构，成为我们探究自然语言结构的便利手段。关于意义问题的内容问题，他的观点不仅与逻辑实证主义完全不同，而且也与经验主义不同。他的形式语义学不是建立在证实主义之上，也不依赖于感觉证据。正如前面论及的，戴维森主张整体论意义观，赞同蒯因的经验决定理论的不充分性论题，反对对个别语句和信念的证实。他还反对蒯因感觉证据的观点。原因有二，一是感觉证据不可靠；二是感官刺激只是原因而不是证据，主张一种远端理论——证据来源于客观对象和世界。

蒯因曾自称实用主义者，除了其理论成分的确含有实用主义色彩外，还有一个重要的原因，那就是他的理论与美国本土的实用主义哲学传统有着不可分割的渊源关系。在美国实用主义哲学的代表人物中，要数杜威对他的影响最大。杜威的自然主义语言观、行为主义的意义论、工具主义、整体主义和可错主义等思想直接影响蒯因思想体系的形成。① 戴维森的意义理论特别是其中彻底的解释理论就是在蒯因的彻底的翻译理论基础上形成的，其中体现的整体论原则、宽容原则、赞同态度、解释的不确定性、公共可交流性以及人之合理性思想在精神实质上与蒯因思想理论如出一辙。戴维森也多次提到蒯因的相关思想对他的影响。可见，他们二人之间的思想有着明显的师承关系。前面提到，罗蒂曾把这一点作为他将戴维森归属于美国实用主义哲学家阵营的原因之一。的确，美国的实用主义对蒯因和戴维森的影响很大。和实用主义者一样，他们二人的哲学都是围绕着人类及其行为和语言展开的。在戴维森的意义理论中，人类及其行为的中心地位是显而易见的，其意义理论就是围绕着我们理解他人的话语意味着什么这一问题展开的。这就势必涉及语言、说话者的行为和态度等因素。要彻底回答这个问题就需要一个联结语言哲学、心灵哲学和行动哲学的关于意义和思想的统一理论。通过一个人的言语表达来理解他的所做、所相信的和所想望的以及所意谓的东西是戴维森意义理论所要回答的经验性解释问题。他援用宽容原则和理性原则，仿照决策论提出三元组解释模式，都体现出一

① 参见陈波《奎因哲学研究——从逻辑和语言的观点看》，第382～387页。

定的实用主义成分。因为宽容原则和理性原则是彻底的解释活动必不可少的条件，在决策行为中，当事人被预设为理性人，有合理性的价值爱好或取向，具有一般人认同的偏好态度等。同时，指称、满足等概念在意义理论中的出现仅仅是因为对构造一种解释性的真理论有用，是一种理论构造物，我们无须对它们是否存在做独立的论证。戴维森的真理论通过逻辑分析手段排斥概念图式－经验内容截然二分这一经验论教条，排斥指称实体的独立地位，提出"无对照的符合，融贯导致符合"的真理验证标准，认为真不可定义，是构造意义理论的原初概念，它的实质内容存在于人们的思想、行为和社会生活中。诸如此类的观点在一定程度上反映了实用主义的主张。

当然，戴维森并不属于美国的那种典型的实用主义者，他也曾一度反对别人称他为实用主义者，他与实用主义者之间还是存在着明显的分歧的。首先，很明显，他的哲学一般不谈论伦理道德和政治问题；其次，他并没有利用现存的实用主义思想，他是通过逻辑和语言分析的手段得出一些类似实用主义的观点。在他的著作中大多含有逻辑学、语言学术语和技术的使用，因此给人的印象是，他主要还是一个分析哲学家，并不像罗蒂所说的是一个典型的实用主义者。他的语言哲学是弗雷格、罗素、早期维特根斯坦和逻辑实证主义发展而来的形式方法和语言是人类行为的一种形式的这一实用主义观点联系起来的产物。

戴维森意义理论和真理论彻底展示了逻辑实用主义的研究风格，这种研究风格既发挥了逻辑语言分析的严谨、清晰、富有说服力等优势，又得出了贴近人类语言活动和生活实际且更具有解释力的重要结论，因此，具有强大的生命力和远大的发展空间。正如罗蒂公正地指出的，从20世纪的哲学史来看，逻辑实证主义发展缓慢，往往进一步退两步。戴维森通过推翻逻辑实证主义视为理所当然的概念图式－经验内容二元论，保留了逻辑而放弃了经验主义，或者说，保留了对语言的关注而放弃了认识论。故此，他使我们能利用弗雷格式的研究方法来确证杜威式的整体论和实用主义学说。① 笔者认为，戴维森意义理论之所以被视为当代语义学领域的重要发展成果，具有广泛而深刻的国际影响力，与他的研究风格是分不开的。这也预示着逻辑实用主义的研究风格必将发扬光大，在21世

---

① 参见 E. Lepore, ed., *Truth and Interpretation: Perspectives on the Philosophy of Donald Davidson*, p. 355。

纪继续扮演重要的角色。

五　成为连通分析哲学和大陆哲学的一个重要节点——相关思想的融通性

值得注意的是，戴维森意义理论不仅在英美分析哲学界引起了强烈反响，而且在大陆哲学界也引起了不少回应，成为连通分析哲学和大陆哲学的一个重要节点。究其原因，主要在于戴维森意义理论的一些思想和研究方法与海德格尔、伽达默尔、哈贝马斯、利科等著名大陆哲学家的思想和研究方法有着相似或相通之处。

学界认为，在语言—心灵—世界这一三角哲学问题域中，后分析哲学家日益关注心灵现象在分析语言、知识和实在及其相互关系时所起的重要作用，这主要体现在对心理表征、心理内容和心理语言等问题的探讨，催生了突出意向性研究的心灵哲学。无疑，戴维森在这场运动中做出了重要贡献，其"变异一元论""心灵因果论"等思想成为哲学界研究和讨论的重要话题。不难发现，戴维森意义理论已突破传统逻辑分析方法的局限，令语言分析、心理分析和行动分析彼此交融，在泛整体论原则的统摄下，探讨说话者言语行为及其表达的意义的解释理论。心灵因素的分析在戴维森意义理论中体现为对意向性态度的表征和解释，具体而言，这一理论将这种态度表征为言语行为者对某一语境及其语句的持真态度、相信态度、希望态度等信念状态，而将这种态度的发生解释为行为人对语句意义的把握和为人诚信二者作用的结果。戴维森将言语表达视为一种行为人基于对意义的认识和主观态度的合理行动，并对行动语句进行适应约定 T 模式的语义改造工作。这种思想和研究方法与海德格尔、伽达默尔、利科、哈贝马斯等人的相关思想和研究风格不谋而合。

作为现象学的重要代表和存在主义哲学的创始人，海德格尔在毕生研究存在问题的过程中，也涉及对真理和语言的探讨。在他看来，语言是存在之所，研究存在不能脱离语言。为此，他撰写了《语言的本质》和《在通向语言的途中》两部著作，集中说明了语言的基本性质和形而上学功能，他强调语言的意义和功能要在听、说、思等行为中才能得以显示和理解。这与戴维森的整体论语言观相类似。特别是他对真理问题的看法与戴维森有不少相似之处：一是坚决反对传统意义上的符合论；二是真理是客观的，有待人们去揭示；三是真理是不可定义的。

　　作为哲学诠释学的创始人和主要代表之一，伽达默尔诠释学思想与戴维森意义理论有相通之处。主要体现在：一是非常重视语言在诠释学中的地位和作用。他在《真理与方法》一书中第三部分专题探讨"由语言引导的诠释学的本体论转向"，将诠释学的普遍化与语言的特殊地位和作用联系在一起，强调把语言理解为诠释学本体论的视域，试图通过对语言概念的历史分析，揭示语言与概念构成之间的逻辑关联。他十分重视维特根斯坦的观点，承认自己的一些观点与之有相近之处。他否认存在私人语言，语言的意义只有在言说活动中才能形成和得到理解，理解过程就是一个语言解释过程，这与戴维森的观点有相通之处。二是对真理的看法。他坚决反对传统的符合论，认为将真理观和认识论观点联结起来加以等同的做法是错误的。这与戴维森的真理观极其类似。

　　如果说海德格尔和伽达默尔的思想和方法与戴维森意义理论相关思想和方法只是存在原则上或整体上的相似之处，那么利科和哈贝马斯则将这种相似之处体现得更加全面和深入。法国著名哲学家利科高举语言解释的辩证法大旗，其语言解释学思想体现了与戴维森意义理论明显的相通性。首先，他反对索绪尔语言结构主义符号学回避语言形而上学问题的做法，着重研究语义学，这与戴维森语言功能观即语言因反映实在而具有意义的意义本体论思想相似。其次，他认为，话语有意义的基本单位是语句而不是语词，语义学是关于语句的科学，这是整个语言问题的关键。同时，话语是一种带有时间等语境因素的语言事件，意义即命题内容是识别和表述两者作用的综合。① 这与戴维森整体论语言观精神相同。最后，强调意向和公共可交流性在确定意义中的作用，认为意义同时是意向性活动和语句本身的意义。意义离不开言说者和听说者的心理意向，这种意向得以理解的中介是意义，因此，意义不是私人经验，而是公共的、主体间性的。这一思想与戴维森彻底的解释理论中的相关思想相通。

　　作为当今享有盛誉的国际著名哲学家的哈贝马斯，其"交往行为理论"与戴维森彻底的解释理论有着惊人的相通之处。他认为，交往行为是主体间通过语言符号的一种互动行为，行为人基于其生活世界而同时反思"客观世界"、"主观世界"和"社会世界"，并相应地提出"真实性""真诚性""正当性"三个交往合理性标准。不难发现，"交往合理性"这

---

　　①　参见 P. Ricoeur, *Interpretation Theory*, Texas University Press, 1976, pp. 8, 11。

一概念是一个语言性的、主体间性的、程序性的、开放可批判性的理性概念。这些思想与戴维森解释理论中的主体间可交流性、宽容原则、可错性以及解释活动的程序性等思想极其类似。

正是由于戴维森的语言观与大陆一些著名哲学家的相关思想具有类似或融通之处，戴维森意义理论日益成为大陆哲学家关注的焦点，主要表现在三个方面。一是大陆哲学界研究戴维森意义理论的人不断增多，出版的著作和发表的论文不断涌现。这些研究成果包括对戴维森意义理论相关思想的阐释、捍卫或质疑，以及相关的比较研究。二是召开有关戴维森哲学思想的研讨会。据不完全统计，在德国、法国、荷兰、意大利、西班牙等国都召开过学术讨论会，并出版相关研究文集。三是戴维森的著作不断地被翻译成大陆国家语言版本，作为它们研究分析哲学思想的主要读本。这些足以表明戴维森意义理论显示出强大的国际影响力，成为连通分析哲学和大陆哲学的一个重要节点。

第四节　戴维森意义理论的主要缺失

戴维森意义理论并非完美无缺，从它一问世就开始受到人们的质疑、挑战甚至反对。面对种种异议，戴维森不断修改和调整自己的思想，使其理论从一个形式表征纲领拓展成为一个真之语义解释理论。那么，戴维森纲领面临哪些异议呢？经调整后的理论是否完全解答了那些异议呢？如果没有，那么还存在哪些缺失呢？这些缺失又会在何种程度上影响戴维森外延主义意义理论呢？这些问题都是我们深入研究戴维森意义理论必须思考和探讨的。为此，本节将结合国内外的相关研究成果，提出笔者的一些看法。

一　约定 T 表征模式对自然语言的非普遍适用性

如前所述，约定 T 是戴维森意义理论基本的形式表征模式和经验验证模式，通过约定 T，将语句为真的条件与语句意义加以联结，从而给出外延主义理论方案，然而，戴维森对其必要性和有效性的分析是建立在对陈述句的分析的基础上的。对于陈述句，我们可以判断其真假，可以凭借其为真为假的实际条件刻画或推知其意义。而对于非陈述句而言，它们无真假可言，因此，约定 T 方案对它们不奏效。比如说，疑问句和祈使句。戴维森对此给出了一种较弱的回答。在他看来，尽管我们通常不称问题或命令为真或为假，但它们确实有两种相反的类似于真假的语义值：问题的答案有"是"或"不是"，命令的结果有"遵守"或"不遵守"。虽然其作用没有描述某种事态，但出于语义的目的，我们不妨把这些语义值视为真值。例如，一个命令，如果它确实被遵守了，那么就是"真的"；如果它没被遵守，那么就是"假的"。但是这种解释显然不能令人满意。我们知道，并非所有非陈述句都有两种这样相反的语义值。如"wh－"问题"谁拿了我的手机？"不可简单地用"是"或"不是"加以回答，其正确答案的可能性非常广泛。

进一步说，某些合乎语法的事实陈述句的真假因无法得到证实而缺乏成真条件，对于这类句子达米特称为不可判定性语句，我们显然不能用基于二值逻辑的为真条件来刻画其意义，达米特主张代之以"可断定性条件"。而对于一些道德语句而言，在语法上类似于陈述句，但它们并未陈述事实，只是表明人们的某种态度或情感，如"谋杀是不对的""这凶手太残忍了"，它们缺乏真值。如果由这样一个语句构成相应的 T－语句是反常的。[①]

对于戴维森就非陈述句所做的适应约定 T 的语句形式改造工作，不少人也表示了否定态度。例如，出于显示行动语句之间的推理关系，戴维森对这类语句进行了以事件而不是以行为人为中心的逻辑形式改造，使得有人怀疑，这样形成的 T－语句的可检验性标准何以实现。[②] 又如，戴维森在对间接引语进行形式分析时，使用"……与……同义"这一内涵算子连接"that"及其引导从句，如果以此构成 T－语句，显然违反了戴维森论证无循环性的要求。

总之，戴维森的计划构想与其理论构造是不相称的，倘若如此，该理论的实用价值就会大打折扣。如何回应这种挑战，对于戴维森纲领的捍卫者和后继者来说，必定是一项艰巨的任务。

二　彻底的解释理论中真理概念的非一致性和宽容原则作用的不充足性

戴维森彻底的解释理论被学界视为其意义理论中最富有创造性的部

---

① 参见 W. G. Lycan, *Philosophy of Language: A Contemporary Introduction*, London and New York: Routledge, 2000, p. 140。

② 参见 W. G. Lycan, *Philosophy of Language: A Contemporary Introduction*, p. 141。

分，其目的在于为一种施加适当的形式限制和经验限制的约定 T 式真理论充当一种语义解释理论。在笔者看来，这一理论有两大问题，即真理概念的非一致性和宽容原则作用的不充足性。

先谈第一个问题。约定 T 内含的"真"是逻辑形式的真，以此表明戴维森纲领外延主义性质，戴维森对约定 T 所做的形式限制没有改变这种性质。戴维森将"真"和人们的信念态度加以结合而形成"持真态度"，这里的"真"显然是认知上的"真"，属于内涵语境下的"真"，虽然他认为这是一种不必详细知道具体语义信息就能表达出来的态度，但是他在说明"持真态度"形成的原因时却说它是语言意义和行为人的真诚信念结合的产物。也就是说，这种态度是一种内涵态度，其暗含的"真"是一个内涵概念，而非逻辑真。同时，戴维森倡导的宽容原则，即一般而言，行为人的言行在正常情况下大多数是真的，这是解释者推定意义上的"真"。其解释思路是，根据推定意义上的"真"和"持真态度"中的"真"来说明约定 T 中的"真"，最终说明"意义"。由于存在上述三种不同含义上的"真"，所以其解释工作的合法性和可行性受到怀疑。

再谈第二个问题。戴维森仿造决策论构造了语言意义解释程序（暂且不谈这种做法是否可行），宽容原则在其中发挥了至关重要的作用。然而，仔细研究便会发现，该原则所能发挥的作用不足以达到戴维森所期望的那种结果。因为戴维森意义上的宽容原则仅仅保证行为人对所处环境的一种真诚态度，并不能保证对所处环境下有待解释的具体语句的真诚态度，关于这一点，连他的学生路德维希都明确地指出过，并主张用一种更强的原则，即约定 A 来保证这种解释程序的有效性。①

三　对"概念图式－经验内容"二元论批判的不恰当性

正如第四章所述，戴维森绝对的真理论是其意义理论的前理论基础，它表明了真理论是表征意义理论的唯一合法形式（即他所说的普遍形式）。这一思想是建立在他对"概念图式－经验内容"这一他称为经验论第三个教条的批判的基础上的。然而，有不少学者对他的这一批判性思想提出了质疑和反对。主要集中在三个方面：一是将概念图式等同于语言图式；二

---

① 参见 E. Lepore and K. Ludwig, *Donald Davidson: Meaning, Truth, Language, and Reality*, pp. 192 - 196。

是将可解释性等同于可翻译性；三是对经验内容的界定不清，致使他对经验论的第三个教条的批判的针对性受到质疑。这就使他绝对的真理论思想得以成立的基础发生动摇，从而引起人们对该理论的合法性产生怀疑。

不少学者认为，戴维森将概念图式等同于语言图式的做法过于简单或草率。一般认为，概念图式与信念、断定或者分类原则系统直接相连，而与表达它的语言系统间接相连。尽管两种语言中的表达式不能互相标定（calibrated），但这与它们之间没有共同的概念图式并无必然联系；如果两种语言中的表达式能互相标定，也不能简单地认为它们之间就共享一个具体的概念图式。概念图式与时空、文化传统和学科分类等有关，即使是同一语言表达某些具体的内容，我们也不能简单地说它们体现了相同的或不同的概念图式。当语言体现或表达一种概念图式时，相应的表达式会以特定的方式分类，一种语言（俚语或方言）可以出于各种不同的目的以各种不同的方式分类，尽管其中有些方式完全涉及概念图式的构建，但这种概念图式并不是语言本身的一种特征。戴维森没有对此做出明确的说明。[①]不同语言系统或同一语言系统的不同时期的版本，对某个字面上相同的术语或语句赋予的含义和所指可能完全不同。

同时，戴维森将概念图式的不可通约性等同于语言的不可译性，并坚决否认存在相互不可翻译的语言，这不仅与客观事实不合，而且存在着解释漏洞。对于远古时代的语言和某些偏僻地区的土著语言，我们难以提供一部简易可行的翻译手册，但这并不妨碍我们对这些语言的理解或解释。戴维森将可翻译等同于可理解，这显然是不对的。一方面，他认为不存在不可翻译的语言；另一方面，在论证过程中使用不存在不可解释的语言作为论据，使得其论证出现不一致的问题。同时，翻译包括直接翻译和重构翻译（reconstructive translation），前者主要用于与我们语言相近或我们比较熟悉的语言的翻译，后者主要用于与我们语言区别较大或我们不太了解的语言的翻译。直接翻译的失败反映了重大的理论和概念差异，但不妨碍重构翻译。语言身份的标准蕴含或牵涉的是重构翻译而不是直接翻译。因此，与概念图式个体化联系在一起的翻译的困难不会引起关于不可翻译的语言的自相矛盾的假定。重构翻译显示出信念和概念方面的广泛而深入的

---

① 参见 B. Aune，"Conceptual Relativism," in J. Tomberlin, ed., *Philosophical Perspectives*，1：269－288，1987。

变化，这在很大程度上证实了概念图式的存在。①

此外，戴维森关于"经验内容"的界定出现前后不一致的地方，使得他对经验论的第三个教条的批判的针对性受到质疑。玛丽亚·巴格拉米安（Maria Baghramian）概括了戴维森对"经验内容"给出的四种解释。一是位于所有图式之外的中立的、普通的而无法命名的某种东西，如康德的"自在之物"，或者詹姆斯所说的完全无声无息而容易消逝的东西，我们对它可以一瞥但从未抓住。二是未加组织的或有待重组的世界、实在、自然界或宇宙，它为我们所发现但不为我们所创造。三是感觉材料、表面刺激、感官刺激、"所感之物"，用 17 世纪和 18 世纪的话来说，就是"观念"，用现在的话来说就是"所予"。四是广义的看法，即经验。这四种表达相互之间并不等价，因此在论证过程中难免会使戴维森观点前后不一致。② 实际上，戴维森反对蒯因主张的概念图式-经验内容这一教条，只有援用上述第三种含义的"经验内容"，才具有针对性。如果采用第二种"经验内容"，恐怕戴维森也得承认其合法性，否则其"语义三角测量"的学说所预设的"共同外部世界"就难以解释了。

总之，戴维森意义理论的形式表征的普适性、经验验证方案的可行性和前理论基础的合法性引起了人们的质疑，这表明，真正意义上的外延主义方案还没有最终成功实现，戴维森为此所做的工作还有待进一步完善。

---

① 参见 David K. Henderson，"Conceptual Schemes after Davidson," in G. Preyer et al.，eds，*Language，Mind and Epistemology：On Donald Davidson's Philosophy*，Springer，1994，pp. 171 - 197。

② 参见 Maria Baghramian，"Why Conceptual Schemes？" in *Proceedings of the Aristotelian Society*，1998，pp. 287 - 306。

参考文献

〔美〕A. C. 格雷林：《哲学逻辑引论》，牟博译，中国社会科学出版社，1990。

〔英〕A. J. 艾耶尔：《语言、真理与逻辑》，尹大贻译，上海译文出版社，1981。

〔美〕A. P. 马蒂尼奇编《语言哲学》，牟博等译，商务印书馆，1998。

〔英〕B. 罗素：《逻辑与知识》，苑莉均译，商务印书馆，1996。

〔美〕D. 戴维森：《对真理与解释的探究》，牟博、江怡译，中国人民大学出版社，2007。

〔美〕D. 戴维森：《真理、意义、行动与事件——戴维森哲学文选》，牟博编译，商务印书馆，1993。

〔美〕D. 戴维森：《真理、意义与方法——戴维森哲学文选》，牟博编译，商务印书馆。

〔美〕D. 戴维森：《真与谓述》，王路译，上海译文出版社，2007。

〔美〕D. 戴维森：《真之结构和内容（续)》，《哲学译丛》1996 年第 Z3 期。

〔美〕D. 戴维森：《真之结构和内容》，《哲学译丛》1996 年第 Z2 期。

〔法〕F. 帕陶特：《实在论，可判定性和过去》，张清宇译，华夏出版社，2001。

〔德〕G. 弗雷格：《弗雷格哲学论著选辑》，王路译，商务印书馆，2001。

〔美〕H. 菲尔德：《塔尔斯基的真之理论（续)》，李学军译，《哲学译丛》1998 年第 2 期。

〔美〕H. 菲尔德：《塔尔斯基的真之理论》，李学军译，《哲学译丛》1998 年第 1 期。

〔美〕J. 巴斯摩尔：《哲学百年·新近哲学家》，洪汉鼎等译，商务印书馆，1996。

〔美〕K. 路德维希、U. M. 齐林:《戴维森在哲学上的主要贡献》,江怡编译,《世界哲学》2003 年第 6 期。

〔英〕M. 达米特:《什么是意义理论?(Ⅱ)》,鲁旭东译,《哲学译丛》1998 年第 2 期。

〔英〕M. 达米特:《什么是意义理论?(Ⅱ·续)》,鲁旭东译,《哲学译丛》1998 年第 3 期。

〔英〕M. 达米特:《形而上学的逻辑基础》,任晓明、李国山译,中国人民大学出版社,2005。

〔英〕M. 达米特:《真理概念的起源》,陈健译,《哲学译丛》1994 年第 4 期。

〔英〕P. M. S. 哈克:《分析哲学:内容、历史与走向》,江怡译,《哲学译丛》1996 年第 3 期。

〔美〕R. 罗蒂:《后哲学文化》,黄勇编译,上海译文出版社,2004。

〔美〕S. 哈克:《逻辑哲学》,罗毅译,商务印书馆,2003。

〔美〕W. V. O. 蒯因:《从逻辑的观点看》,江天骥等译,上海译文出版社,1987。

〔美〕W. V. O. 蒯因:《语词和对象》,陈启伟等译,中国人民大学出版社,2005。

〔美〕W. V. O. 蒯因:《真之追求》,王路译,三联书店,1999。

〔德〕W. 施太格缪勒:《当代哲学主流》,王炳文等译,商务印书馆,上卷,1986;下卷,1992。

〔法〕保罗·利科:《活的隐喻》,汪堂家译,上海译文出版社,2004。

陈波:《超越弗雷格的"第三域"神话》,《哲学研究》2012 年第 2 期。

陈波:《蒯因哲学为什么是重要的——在〈蒯因著作集〉出版座谈会上的发言》,《哲学研究》2007 年第 5 期。

陈波:《奎因哲学研究——从逻辑和语言的观点看》,三联书店,1998。

陈波:《逻辑哲学》,北京大学出版社,2005。

陈波:《逻辑哲学导论》,中国人民大学出版社,2000。

陈波、韩林合主编《逻辑与语言——分析哲学经典文选》,东方出版社,2005。

〔日〕丹治信春:《蒯因——整体论哲学》,张明国、湛贵成译,河北教育出版社，2001。

方红庆：《戴维森的外在主义》，《科学技术哲学研究》2011 年第
3 期。

方万权：《戴维森的哲学思想——敬悼一位哲学大师》，《世界哲学》
2003 年第 6 期。

高新民、殷筱：《戴维森的解释主义及其心灵哲学意蕴》，《哲学研
究》2005 年第 6 期。

郭贵春、王航赞：《达米特的隐含知识论》，《自然辩证法研究》2004
年第 1 期。

郭贵春、王航赞：《达米特的语境真理论》，《学术论坛》2003 年第
1 期。

郭继海：《戴维森的真理观》，《武汉大学学报》（人文科学版）2001
年第 4 期。

郭继海：《塔尔斯基是一个符合论者吗?》，《科学技术与辩证法》
2001 年第 6 期。

韩林合：《分析的形而上学》，商务印书馆，2002。

〔德〕汉斯·列奥尔格·伽达默尔：《真理与方法（修订版）》，洪汉
鼎译，商务印书馆，2007。

何向东、吕进：《论实用主义的"真理论"》，《哲学研究》2007 年第
2 期。

何向东、王磊：《蒯因论逻辑真理的哲学性质》，《哲学研究》2008 年
第 3 期。

洪谦：《逻辑经验主义》，商务印书馆，2002。

胡瑞娜、郭贵春：《20 世纪反实在论的语形学的内涵界定》，《自然辩
证法通讯》2003 年第 6 期。

胡瑞娜、郭贵春：《20 世纪反实在论的"语形学的转向"及其本质特
征》，《自然辩证法研究》2003 年第 6 期。

胡泽洪：《现代逻辑视野中的真理问题》，《自然辩证法通讯》1999 年
第 3 期。

胡泽洪：《"真"之逻辑哲学省察》，《哲学研究》2007 年第 5 期。

胡泽洪、彭媚娟：《兰姆塞真之冗余论探析》，《华南师范大学学报》
（社会科学版）2009 年第 1 期。

黄华新：《论意义的"生命"历程》，《哲学研究》2004 年第 1 期。

黄华新：《塔斯基与弗雷格的求真方法之比较》，《浙江大学学报》（人文社会科学版）2001 年第 2 期。

黄华新、李海波：《论辩：一种基于有限理性的多主体认知博弈》，《自然辩证法通讯》2008 年第 4 期。

江怡：《20 世纪英美实在论哲学的主要特征及其历史地位》，《文史哲》2004 年第 3 期。

江怡：《现代英美哲学中的形而上学：实在论与反实在论的背景》，《江苏行政学院学报》2001 年第 3 期。

江怡：《一场世纪之争：简论 20 世纪英美哲学中的实在论与反实在论》，《湘潭师范学院学报》2000 年第 1 期。

江怡：《一种无根的实在论：评戴维森的绝对真理理论》，《哲学研究》1995 年第 7 期。

江怡：《遭遇理性，遭遇戴维森》，《世界哲学》2004 年第 6 期。

江怡主编《走向新世纪的西方哲学》，中国社会科学出版社，1998。

李大强：《作为反馈机制的真之概念——兼论戴维森的真理论》，《自然辩证法通讯》2005 年第 5 期。

梁义民：《"彻底的解释"可能吗?》，《浙江社会科学》2013 年第 11 期。

梁义民：《存在问题的逻辑哲学探赜》，《浙江社会科学》2006 年第 1 期。

梁义民：《戴维森是典型的实在论者吗?》，《浙江社会科学》2009 年第 6 期。

梁义民：《戴维森意义理论的主要思想导源》，《浙江社会科学》2012 年第 7 期。

梁义民：《戴维森意义理论对当代哲学的主要贡献和影响》，《湛江师范学院学报》2014 年第 1 期。

梁义民：《戴维森真理论的心路历程》，《自然辩证法研究》2009 年第 6 期。

梁义民：《论戴维森意义理论的基本原则》，《自然辩证法通讯》2010 年第 4 期。

梁义民：《论戴维森意义理论的理论特色》，《浙江社会科学》2008 年第 6 期。

梁义民：《塔尔斯基真理论对戴维森意义理论的影响》，《湛江师范学院学报》2009 年第 5 期。

梁义民：《为戴维森的绝对真理论辩护》，《浙江社会科学》2015 年第 1 期。

梁义民：《以真通达意义——戴维森意义理论的思想主线》，《湛江师范学院学报》2011 年第 2 期。

梁义民：《真、彻底的解释和整体论原则——戴维森意义理论之镜》，《湛江师范学院学报》2010 年第 4 期。

梁义民：《真——戴维森彻底解释理论中的核心概念》，《自然辩证法研究》2008 年第 5 期。

梁义民、任晓明：《存在问题的逻辑语言维度》，《现代哲学》2006 年第 6 期。

梁义民、任晓明：《当代语义学领域的一次革命性思想实验——初探"戴维森纲领"》，《哲学动态》2007 年第 1 期。

梁义民、任晓明：《简析罗素的摹状词理论》，《淮阴师范学院学报》2006 年第 3 期。

梁义民、任晓明：《论现代西方名称所指确定观的演变特征》，《浙江社会科学》2007 年第 1 期。

林从一：《思想、语言、社会、世界——戴维森的诠释理论》，允晨文化实业股份有限公司，2004。

刘龙根：《真值条件与意义阐释》，《长白学刊》2004 年第 3 期。

〔德〕马丁·海德格尔：《存在与时间》，陈嘉映、王庆节译，三联书店，2006。

〔德〕马丁·海德格尔：《在通向语言的途中》，孙周兴译，商务印书馆，2005。

牟博：《塔尔斯基、奎因和"去引号"之图式（T）》，胡泽洪译，《哲学译丛》2000 年第 4 期。

任晓明、谷飙：《达米特对直觉主义逻辑的辩护》，《南开大学学报》（哲学社会科学版）2004 年第 4 期。

任晓明、李旭燕：《达米特的语义反实在论》，《科学技术与辩证法》2004 年第 5 期。

任晓明、李旭燕：《当代美国心灵哲学研究述评》，《哲学动态》2006年第5期。

任晓明、吴玉平：《达米特的辩护主义真理观》，《世界哲学》2007年第2期。

任晓明、张汉生：《达米特反实在论新策略》，《南开大学学报》（哲学社会科学版）2004年第6期。

涂纪亮：《分析哲学及其在美国的发展》（上、下册），中国社会科学出版社，1987。

涂纪亮编《当代西方著名哲学家评传·第一卷·语言哲学》，山东人民出版社，1996。

涂纪亮主编《语言哲学名著选辑》（英美部分），三联书店，1988。

王静：《论解释的形式基础和证据基础》，《哲学研究》2005年第3期。

王静：《整体论和宽容原则在语言理解中的运用》，《哲学动态》2010年第6期。

王静、张志林：《决策论方法在语言诠释中的应用》，《自然辩证法通讯》2010年第3期。

王静、张志林：《诠释的不确定性与自我知识的确定性》，《哲学研究》2009年第10期。

王静、张志林：《三角测量模式对知识客观真理性的辩护》，《自然辩证法通讯》2008年第1期。

王静、张志林：《语言诠释需要什么样的知识》，《哲学研究》2007年第4期。

王静、张志林：《语义外在论对语言理解的必要性——从戴维森纲领看》，《哲学研究》2010年第5期。

王路：《从"是"到"真"：西方哲学的一个根本性变化》，《学术月刊》2008年第8期。

王路：《函数结构——纪念弗雷格的〈概念文字〉发表130周年》，《哲学研究》2009年第11期。

王路：《涵义与意谓——理解弗雷格》，《哲学研究》2004年第7期。

王路：《向往戴维森》，《世界哲学》2003年第6期。

王路：《意义理论》，《哲学研究》2006年第7期。

王路：《真与意义理论》，《世界哲学》2007 年第 6 期。

〔英〕维特根斯坦：《逻辑哲学论》，霍绍甲译，商务印书馆，2005。

〔英〕维特根斯坦：《哲学研究》，李步楼译，商务印书馆，1996。

夏国军：《基础融贯论：哈克、戴维森和蒯因》，《哲学研究》2010 年第 12 期。

肖健：《戴维森纲领下的真理与意义》，《科学技术与辩证法》2001 年第 1 期。

叶闯：《理解的条件——戴维森的解释理论》，商务印书馆，2006。

〔德〕于尔根·哈贝马斯：《后形而上学思想》，曹卫东、付德根译，译林出版社，2001。

〔德〕于尔根·哈贝马斯：《交往行为理论》，曹卫东译，上海人民出版社，2004。

张建军：《当代逻辑科学"应用转向"探纲》，《江海学刊》2007 年第 6 期。

张建军：《逻辑行动主义方法论构图》，《学术月刊》2008 年第 8 期。

张建军：《走向一种层级分明的"大逻辑观"——"逻辑观"两大论争的回顾与反思》，《学术月刊》2011 年第 11 期。

张力锋：《关于戴维森纲领的思考》，《重庆师范大学学报》（哲学社会科学版）2004 年第 3 期。

张妮妮：《意义、解释和真——戴维森语言哲学研究》，中国人民大学博士学位论文，2004。

张妮妮：《意义、解释和真——戴维森语言哲学研究》，中国社会科学出版社，2008。

张妮妮：《意义与真之争》，《华中科技大学学报》（社会科学版）2001 年第 3 期。

张尚水编《当代西方著名哲学家评传·第五卷·逻辑哲学》，山东人民出版社，1996。

张燕京：《从逻辑哲学看弗雷格的"真"理论》，《自然辩证法研究》2003 年第 6 期。

张燕京：《从意义理论看反实在论对实在论的反驳》，《信阳师范学院学报》（哲学社会科学版）2002 年第 4 期。

张燕京：《达米特关于真之概念的逻辑哲学反思》，《科学技术与辩证法》2005 年第 1 期。

张燕京:《达米特意义理论研究》，中国社会科学出版社，2006。

张燕京:《弗雷格与达米特意义理论的特征差异及其根源》，《自然辩证法研究》2004 年第 2 期。

张燕京:《评反实在论对实在论的反驳》，《晋阳学刊》2002 年第 2 期。

张志林:《意义的分析:实在论与反实在论的争论》，《中山大学学报》(社会科学版) 1996 年第 1 期。

张志林:《语言与实在——对 D. Davidson 实在论的批判》，《自然辩证法通讯》1994 年第 5 期。

张志林:《真值实在论及其困难》，《中山大学学报》(社会科学版) 1995 年第 1 期。

周北海:《概念语义与弗雷格迷题消解》，《逻辑学研究》2010 年第 4 期。

邹崇理、李可胜:《逻辑和语言研究的交叉互动》，《西南大学学报》(社会科学版) 2009 年第 2 期。

Alvarez, M. , " Radical Interpretation and Semantic Nihilism: Reply to Glock," *Philosophical Quarterly* 44(176):354 – 360,1994.

Amoretti,Maria Cristina and Nicla Vassallo, eds. , *Knowledge, Language, and Interpretation: On the Philosophy of Donald Davidson*, Ontos Verlag,2008.

Apel,K. – O. , "Comments on Davidson," *Synthese* 59(1):19 – 26,1984.

Baldwin,T. , "Prior and Davidson on Indirect Speech," *Philosophical Studies* 42(2):255 – 282,1982.

Balsvik,E. , *An Interpretation and Assessment of First – Person Authority in the Writings of Philosopher Donald Davidson*, Lewiston, N. Y. : Edwin Mellen Press, c2003.

Bernecker,S. , "Davidson on First – Person Authority and Externalism," *Inquiry* 39(1):121 – 39,1996.

Brandl,J. L. , *The Mind of Donald Davidson*,Netherlands:Rodopi,1989.

Bridges,J. , "Davidson's Transcendental Externalism," *Philosophy and Phenomenological Research* 73(2):290 – 315,2006.

Brons,L. L. , "Applied Relativism and Davidson's Arguments against Conceptual Schemes," *The Science of Mind* 49:221 – 240,2011.

Burdick,H. , "On Davidson and Interpretation," *Synthese* 80 (3) : 321 – 345,1989.

Byrne,A. , "Soames on Quine and Davidson," *Philosophical Studies* 135 (3) :439 – 449,2007.

Callaway,H. G. , "Semantic Competence and Truth – Conditional Semantics," *Erkenntnis* 28(1) :3 – 27,1988.

Calvert – Minor,C. , "Commonsense Realism and Triangulation," *Philosophia* 37(1) :67 – 86,2009.

Caro, M. D. , ed. , *Interpretation and Causes: New Perspectives on Donald Davidson's Philosophy*,Dorddrecht/Boston/London:Kluwer Academic Publishers, 1999.

Child,W. , "Davidson on First Person Authority and Knowledge of Meaning," *Noûs* 41(2) :157 – 177,2007.

Christensen,C. B. , *Self and World – From Analytic Philosophy to Phenomenology*,Walter de Gruyter,2008.

Clapp,L. , "Davidson's Program and Interpreted Logical Forms," *Linguistics and Philosophy* 25(3) :261 – 297,2002.

Coleman,M. , "On the Very Good Idea of a Conceptual Scheme," *The Pluralist* 5(2) :69 – 89,2010.

Cook,J. R. , "Is Davidson a Gricean?" *Dialogue* 48(3) :557 – 575,2009.

Davidson,D. , *Essays on Actions and Events*,Oxford:Clarendon Press,1980.

Davidson, D. , *Inquiries into Truth and Interpretation*, Oxford: Clarendon Press,1984.

Davidson,D. , "On Quine's Philosophy," *Theoria* 60(3) :184 – 192,1994.

Davidson,D. , *Problems of Rationality*,Oxford:Clarendon Press,2004.

Davidson,D. , "Quine's Externalism," *Grazer Philosophische Studien* 66(1) : 281 – 297,2003.

Davidson,D. , "Radical Interpretation Interpreted," *Philosophical Perspectives* 8:121 – 128,1994.

Davidson, D. , *Subjective, Intersubjective, Objective*, Oxford: Clarendon Press,2001.

Davidson,D. , *The Essential Davidson* ,Oxford:Clarendon Press,2006.

Davidson,D. ,"The Folly of Trying to Define Truth," *Journal of Philosophy* 93(6):263 – 278,1996.

Davidson,D. ,"The Structure and Content of Truth," *Journal of Philosophy* 87(6):279 – 328,1990.

Davidson,D. , *Truth,Language and History* ,Oxford:Clarendon Press,2005.

Davidson,D. , *Truth and Predication* , Cambridge:The Belknap Press of Harvard University Press,2005.

Davidson,D. ,"What is Quine's View of Truth? " *Inquiry* 37 (4):437 – 440,1994.

Davidson, D. and G. Herman, eds. , *Semantics of Natural Language* , Dordrecht,Holland:D. Reidel Publishing Company,1972.

Davidson,D. and J. Hintikka,eds. , *Words and Objections:Essays on the Work of W. V. Quine* ,Dordrecht:D. Reidel,1975.

Davidson,D. and S. Siegel, *Decision Making:An Exprimental Approach* ,Stanford,CA:Stanford University Press,1957.

Dummett,M. , *The Logical Basis of Metaphysics* ,Cambridge:Harvard University Press,1991.

Dummett,M. , *The Sea of Language* ,Oxford:Clarendon Press,1993.

Eldridge,R. ,"Metaphysics and the Interpretation of Persons:Davidson on Thinking and Conceptual Schemes," *Synthese* 66(3):477 – 503,1986.

Evans, G. and J. McDowell,eds. , *Truth and Meaning:Essays in Semantics* , Oxford:Oxford University Press,1976.

Fang,W – C. , *A Study of Davidsonian Events* ,Institute of American Culture Academia Sinica,Nankang,Taipei,Republic of China,1985.

Feldman,R. H. ,"Davidson's Theory of Propositional Attitudes," *Canadian Journal of Philosophy* 16(December):693 – 712,1986.

Fennell,J. ,"Davidson on Meaning Normativity:Public or Social," *European Journal of Philosophy* 8(2):139 – 154,2000.

Fodor,J. and E. Lepore, *Holism:A Shopper's Guide* , Cambridge, Mass. : Blackwell Publishers,1992.

Foley,R. and R. Fumerton,"Davidson's Theism?" *Philosophical Studies* 48

(1):83 –89,1985.

Frege,G. , *Posthumous Writings*, Oxford: Basil Blackwell, 1979.

French,P. A. and H. K. Wettstein, *Midwest Studies in Philosophy: Truth and Its Deformities Volume* XXXII, Wiley Periodicals, Inc. ,2008.

Fumerton,R. A. , *Realism and the Correspondence Theory of Truth*, Maryland: Rowman & Littlefield Publishers, Inc. ,2002.

George,A. , "Linguistic Practice and Its Discontents: Quine and Davidson on the Source of Sense," *Philosophers' Imprint* 4(1):1 –37,2004.

Gibson,R. F. , "Quine and Davidson: Two Naturalized Epistemologists," *Inquiry* 37(4):449 –463,1994.

Glüer,K. , *Donald Davidson : A Short Introduction*, New York : Oxford University Press, c2011.

Glüer,K. , "The Status of Charity I: Conceptual Truth or a Posteriori Necessity? " *International Journal of Philosophical Studies* 14(3):337 –359,2006.

Glock,H. –J. , *Quine and Davidson on Language, Thought and Reality*, Cambridge; New York: Cambridge University Press,2003.

Glock,H. –J. , "The Indispensability of Translation in Quine and Davidson," *Philosophical Quarterly* 44(171):194 –209,1993.

Goldberg,N. , "E Pluribus Unum: Arguments against Conceptual Schemes and Empirical Content," *Southern Journal of Philosophy* 42(4):411 –438,2004.

Goldberg, N. , "The Principle of Charity," *Dialogue* 43 (4): 671 –683,2004.

Goldberg,S. C. , "Radical Interpretation, Understanding, and the Testimonial Transmission of Knowledge," *Synthese* 138(3):387 –416,2004.

Greimann,D. , "Davidson's Criticism of the Proximal Theory of Meaning," *Principia* 9(1 –2):73 –86,2005.

Grigoriev,S. , "Beyond Radical Interpretation: Individuality as the Basis of Historical Understanding," *European Journal of Philosophy* 17 (4): 489 –503,2009.

Gross,S. , "Can Empirical Theories of Semantic Competence Really Help Limn the Structure of Reality?" *Noûs* 40(1):43 –81,2006.

Gross,S. , "Context –Sensitive Truth –Theoretic Accounts of Semantic

Competence,"*Mind and Language* 20(1):68 – 102,2005.

　　Gross,S. ,"The Biconditional Doctrine: Contra Kölbel on a 'Dogma' of Davidsonian Semantics,"*Erkenntnis* 62(2):189 – 210,2005.

　　Guttenplan, ed. , *Mind and Language*, Oxford: Oxford University Press,1975.

　　Haack,R. J. ,"Davidson on Learnable Languages,"*Mind* 87(346):230 – 249,1978.

　　Haack,R. J. , "On Davidson's Paratactic Theory of Oblique Contexts," *Noûs* 5(4):351 – 361,1971.

　　Haack, S. , *Philosophy of Logics*, Cambridge: Cambridge University Press,1978.

　　Hacker, P. M. S. , "Davidson on First – Person Authority," *Philosophical Quarterly* 47(188):285 – 304,1997.

　　Hacker,P. M. S. ,"Davidson on Intentionality and Externalism,"*Philosophy* 73(286):539 – 552,1998.

　　Hacker,P. M. S. , "Davidson on the Ontology and Logical Form of Belief,"*Philosophy* 73(1):81 – 96,1998.

　　Hacker,P. M. S. ,"On Davidson's Idea of a Conceptual Scheme," *Philosophical Quarterly* 46(184):289 – 307,1996.

　　Hahn,L. E,ed. , *The Philosophy of Donald Davidson*, *Library of Living Philosophers* XXVII ,Chicago:Open Court,1999.

　　Hale,B. and C. Wright, eds. , *A Companion to the Philosophy of Language*, Oxford:Blackwell Publishers,1997.

　　Henderson,D. K. , "An Empirical Basis for Charity in Interpretation," *Erkenntnis* 32(1):83 – 103,1990.

　　Henderson,D. K. ,"The Principle of Charity and the Problem of Irrationality(Translation and the Problem of Irrationality),"*Synthese* 73(2):225 – 252,1987.

　　Hoeltje,M. ,"Theories of Meaning and Logical Truth:Edwards versus Davidson,"*Mind* 116(461):121 – 129,2007.

　　Hofmann, A. , "On the Nature of Meaning and Its Indeterminacy: Davidson's View in Perspective," *Erkenntnis* 42(1):15 – 40,1995.

Horisk, C. , "The Expressive Role of Truth in Truth – Conditional Semantics," *Philosophical Quarterly* 57(229) :535 – 557,2007.

Horisk, C. , " Truth, Meaning, and Circularity," *Philosophical Studies* 137 (2) :269 – 300,2008.

Horwich, P. , *Truth*, Oxford: Basil Blackwell,1990.

Horwich, P. , *Truth – Meaning – Reality*, Oxford: Clarendon Press,2010.

Jackman, H. , " Charity, Self – Interpretation, and Belief," *Journal of Philosophical Research* 28 :143 – 168,2003.

Jacobsen, R. , "Davidson and First-Person Authority: Parataxis and Self-Expression," *Pacific Philosophical Quarterly* 90(2) :251 – 266,2009.

Joseph, M. , *Donald Davidson*, Chesham: Acumen Publishing Ltd. ,2004.

Kemp, G. , *Quine versus Davidson* : *Truth, Reference, and Meaning*, Oxford University Press,2012.

Khatchirian, A. , "What is Wrong with the Indeterminacy of Language – Attribution?" *Philosophical Studies* 146(2) :197 – 221,2009.

Kirk, R. , "Davidson and Indeterminacy of Translation," *Analysis* 45 (1) : 20 – 24,1985.

Kölbel, M. , "Two Dogmas of Davidsonian Semantics," *The Journal of Philosophy* 98 :613 – 635,2001.

Kölbel, Max, "Two Dogmas of Davidsonian Semantics," *The Journal of Philosophy* 98 :613 – 635,2001.

Kotatke, P. , P. Pagin, and G. Segal, *Interpreting Davidson*, Stanford, Calif. : CSLI Publications, c2001.

Lee, E. D. , "On Davidson's Semantic Anti – Sceptical Argument," *Dialogue* 45(3) :529 – 535,2006.

Lepore, E. , ed. , *Truth and Interpretation: Perspectives on Philosophy of Donald Davidson*, Oxford: Basil Blackwell,1986.

Lepore, E. , "In Defense of Davidson, " *Linguistics and Philosophy* 5 :277 – 294,1982.

Lepore, E. and B. McLaughlin, eds. , *Actions and Events: Perspectives on the Philosophy of Donald Davidson*, Oxford: Basil Blackwell,1985.

Lepore, E. and K. Ludwig, " Donald Davidson, " *Midwest Studies in Philoso-*

phy 28(1):309 – 333,2004.

Lepore, E. and K. Ludwig, *Donald Davidson: Meaning, Truth , Language, and Reality*, Oxford: Clarendon Press,2005.

Lepore, E. and K. Ludwig, *Donald Davidson's Truth – Theoretic Semantics*, Oxford: Clarendon Press,2007.

Lepore, E. and K. Ludwig, "Radical Misinterpretation: A Reply to Stoutland," *International Journal of Philosophical Studies* 15(4):557 – 585,2007.

Lepore, E. and K. Ludwig, "Truth and Meaning Redux," *Philosophical Studies* 154:251 – 277,2011.

Lepore, E. and Barry Loewer, *Meaning, Mind, and Matter : Philosophical Essays*, Oxford ;New York : Oxford University Press,2011.

Letson, B. H. , *Davidson's Theory of Truth and Its Implications for Rorty's Pragmatism*, New York: P. Lang, c1997.

Ludwig, K. , ed. , *Donald Davidson*, New York: Cambridge University Press,2003.

Löwenstein, D. , "Davidsonian Semantics and Anaphoric Deflationism," *Dialectica* 66(1):23 – 44,2012.

Lycan, W. G. , "Davidson on Saying That," *Analysis* 33 (4): 138 – 139,1973.

Lycan, W. G. , *Philosophy of Language: A Contemporary Introduction*, London and New York: Routledge,2000.

Lynch, M. P. , "Three Models of Conceptual Schemes," *Inquiry* 40(4): 407 – 426,1997.

Malpas, J. , ed. , *Dialogues with Davidson: Acting, Interpreting, Understanding*, The MIT Press,2011.

Malpas, J. , *From Kant to Davidson: Philosophy and the Idea of the Transcendental*, Routledge,2003.

Malpas, J. , "Holism, Realism, and Truth: How to Be an Anti – Relativist and Not Give Up on Heidegger(or Davidson) – A Debate with Christopher Norris," *International Journal of Philosophical Studies* 12(3):339 – 356,2004.

Malpas, J. , "On Not Giving Up the World – Davidson and the Grounds of Belief," *International Journal of Philosophical Studies* 16(2):201 – 215,2008.

Malpas, J. E. , *Donald Davidson and the Mirror of Meaning*, Cambridge: Cambridge University Press, 1992.

Marsonet, M. , "Davidson, Ajdukiewicz and Conceptual Schemes," *Axiomathes* 8(1 – 3):261 – 280, 1997.

McCarthy, T. , *Radical Interpretation and Indeterminacy*, Oxford: Oxford University Press, 2002.

Mcguire, J. M. , "Davidson on Meaning and Metaphor: Reply to Rahat," *Philosophia* 31(3 – 4):543 – 556, 2004.

Mi, Chienkuo, *Quine and Davidson on Meaning and Holism*, Ann Arbor, Mich. : UMI, 1998.

Modée, J. , "Observation Sentences and Joint Attention," *Synthese* 124(2): 221 – 238, 2000.

Montminy, M. , "Triangulation, Objectivity and the Ambiguity Problem," *Crítica* 35(105):25 – 48, 2003.

Mou, B. , ed. , *Davidson's Philosophy and Chinese Philosophy: Constructive Engagement*, Brill, 2006.

Mou, B. , *Substantive Perspectivism: An Essay on Philosophical Concern with Truth*, Springer, 2009.

Mármol, J. C. , "Conceptual Schemes and Empiricism. " *Theoria* 22 (2): 153 – 165, 2007.

Mulhall, S. , "Davidson on Interpretation and Understanding," *Philosophical Quarterly* 37(148):319 – 322, 1987.

Murphy, J. P. , *Pragmatism: From Peirce to Davidson*, Boulder and Oxford: Westview Press, 1990.

Myers, R. H. , "Finding Value in Davidson," *Canadian Journal of Philosophy* 34(1):107 – 136, 2004.

Nevo, I. , "In Defence of a Dogma: Davidson, Languages, and Conceptual Schemes," *Ratio* 17(3):312 – 328, 2004.

Nickles, T. , "Davidson on Explanation," *Philosophical Studies* 31(1):141 – 145, 1977.

Nulty, T. J. , "Conceptual Schemes Revisited: Davidsonian Metaphysical Pluralism," *Metaphysica* 10(1):123 – 134, 2009.

Nulty, T. J. , *Davidson, Heidegger, and the Nature of Truth*, New York: Peter Lang Publishing Inc. ,2006.

Okrent, M. , "Heidegger and Davidson(and Haugeland) , " *Southern Journal of Philosophy* 28(S1) :75 – 81 ,1990.

Pagin, P. , "The Status of Charity Ⅱ :Charity, Probability, and Simplicity, " *International Journal of Philosophical Studies* 14(3) :361 – 383 ,2006.

Patterson, D. , *Alfred Tarski: Philosophy of Language and Logic*, Palgrave Macmillan ,2012.

Patterson, D. , *New Essays on Tarski and Philosophy*, Oxford: Oxford University Press ,2008.

Pearson, J. , "Distinguishing W. V. Quine and Donald Davidson , " *Journal for the History of Analytical Philosophy* 1(1) :1 – 22 ,2011.

Peregrin, J. , ed. , *Truth and Its Nature(If Any)* , Kluwer Academic Publishers , c1999.

Preyer, G. , ed. , *Davidson on Truth, Meaning, and the Mental*, Oxford: Oxford University Press ,2012.

Preyer, G. , F. Siebelt, and A. Ulfig, *Language, Mind, and Epistemology: On Donald Davidson's Philosophy*, Dordrecht; Boston: Kluwer Academic ,c1994.

Puolakka, Kalle, *Relativism and Intentionalism in Interpretation : Davidson, Hermeneutics, and Pragmatism* , Lanham, Md. :Lexington Books, c2011.

Quine, W. V. O. , "Comment on Donald Davidson , " *Synthese* 27(3 – 4) : 325 – 329 ,1974.

Quine, W. V. O. , *From a Logical Point of View*, Cambridge, Mass. :Harvard University Press ,1980.

Quine, W. V. O. , *Ontological Relativity and Other Essays*, New York: Columbia University Press ,1969.

Quine, W. V. O. , *Pursuit of Truth*, New York: Harvard University Press ,1990.

Quine, W. V. O. , *Theories and Things*, Cambridge: The Belknap Press of Harvard University ,1981.

Quine, W. V. O. , *Word and Object*, Cambridge: The MIT Press ,1960.

Raatikainen, P. , " The Semantic Realism/Anti – Realism Dispute and

Knowledge of Meanings," *The Baltic International Yearbook of Cognition, Logic and Communication* 5:1 - 13,2010.

Ramberg,B. T. , *Donald Davidson's Philosophy of Language*: An Introduction, Oxford;New York:B. Blackwell,1989.

Reimer,M. , "Davidson on Metaphor," *Midwest Studies in Philosophy* 25 (1):142 - 155,2001.

Richards,N. , "E Pluribus Unum:A Defense of Davidson's Individuation of Action," *Philosophical Studies* 29(3):191 - 198,1976.

Ricoeur,P. , *Interpretation Theory*,Texas University Press,1976.

Rorty, R. , *Consequences of Pragmatism*, University of Minnesota Press,1982.

Rorty,R. , "Is Truth a Goal of Enquiry? Davidson Vs. Wright," *Philosophical Quarterly* 45(180):281 - 300,1995.

Rorty, R. , *Philosophy and the Mirror of Nature*, Princeton University Press,1981.

Ross,A. , "Davidson on Saying and Asserting," *Ratio* 1(1):75 - 78,1988.

Saka,P. , "Spurning Charity," *Axiomathes* 17(2):197 - 208,2007.

Salinas,R. , "Realism and Conceptual Schemes," *Southern Journal of Philosophy* 27(1):101 - 123,1989.

Saunders,R. , "Quine and Davidson on the Reference of Theoretical Terms and Constraints on Psychology," *Philosophical Studies* 44(1):121 - 139,1983.

Schick,T. W. , "Rorty and Davidson on Alternate Conceptual Schemes," *Journal of Speculative Philosophy* 1(4):291 - 303,1987.

Schroeder,T. , "Donald Davidson's Theory of Mind is Non - Normative," *Philosophers' Imprint* 3(1):1 - 14,2003.

Sinclair,R. , "Quine's Naturalized Epistemology and the Third Dogma of Empiricism," *Southern Journal of Philosophy* 45(3):455 - 472,2007.

Smith, B. C. , "Davidson, Interpretation and First - Person Constraints on Meaning," *International Journal of Philosophical Studies* 14(3):385 - 406,2006.

Soames, S. , "Attitudes and Anaphora," *Philosophical Perspectives* 8:251 - 272,1994.

Soames,S. , *Philosophical Analysis in the Twentieth Century*,Vol 1 - 2,Princeton; Oxford: Princeton University Press, 2003.

Soames, S. , " The Indeterminacy of Translation and the Inscrutability of Reference, " *Canadian Journal of Philosophy* 29(3) :321 – 370, 1999.

Soames, S. , " The Truth about Deflationism, " *Philosophical Issues* 8: 1 – 44, 1997.

Soames, S. , " Truth, Meaning, and Understanding, " *Philosophical Studies* 65 (1 – 2) :17 – 35, 1992.

Soames, S. , " Truth and Meaning: In Perspective, " *Midwest Studies in Philosophy* 32(1) :1 – 19, 2008.

Soames, S. , *Understanding Truth*, Oxford: Oxford University Press, 1999.

Soames, S. , *What is Meaning?* Princeton; Oxford: Princeton University Press, 2010.

Speaks, J. , " Truth Theories, Translation Manuals, and Theories of Meaning, " *Linguistics and Philosophy* 29(4) :487 – 505, 2006.

Steglich – Petersen, A. , " Davidson, Truth, and Semantic Unity, " *Sats – Nordic Journal of Philosophy* 4: 124 – 146, 2003.

Stenius, E. , " Comments on Donald Davidson's Paper Radical Interpretation, " *Dialectica* 30: 35 – 60, 1976.

Sterelny, K. , " Davidson on Truth and Reference, " *Southern Journal of Philosophy* 19(1) :95 – 116, 1981.

Stoecker, R. , *Reflecting Davidson: Donald Davidson Responding to an International Forum of Philosophiers*, Berlin; New York: W. de Gruyter, 1993.

Talmage, C. J. L. , " Meaning and Triangulation, " *Linguistics and Philosophy* 20(2) :139 – 145, 1997.

Tarski, A. , *Logic, Semantics, Metamathematics*, Oxford: Clarendon Press, 1956.

Taschek, W. W. , " Making Sense of Others: Donald Davidson on Interpretation, " *Harvard Review of Philosophy* 10(1) :27 – 40, 2002.

Taylor, K. , " Davidson's Theory of Meaning: Some Questions, " *Philosophical Studies* 48(1) :91 – 105, 1985.

Taylor, Kenneth A. , " Davidson's Theory of Meaning: Some Questions, " *Philosophical Studies* 48 :91 – 105, 1985.

Textor, M. , " Does the Truth – Conditional Theory of Sense Work for Indexicals? " *Nordic Journal of Philosophical Logic* 6(2):119 – 137,2012.

Tumulty,M. , "Davidson's Fear of the Subjective," *Southern Journal of Philosophy* 44(3):509 – 532,2006.

Vahid,H. , " Charity, Supervenience, and Skepticism," *Metaphilosophy* 32 (3):308 – 325,2001.

Vermazen,B. and M. B. Hintikka, *Essays on Davidson: Actions and Events*, Oxford:Oxford University Press,1985.

Vessey,D. , "Gadamer and Davidson on Language and Thought," *Philosophy Compass* 7(1):33 – 42,2012.

Vidu,A. , "Bruce D. Marshall and Donald Davidson on Epistemic Justification," *Heythrop Journal* 47(3):405 – 425,2006.

Wang,X. , "On Davidson's Refutation of Conceptual Schemes and Conceptual Relativism," *Pacific Philosophical Quarterly* 90(1):140 – 164,2009.

Ward,A. , "Davidson on Attributions of Beliefs to Animals," *Philosophia* 18 (1):97 – 106,1988.

Whiting,D. , "Meaning-Theories and the Principle of Humanity," *Southern Journal of Philosophy* 44(4):697 – 716,2006.

Wierenga,E. , "Fodor on Davidson on Action Sentences," *Synthese* 44(3): 347 – 359,1980.

Williams,J. R. G. , "Permutations and Foster Problems:Two Puzzles or One? " *Ratio* 21(1):91 – 105,2008.

Ye,C. , "The Limit of Charity and Agreement," *Frontiers of Philosophy in China* 3(1):99 – 122,2008.

Żegleń,U. M. , ed. , *Donald Davidson: Truth, Meaning and Knowledge*, London:Routledge,1999.

Zilhão, A. , " From Radical Translation to Radical Interpretation and Back," *Principia* 7(1 – 2):229 – 249,2003.

索　引

A

埃文斯　8，107

B

本体论立场　214
辨明　187，188，190，191，194，195，
　　228，234
不可定义论　5，7，12，179，196
不可互译　166
不可通约　165－167，170，253

C

场合句　33，36，61，134，147，152，
　　153，156
彻底的翻译　2，3，5，11，14，32，33，
　　35－38，40，42，44，48，53，113，
　　114，120，149，152，218，229，246
彻底的解释　3，8，11－13，33，42－44，
　　48，53，83，106，110－117，119－
　　122，124，126－132，135，137－141，
　　148，149，151，155－159，161，189，
　　209，211，214，215，217－219，221，
　　223，227，229－231，241，246，247，
　　249，251
成真条件　251
持真态度　12，124，127，130，131，
　　133－135，138，146－148，151－153，
　　155，158，159，214，217，221，224，

230，248，252
初始概念　5，126，172，178，228
刺激意义　35－37，41，43，54，118

D

达米特　1，7，97－99，102，188，195，
　　201，202，216，227，228，231－240，
　　242－244，251
戴维森纲领　10，12，13，45，209，
　　210，223，230，250－252
单称词项　5，22，49－52，69，77－81，
　　85，91，169，171－174，176，177，
　　181，200，201
弹弓论证　50，90，181，186
递归性　3，5，12，22，31，54，57，
　　58，61－64，74，119，126，172，
　　173，185，210，220，229，231
对象语言　3，26，27，30，31，37，42，
　　48，57，61，68－71，73，75，103，
　　105－107，109，112，115，116，121，
　　122，125，126，130，132，136，140，
　　142，144，145，147，156，183，208，
　　220，223，226

E

二元论　10，12，13，165，167，168，
　　171，179，224，241，242，247，252
二值原则　227，232，233，235－237，
　　242

F

翻译的不确定性　11，37，38，42，43，81，82，217

翻译手册　11，33，34，37，38，40，42，54，115，116，253

反实在论　193，199，228，231－236，238，239，241－244

菲尔德　173

分析假设　11，36－38，41－43

分子论　178，216，238，242

弗雷格　2，11，13－22，45，47－52，55，67，70，80，81，86，97，161，171，173，180，185，186，196，207，210，212，216，218－220，232，245，247

符合论　5，6，12，151，164，179，180，182－186，191－193，196，199，200，202，204，214，215，232，235，239－243，248，249

福斯特　104，106，113，116

G

伽达默尔　1，10，248，249

概念图式　5，12，13，164－171，178，179，186，205，214，219，221，222，224，240，244，247，252－254

概念相对主义　5，12，164，165，167，170，171，186，205，214，219，242，244

感觉证据　33，34，169，246

格莱斯　227

格雷林　46，234，235

格洛克　9，206

公理化　2，3，5，7，27，46，47，53，61，66，126，203，214，220

共同坐标系　166

观察语句　35，37，38，41，118，134

H

哈贝马斯　10，248，249

海德格尔　1，9，10，248，249

含义　4，5，14，16，17，27，49，52，53，55，71，79－83，97，102，108，115－118，121－123，127，133，147，176，177，193，214，219，233－235，252－254

含义论　52，54，208

怀疑论　6，150，171，186－188，192，193，240，241，244

还原论　35，99，103，165，241，245

霍维奇　7，197－202

J

极小主义　7，198，200

间接引语　2，12，76－86，100，103，209，213－215，221，227，251

江怡　10

交流－意向说　227，228

解释三元组　3，5，8，43，158，244

紧缩论　7，197，199，202，215

经验论第三个教条　252

经验内容　5，12，13，39，48，75，150，164，165，167，168，171，175，179，204，214，217，219，224，231，239，240，244，245，247，252－254

经验限制　3，125，126，128，176，229，230，252

经验验证　31，54，218，250，254

决策论　1－5，12，124，127，128，135，137，138，148，150，157－159，211，215，221，224，227，230，231，246，252

绝对的真理论　2，5，8，12，164，165，171－173，175，176，178，179，184，204，214，215，219，221，222，224，227，240，242，244，252，253

K

可构造性　236

可能世界　5，110，167，176，184，212

客观性实用论　5，12，179，191

宽容原则　5，6，11－13，37，40－43，106，111，113，124，127，147－153，155，158，159，161－163，170，188，189，191，218，219，224，227，230，240，246，247，250－252

L

莱波尔　8，9，106

利科　10，248，249

路德维希　252

论域　5，176，183，185

罗蒂　6，187，191－193，195，241，242，244，246，247

罗素　69，196，208，212，245，247

逻辑分析　13，18，212，213，247，248

逻辑结构　2，10，18，21，22，47，66，149，150，210

逻辑实用主义　13，244，245，247

逻辑语义学　17，207，213，214

逻辑真理　108，109，143－146，155，189

M

马尔帕斯　9

麦克道威尔　8，107

命题态度　43，75，86，115，117，119，123，139，140，160，187，189，194，195，201，214，217，228－230

模型　5，34，35，42，52，55，75，81，148，176，209，210

牟博　10

N

内涵实体　43，50，81，85，118，184

能行可判定　237

P

偏好　4，127，128，134－140，148，247

普遍适用性　13，250

普特南　1，7，174，195，201，202，234，239，243

Q

齐林　9，206

前理论基础　12，164，252，254

去引号　199

R

融贯性符合论　5，12，179，186，191

冗余论　7，164，197－200，204，214，215

S

实用主义 6，7，160，191 - 195，241，242，244 - 247

思想实验 12，206

斯特劳森 67，167，192，227

T

涂纪亮 10

W

外延 2，3，11，13，22，27，31，32，38，45 - 47，55 - 59，63，64，81，85，86，92，103，104，107，108，111，113，116，117，121，126，127，139，140，149，156，158，159，174，181，183，185，202，204，207，208，210，214，215，217 - 219，222 - 224，226，227，229 - 232

外延主义 8，11，13，32，42，43，55，103 - 105，112 - 114，121，156，229，231，250，252，254

王路 10

维特根斯坦 2，17，45，67，119，131，212，220，245，247，249

谓述 8，10，20，181，201

无对照的符合 6，164，186，191，214，215，239 - 241，247

无指称的实在 5，10，12，164，165，171，178，186，205，240

X

希杰夫 9，206

信念集 188，191，194，214，219，240

行动语句 2，10，12，86 - 92，94 - 96，209，213 - 215，221，227，248，251

行为论 53，54，66，118

行为证据 36，38，42，43，112，115，118，131 - 133，155 - 158，224，227，229 - 231

形而上学 1，10，40，43，193，212，214，224，231，233，241，245，246，248，249

形式表征 2，5，8，11，14，23，42，45，48，57，58，64 - 67，72，74，91，96，103，104，113，114，155，157 - 159，213，215，220，221，223，226，229，250，254

形式限制 3，113，125，128，132，176，229，252

Y

言语行为 3，34，38，48，60，75，84，96，98 - 102，112，113，115，117，127，133，148 - 150，192，214，219，220，224，248

衍推 2，3，48，55，57，61，74，78 - 80，85 - 89，93，103，105 - 107，121，125，128，134，138，147，156，172，175，223，226

叶闯 10

以真为轴心 13，216，222

意谓 30，32，45，52，53，55 - 58，74，104，105，129，132，138，140，153 - 155，176，184，208，213，232，246

意向 4，7，32，66，76，110，118，

119，126，127，130，133，139，
147，160，166，170，175，177，
186，188，194，195，208，211，
213，214，228，231，234，248，249

隐喻 161，165，167，169，213，214

语境 5，7，36，43，52，55，61，67，
75，80，81，104，109 - 111，130，
132，141，144，147，153，181，
201，202，212，213，216，218，
244，248，249，252

语句函项 28，29，184，220

语句集 42，147，164，188，214，219，
233

语义悖论 25，26，68，69，223，229

语义论 1，9，11 - 14，18，21，23，
31，32，42，64，65，67，75，76，
92，100，113，132，155，156，164，
213，215，226 - 228，231

语义组合 13，14，18，22，92，216，
219

预设 5，39 - 43，55，69，104，106，
111 - 113，115，117，121，122，
126，128，132，136，140，141，
149，156，161，162，165，170，
172，175，193，218，219，224，
228，229，231，233，247，254

元语言 26，27，30，31，48，56，57，
61，71，73，115，116，126，183，
208，226

原子论 55，118，178，216

蕴含 15，73，75，76，95，113，131，
157，161 - 163，178，179，186，
188，219，222，223，229，233，

243，253

Z

赞同态度 6，36，37，73，133，134，
170，189，190，194，218，224，246

张妮妮 10

真理语义论 11，12，14，23，31，42，
64，65，67，75，76，92，113，132，
155，156，164，226，228

真之定义 2，6，7，11，23 - 30，32，
58，59，61，66，71，72，81，92，
105，173，180，183 - 185，197，
202，203，209，210，214，215，
220，222，223，226

真值函项 3，35 - 37，40，43，78，
100，126，141，144 - 146，155，
209，221

真值条件说 14，16，48

整体论 3，5，6，9，11，13，35，37，
39，40，43，48，55，107，113，
128，158，165，174，175，177，
178，186，212，215 - 219，221，
222，230，238，242，244 - 249

证实主义 238，242，246

直觉主义 227，234，236 - 239，242

指称的不可测知性 37，38，43

指称论 43，49 - 52，55，56，66，
216，221

主观概率 4，135 - 141，146，148，
224

主观效用 4，137，141，146

主体间性 8，239，249，250

主体语言 115，116，145

后　记

　　《戴维森意义理论研究》一书，在国家社科基金后期资助项目的资助下即将出版，心中充满喜悦和感慨！

　　本书是在我博士学位论文的基础上修改和扩充而来的。博士毕业以来，我继续致力于戴维森意义理论的研究工作，希望为国内学界提供一部系统的戴维森意义理论研究专著，以此为缩小国内该领域研究与国外的差距尽一份绵薄之力。回首10多年来的研究历程，心中感慨良多。

　　早在1999年，我有幸成为华南师范大学胡泽洪教授的硕士研究生。胡老师34岁就晋升为教授，令我敬佩不已。当时，胡老师经常发表有关真理、意义和可能世界等主题的高质量论文，对这些论文我都反复拜读，由此引发了我对语义论的研究兴趣。我的硕士学位论文《试论名称所指的确定》也是在胡老师的细心指导下完成的。可以说，正是胡老师的学术影响和指导，奠定了我后来研究戴维森意义理论的行动方向和知识基础。

　　2004年，我有幸成为南开大学任晓明教授的博士研究生。当时，任老师正在美国访学，我向他请教学位论文选题之事，他直截了当地给出了明确的答案：戴维森意义理论值得研究，也适合我研究。他说，戴维森在当代英美哲学界的影响和地位仅次于蒯因，戴维森意义理论是其哲学体系的基础成分，非常重要；我国在这方面的研究比较薄弱，需要加强；我有这方面的知识基础，可以研究。任老师高屋建瓴的学术眼光和因人制宜的教学原则令人折服。他坚定的语气和充足的理由很快开启了我研究戴维森意义理论的征途。

　　虽然在硕士研究生阶段我就知道戴维森意义理论的重要地位，但要系统全面地研究它，的确是一项难度较大、充满挑战性的工作。这一点我在后来的研究进程中深有体会。其难度主要体现在：与一般哲学家不同，戴维森没有一部学术专著，只有几部论文集，其语义论思想散见于他发表的论文中，这给我们集中领会其意义理论的基本原则和精神实质等问题增加了难度；戴维森的行文风格以简短、晦涩而著称，快速、准确地把握其相关论文的思想并非易事；戴维森语义论与其行动理论、认识论和心灵哲学相互交错，在这种交错的理论背景下准确地领会戴维森意义理论的基本思想，难度较大；戴维森语义论与弗雷格、塔尔斯基、蒯因等人的语义论具有明显的思想继承关系，研究戴维森意义理论必须准确了解他们的相关思想，这无疑增加了研究工作量。其挑战性主要体现在：当时国内外没有一部系统的研究戴维森意义理论的专著可供借鉴；国内对戴维森语义论深入研究的成果不多，且大多持简单否定的态度，这与戴维森语言哲学在西方的地位和影响形成反差。尽管如此，我还是坚信，只要长期不懈努力，就能顺利完成这一博士学位论文。

由于当时可借鉴的中文文献较少，因此，收集和研读英文文献花费了近一年的时间。正是在这段时间里，我深深领会到任晓明教授关于戴维森在西方哲学界的地位和影响的断言的真实性。这也进一步坚定了我研究戴维森意义理论的决心。戴维森语义论思想博大精深、不太集中且与其他思想相互交错，给国内研究工作带来了不少难度，因此，我想在博士学位论文中将戴维森大量论文中的相关哲学思想加以梳理和整合，以合理的结构展示其严谨的逻辑关系，以此尽力为国内学者的相关研究工作减轻难度。这一工作后来得到了论文答辩委员会和项目评审专家的一致肯定。

博士学位论文被答辩委员会评定为优秀学位论文，使我备受鼓舞，但我也清楚地知道，论文还存在一些不足之处，需要后续的研究工作来弥补。近年来，基于论文答辩委员会和项目评审专家的意见和建议，我对论文内容进行了修改、调整和扩充。主要体现在：第一，加强了论文的阐述力度，详细阐述了戴维森意义理论的基本思想。第二，对戴维森意义理论重要影响的思考进行了扩充，增加了关于它"成为连通分析哲学和大陆哲学的一个重要节点"这部分内容。第三，增加了对"戴维森意义理论的主要缺失"的思考。第四，借鉴国外新近研究成果，对原文相关部分的阐述进行了调整。

本书的顺利完成和即将出版，离不开老师、专家和家人的鼓励、指导和帮助，对此我心中充满了感激之情。

感谢我的博士生导师任晓明教授。任老师不仅在我求学期间给予我大力支持和悉心指导，而且迄今一如既往地关心我的工作和生活。

感谢我的硕士生导师胡泽洪教授。胡老师是我学术生涯的引路人和榜样，是他的鼓励和关照，使我步入了正常的学习和生活轨道。

感谢南开大学李娜教授。李老师的授业解惑和亲切关怀，使我受益终生。感谢华南师范大学熊明教授。熊老师系统而严谨的数理逻辑学知识传授，为我的学术研究奠定了专业基础。

感谢北京大学陈波教授，中国社会科学院哲学研究所邹崇理研究员、张家龙研究员对我博士学位论文的积极评价和中肯意见。

感谢涂纪亮教授、江怡教授、牟博教授和王路教授，他们的相关引介成果为我解读英文文献提供了重要参考。

感谢我夫人马春兰多年来对我工作和学习的默默支持和奉献，感谢我女儿梁亭亭的出色表现为我学术进步输入的不懈精神动力。

戴维森意义理论属于戴维森哲学体系的基础成分，是分析哲学领域一项标志性的理论成果。本书只是基于戴维森相关原作和国外代表性研究成果，对该理论所做出的某一阶段的研究成果，其中不少问题有待进一步探讨和完善，希望能得到专家、学者对本书相关研究问题的指导或斧正。值得高兴的是，虽然戴维森意义理论问世已近半个世纪，但国外研究方兴未艾，国内研究显现升温势头。看来，本书的出版正是时候！

梁义民

2015 年 7 月于岭南师范学院

图书在版编目（CIP）数据

戴维森意义理论研究 / 梁义民著. -- 北京：社会
科学文献出版社，2016.8
国家社科基金后期资助项目
ISBN 978 - 7 - 5097 - 8299 - 6

Ⅰ. ①戴…　Ⅱ. ①梁…　Ⅲ. ①戴维森，D.（1917 ~
2003）- 哲学思想 - 研究　Ⅳ. ①B712.59

中国版本图书馆 CIP 数据核字（2015）第 261541 号

· 国家社科基金后期资助项目 ·
戴维森意义理论研究

著　　者 / 梁义民

出 版 人 / 谢寿光
项目统筹 / 宋月华　杨春花
责任编辑 / 袁卫华

出　　版 / 社会科学文献出版社·人文分社（010）59367215
　　　　　　地址：北京市北三环中路甲 29 号院华龙大厦　邮编：100029
　　　　　　网址：www.ssap.com.cn
发　　行 / 市场营销中心（010）59367081　59367018
印　　装 / 三河市尚艺印装有限公司

规　　格 / 开　本：787mm × 1092mm　1/16
　　　　　　印　张：18　字　数：304 千字
版　　次 / 2016 年 8 月第 1 版　2016 年 8 月第 1 次印刷
书　　号 / ISBN 978 - 7 - 5097 - 8299 - 6
定　　价 / 89.00 元